教育部人文社会科学青年项目资助（编号：13YJC790190）
四川省农村发展研究中心项目资助（项目编号：CR1314）

LIUYISI ZHUANZHEDIAN YU
LAODONGLI ZAIPEIZHI XIAOYING
ZHONGGUO JINGYAN

刘易斯转折点与
劳动力再配置效应

中国经验

岳龙华　杨仕元　/ 著

中国财经出版传媒集团
经济科学出版社
Economic Science Press

图书在版编目（CIP）数据

刘易斯转折点与劳动力再配置效应：中国经验/岳龙华，杨仕元著．—北京：经济科学出版社，2016.12

ISBN 978-7-5141-7725-1

Ⅰ.①刘… Ⅱ.①岳…②杨… Ⅲ.①中国经济-经济可持续发展-研究②劳动力分配-研究-中国 Ⅳ.①F124 ②F249.212

中国版本图书馆 CIP 数据核字（2016）第 326572 号

责任编辑：李　雪
责任校对：王苗苗
责任印制：邱　天

刘易斯转折点与劳动力再配置效应：中国经验

岳龙华　杨仕元　著

经济科学出版社出版、发行　新华书店经销
社址：北京市海淀区阜成路甲 28 号　邮编：100142
总编部电话：010-88191217　发行部电话：010-88191522
网址：www.esp.com.cn
电子邮件：esp@esp.com.cn
天猫网店：经济科学出版社旗舰店
网址：http://jjkxcbs.tmall.com
北京汉德鼎印刷有限公司印刷
三河市华玉装订厂装订
710×1000　16 开　16.5 印张　210000 字
2016 年 12 月第 1 版　2016 年 12 月第 1 次印刷
ISBN 978-7-5141-7725-1　定价：58.00 元
（图书出现印装问题，本社负责调换。电话：010-88191510）
（版权所有　侵权必究　举报电话：010-88191586
电子邮箱：dbts@esp.com.cn）

序　　言

　　本书的主要目标是对"中国的刘易斯转折点是否到来"这一命题进行实证研究，并在此基础上研究劳动力再配置效应，以及该效应对经济增长贡献的变动趋势，探索中国经济到达刘易斯转折点后的经济增长源泉。准确判断中国经济的刘易斯转折点，研究劳动力再配置效应的变化，对中国经济的可持续增长具有现实意义。

　　为了判断"中国的刘易斯转折点是否到来"，我们从四个角度来研究这一问题。首先，从劳动力市场供给和需求的多个经济指标变化，探寻中国劳动力市场转折的典型化事实。这一部分利用了官方统计的数据，得到的结论是中国经济整体上已经到达了刘易斯第一转折点，即短缺点。其次，对日本著名经济学家 Minami 的刘易斯转折点判断准则进行了拓展，运用 1990～2009 年 31 个省份（或直辖市）的面板数据对中国的刘易斯转折点进行了实证研究，研究表明：中国经济已经越过了刘易斯第一转折点，但没有充分的证据表明中国经济进入了刘易斯第二转折点，即商业化点。再次，从劳动力市场一体化的角度来判断刘易斯转折点，这里运用刘易斯－费－拉尼斯模式的三个逻辑假说，利用全国农产品成本收益资料提供的小麦、粳稻、玉米等三种主要农作物的数据来验证这三个假说。最后的结果表明，中国经济整体上已经到达了刘易斯第一转折点，但存在不平衡性：发达地区的省份已经到达刘易斯第二转折点（即商业化点）；中西部地区已经到达刘易斯第一转折点，正在接近第二转折点；西部欠发达地区还没有到达刘易斯第一转折点。最后，我们从人口学的角度，设定了三种劳动力退出方案，利用第六次人口普查数据测算了中国劳动力供求发生逆转的时间窗口。

在完成了上述命题的实证后，本书利用世界银行（1996）方法对中国的劳动力再配置效应进行了测算，研究发现：中国的劳动力再配置效应对中国经济增长的拉动作用并没有想象的大，在中国经济增长的驱动要素中，投资的贡献是最大的；全要素生产率的贡献很小，在多个时段均显示为负值，说明中国的经济增长的模式是投资拉动的粗放模式。另外，在分地区的研究中，本书研究发现劳动力再配置效应在发达地区对经济增长的贡献要小于中西部地区，而且表现为逐年下降。这正是劳动力资源配置的帕累托改进的必然结果，是正常现象。

最后部分，我们研究了东亚经济体——日本、韩国、中国台湾等的刘易斯转折点前后的产业政策，中国从中得到的启示。除此之外，我们还研究了日本在1955~1990年这一时段经济增长的驱动因素，并且对中日两国到达刘易斯转折点前后经济状况的差异性进行了比较。从比较研究中可以看出，中国和日本在经济发展的起飞阶段尽管都是投资拉动的，但是投资的领域差异比较大，中国主要集中于基础设施建设投资，而日本的投资主要集中于机器设备的引进和改造，另外，日本的全要素生产率对经济增长的贡献一直都很显著。因此本书最后提出中国经济实现可持续增长的源泉是技术创新，但是在劳动力成本还有比较优势的情况下，企业是不可能有技术创新的动力的，技术创新的前提是要建立激励相容的创新机制。

本书的出版得到了教育部人文社会科学青年研究项目（项目编号：13YJC790190）和四川省农村发展研究中心项目（项目编号：

CR1314）的资助，在此深表感激。在本书中我们直率的谈了自己的一些观点，意在抛砖引玉，难免有疏漏之处，衷心希望各位朋友批评指正。期待在后续的学术探索中更进一步。

岳龙华　杨仕元
2016年6月于雨城

目录
contents

第1章 导论 ·· 1

    1.1 研究问题 ··· 1

    1.2 研究目标和研究内容 ································· 4

    1.3 研究方法 ··· 6

    1.4 研究的逻辑 ·· 7

    1.5 本书的概念定义和数据说明 ························ 8

    1.6 结构安排 ·· 10

第2章 转折点理论对中国经济的适用性研究 ··········· 13

    2.1 转折点理论 ··· 13

    2.2 转折点理论对中国经济的适用性 ················· 22

    2.3 关于刘易斯转折点实证研究的文献回顾 ········ 26

第3章 中国劳动力市场转折的典型化事实 ·············· 33

    3.1 引言 ·· 33

3.2 劳动力市场转折的典型化事实：劳动力
供给态势 ·· 34

3.3 劳动力市场转折的典型化事实：劳动力
需求变化 ·· 41

3.4 劳动力市场供求态势判断：结论性评论 ··················· 48

第4章 Minami 准则下的刘易斯转折点实证研究 ················ 51

4.1 引言 ·· 51

4.2 文献回顾 ·· 52

4.3 Minami 转折点判断准则与拓展 ·································· 55

4.4 经验实证 ·· 57

4.5 结论性评论 ·· 67

第5章 基于转折点理论的中国劳动力市场一体化研究
——来自全国农产品成本-收益调查数据的分析 ········· 70

5.1 引言 ·· 70

5.2 中国劳动力市场发育回顾 ·· 71

5.3 逻辑假说与数据说明 ·· 78

5.4 农业部门的劳动产出弹性的计算 ································ 81

5.5 农业部门的工资估算 ·· 87

5.6 对假说1的检验 ··· 88

5.7 对假说2的检验 ·· 106

5.8 对假说3的检验 ·· 119

5.9 结论性评论 ·· 127

第6章 中国劳动力市场转折的时间窗口测算
——基于第六次人口普查数据的分析 ····················· 129

6.1 引言 ·· 129

  6.2 时期分析的劳动力市场供求模型 ………………………… 131

  6.3 中国劳动力市场转折实证结果………………………………… 133

  6.4 结论性评论 …………………………………………………… 141

第7章 劳动力再配置效应对经济增长贡献的 MRA 分析 ……… 144

  7.1 劳动力再配置效应对经济增长的作用 …………………… 144

  7.2 劳动力再配置效应：文献的描述性分析 ………………… 145

  7.3 劳动力再配置效应：文献的 MRA 方法分析 …………… 152

第8章 劳动力再配置效应对经济增长的贡献研究 ……………… 155

  8.1 引言 …………………………………………………………… 155

  8.2 劳动力再配置效应的两种计算方法 ……………………… 157

  8.3 数据来源和数据序列的构造 ……………………………… 160

  8.4 中国各地区三大部门物质资本存量的估算：

     1990～2009 年 ……………………………………………… 161

  8.5 基于世界银行（1996）方法的测算 ……………………… 172

  8.6 结论性评论 ………………………………………………… 188

第9章 刘易斯转折点的东亚经验 ……………………………………… 191

  9.1 日本的经验 ………………………………………………… 192

  9.2 韩国的经验 ………………………………………………… 196

  9.3 中国台湾的经验 …………………………………………… 200

  9.4 结论和启示 ………………………………………………… 204

第10章 跨越刘易斯转折点后中国经济增长的源泉 ……………… 206

  10.1 日本经济增长之谜（1960～1990 年）………………… 206

  10.2 刘易斯转折点后中日两国经济特征比较 ……………… 216

  10.3 中国经济增长的源泉 …………………………………… 221

10.4 结论性评论 …………………………………………… 226

第11章 结论和政策建议 ……………………………………… 228

11.1 主要结论 …………………………………………… 228
11.2 政策建议 …………………………………………… 232
11.3 存在不足以及有待解决的问题 ………………………… 235

参考文献 ……………………………………………………… 237

第 1 章

导　论

1.1　研究问题

1.1.1　研究对象

到目前为止，研究产业结构变动的文献很多，关于劳动力再配置的成果也不少。一般来说，结构变动是指总量经济指标（如国民总收入和支出、出口和进口、人口和劳动力）的重要部分的相对权值的变化。经济结构的变动是一个复杂纠缠的经济现象，不仅是因为经济增长带来经济各个方面的变化，例如就业和产出的产业组成，产业结构，金融体系，收入和财富分配，人口结构，政治制度，甚至社会价值体系等，而且这些变化反过来会影响经济的增长过程。从经济发展的历史看，一个国家工业化的过程总伴随着经济结构的不断变动和调整。产业结构作为以往经济增长的结果和未来经济增长的基础，成为推动经济发展的主要因素。在早期的文献中，该主题的研究大都集中在确立一些典型化的事实上，也就是大多数国家的发展模式。其中最重要的当属 Fisher（1939），Clark

(1940)，Kuznets（1966），Chenery 和 Syrquin（1975）的研究，他们推断，随着经济的增长，生产会从第一产业转向第二产业，继而转向第三产业。值得注意的是 Rostow（1960）认为一国的经济要从传统阶段到起飞阶段，产业结构要发生很大的变化。这些早期文献大部分是经验性的描述，试图为发展过程描绘一个总的图景。近年来研究文献的焦点是倾向于分析性的，使用正式的模型来研究结构变化的一些特定问题。经济增长和结构变化之间的双向因果可能会对经济发展的失败提供可能的解释。结构转变总伴随着跨部门劳动力的转变和流动，从经济增长的角度看，新古典主义认为资源存在着长期的有效配置，劳动力和资本在不同部门的边际收益相同，新古典增长理论把经济增长归结为资本积累，劳动力投入和技术进步的结果。然而结构主义经济学家认为经济增长除了新古典经济增长理论所揭示的生产投入要素外，还应该包括生产要素的再配置效应，即生产要素从生产率低的部门配置到生产率高的部门带来的经济增长。

事实上，劳动力再配置效应的出现是中国经济转型阶段的特殊现象，脱离经济的发展阶段来讨论劳动力再配置问题将失去现实意义。因此要系统研究劳动力再配置对中国经济增长的贡献，必须考虑中国当前的发展阶段。判断一个国家是否处于二元经济的过渡阶段，主要看该国剩余劳动力从农业部门向非农业部门转移的状况，把刘易斯转折点、劳动力再配置效应与经济增长联系起来是本研究的一个尝试。

1.1.2 研究背景和意义

劳动力再配置效应对经济发展具有不容置疑的促进作用。相关研究表明，在宏观层面上劳动力再配置能够促进经济增长。从微观层面上来看，劳动力再配置能够改善个人的收入状况。中国自1978

年改革开放以来，随着农村生产率的提高，从农业部门释放出了大量剩余劳动力，另外乡镇企业的高速发展也为劳动力流动提供了条件。20世纪80年代初家庭联产承包责任制改革，使农民取得了剩余索取权，激励了农民生产的积极性。与此同时，政府的价格体制改革，也诱导农民提高了农业生产率，于是农村的剩余劳动力被释放出来。20世纪80年代后期，大规模的农村劳动力向城市流动，自此开始，劳动力流动的规模和范围逐年加大，呈现加速之势，劳动力跨行业、跨地域由农业部门向非农业部门转移成为中国劳动力市场最主要的特征之一。阿瑟·刘易斯（1954）认为欠发达经济体要实现经济的起飞必须把生产效率较低的传统部门的无限剩余的劳动力逐步配置到具有较高劳动边际生产率的现代部门，这个配置过程一方面可以为现代部门提供劳动力；另一方面会提升农业部门的边际生产率和报酬水平，缩小城乡之间的收入差距。

然而，以劳动力市场转折为特征的刘易斯转折点的到来，必然会对劳动力的再配置效应产生重要的影响。从1995年民工潮的出现，到2004年珠三角地区的民工荒的出现，再到2010年民工荒在全国的蔓延，使我们相信中国的刘易斯转折点真的来了。更令人不安的是，中国的人口结构发生了大的变化，经济活动人口的劳动参与率在逐年降低，中国老龄化社会已经来临，这些影响劳动力供给的负向因素使我们怀疑，当前的增长方式是否还会持续？中国为什么会出现"民工荒"和"大学生就业难"并存的现象？在劳动力廉价而且丰裕的中国，刘易斯转折点真的到来了吗？无疑，劳动力市场转折是中国经济结构调整与经济增长过程中的一个阶段性现象，那么这种现象的出现对中国的经济增长又意味着什么呢？本书对中国劳动力市场是否发生了转折，中国刘易斯转折点是否到来，以及中国的劳动力再配置效应的变动趋势等问题做出详细系统的研究，试图解开中国劳动力市场转折之谜。

中国有大量关于改革时期劳动力市场表现的文献。但是大多数现有研究主要集中在劳动力市场的微观层面，例如，劳动力市场与迁移者的特征，这类研究只是孤立考察一个具体的问题，并做出政策建议。但中国当前的劳动力市场是中国经济的主要组成部分，是一个结构性现象。很少有文献针对发展的劳动力市场的整体状况进行分析，并研究其对未来发展趋势和对经济增长的影响。填补这一文献空白有着至关重要的意义，因为正在发生的劳动力市场转折和劳动力的再配置效应对中国的经济增长和人民福祉有着深远的影响。如果劳动力从无限供给快速的转向有限供给，再加上人口结构的变化，原来的经济增长方式能否持续将成为中国面临的重大问题，那就要求产业结构加快调整速度，适应劳动力市场结构的变化。如果劳动力市场并没有发生逆转，那么给中国经济转型的时间要宽松些，但是人口老龄化和人口结构的急剧变化也会导致中国劳动力丧失相对优势，依靠人口红利的增长方式能否保持还要看其他的约束条件。除了中国经济的持续增长以外，对中国劳动力市场进行系统的研究和准确的判断可以使我们对中国经济未来所面临的挑战有更清晰地认识。

1.2 研究目标和研究内容

1.2.1 研究目标

本书的主要目标，是通过系统的分析中国劳动力市场的状况，判断中国的刘易斯转折点，然后深入考察中国劳动力再配置效应在此转变过程中对经济增长的促进作用和变动趋势，对未来中国的经济增长提供相应的政策建议。

具体目标包括：

(1) 探查中国劳动力市场转折的典型化事实。

(2) 判断中国的刘易斯转折点是否到来。

(3) 通过经济增长核算来计算劳动力的再配置效应并研究该效应在刘易斯转折点到来前后的变动趋势。

1.2.2 研究内容

本书拟从五个方面进行研究：

(1) 从供求两个层面来考察劳动力市场是否发生了转折，获取现实的典型化事实。在供给层面，着重考察人口结构变化、经济活动人口数量、人口抚养比、劳动力受教育结构变化，以及劳动力的供给弹性和劳动参与率的变化等影响劳动力供给的变动因素；在需求层面，主要从劳动力就业结构的变化、劳动力需求的 GDP 弹性以及求人倍率的变化等方面来考察劳动力市场需求的变动趋势。

(2) 借鉴日本经济学家 Minami（1968）的"刘易斯转折点五项准则"，对中国经济的刘易斯转折点进行实证研究，对中国经济的发展阶段做出系统客观的判断。

(3) 刘易斯转折点的到来实际上伴随着劳动力市场的一体化进程。本书利用 1990~2009 年全国农产品成本收益资料考察小麦、粳稻、玉米三种主要农产品，通过实证检验从刘易斯-费-拉尼斯模式衍生出的三个逻辑假说来研究中国劳动力市场一体化程度和趋势。

(4) 基于第六次人口普查的数据，采用人口学中的时期分析方法，模拟了三种退休方案，测算全国以及东部、中部、西部地区劳动力供求发生逆转的时间窗口。

(5) 研究刘易斯转折点前后的劳动力再配置效应对经济增长的贡献和变动趋势。本书使用跨产业的省际面板数据，借鉴世界银行（1996）对劳动力再配置效应核算的一般方法，以此实证分析中国在 1990~2009 年劳动力要素在三次产业间和东部、中部、西部间的再配置效率，并通过经济增长核算对未来的经济增长提出政策性建议。

1.3 研究方法

本书在刘易斯－费－拉尼斯模型的框架下，对中国的刘易斯转折点进行系统地探索，对劳动力再配置效应的计算以经济增长核算方程为基础。具体来说，主要包括以下几个方面：

（1）定量分析方法。第一，统计方法。用描述性统计方法分析了中国1990~2009年中国劳动力市场的演变。从供求两个方面，对多个相关经济指标进行了观察，探寻中国劳动力市场转折的典型化事实；刘易斯转折点伴随着劳动力市场一体化的进程，以刘易斯－费－拉尼斯模型的三个逻辑假说为基础，按地域分别对小麦、粳稻、玉米等三种主要农作物的劳动边际生产率变化以及农业部门的工资变动进行了计算分析，研究了中国劳动力市场的一体化演化进程和变动趋势。第二，计量经济学方法。运用中国整体经济的时间序列数据，依据"Minami准则"对中国的刘易斯转折点进行了系统研究，为准确判断中国刘易斯转折点提供了实证证据；为了研究刘易斯转折点到来前后的劳动力再配置效应的变化，借鉴世界银行（1996）劳动力再配置效应的计算方法，使用柯布－道格拉斯生产函数并用索洛经济增长核算方程对中国经济增长源泉进行分解，计算了1990~2009年的中国总体和中国东中西部地区劳动力再配置效应。

（2）比较方法。在本书的最后部分参考了其他学者的研究，比较了日本、韩国、中国台湾在刘易斯转折点前后的产业政策，以及对中国的启示。除此以外对日本经济增长之谜进行了深入考察，比较了中日两国在到达刘易斯转折点前后的经济特点，探究中国经济可持续增长的源泉。

1.4 研究的逻辑

本书的研究基于刘易斯-费-拉尼斯模式。在该模式中，欠发达经济体要实现经济的起飞一般经历三个阶段：劳动力无限供给阶段→劳动力有限供给阶段→劳动力短缺阶段。伴随着这三个发展阶段，劳动力市场则经历着从农业部门向非农业部门流动的再配置过程，劳动力市场的一体化程度在此过程中不断提高。与此同时，劳动力再配置的增长效应也随着经济发展阶段的转换而变化，由于经济发展从第一阶段向第三阶段的迈进，行业间的劳动力边际产出会趋同，因此农业部门和非农业部门之间的劳动力再配置效应会弱化，对经济增长的拉动作用也会变小。

图1-1显示了本书的逻辑，也说明了伴随刘易斯转折点需要做出的实证分析。对中国刘易斯转折点是否到来的研究是本书的第一个重要内容，从四个方面来研究：一是通过劳动力市场供求的多个指标的时间序列变化，归纳劳动力市场转折的典型化事实；二是运用日本学者Minami的刘易斯验证准则对中国的刘易斯转折点进行实证分析；三是以农业部门的研究的核心，从刘易斯-费-拉尼斯模式衍生出的三个逻辑假说出发来考察中国劳动力市场的一体化趋势；四是从人口学的视角，模拟三种劳动力退出市场的情境，测算劳动力市场供求发生逆转的时间窗口。伴随刘易斯转折点到来而发生变化的是劳动力的再配置效应对经济增长的贡献。由于在欠发达经济体经济转型过程中，劳动力跨行业配置是普遍的经济现象，而且经济学界普遍认为劳动力再配置效应是经济增长的主要因素之一。中国的劳动力再配置效应究竟如何？随着经济发展阶段的转换发生了怎样的变化？这是本书所要研究的第二个重点内容。本书的第三个重点是刘易斯转折点后中国经济能否继续保持高速增长，经

济增长的原动力是什么？本书拟从已经经历刘易斯转折点的经济体汲取经验探寻答案。

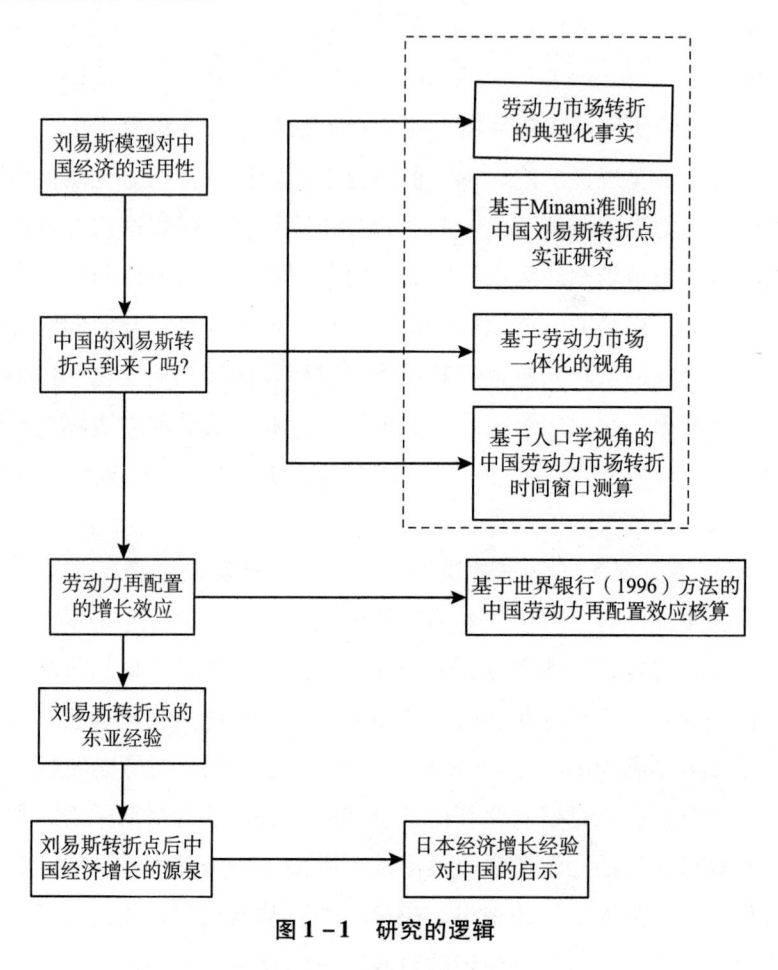

图 1-1 研究的逻辑

1.5 本书的概念定义和数据说明

1.5.1 概念定义

在本书研究中涉及几个关键的概念，为了避免混淆在这里予以说明：

第一，关于产业或行业的划分问题。在本书研究中，第一产业指的是农林牧渔业（简称农业），和刘易斯－费－拉尼斯模式中的"传统部门"一致；而第二产业和第三产业和刘易斯－费－拉尼斯模式中的"现代部门"或"资本主义部门"一致。在本书中，以上概念含义相同，除非做出特别的说明。

第二，关于刘易斯转折点的内涵。由于刘易斯转折点的演变，当前很多的争论源于概念不清。一般情况下，刘易斯转折点分为两个：刘易斯第一转折点即短缺点；刘易斯第二转折点，即商业化点。本书若不加特别说明，刘易斯转折点就指的是刘易斯第一转折点，即短缺点。

第三，劳动力再配置效应。本书研究的劳动力再配置指的是劳动力从第一产业向第二产业或第三产业转移的效应。这和劳动力产业间的再配置效应是不一致的，尽管从实际计算的结果来看，二者的差异不大。

1.5.2 数据说明

本书研究实证使用的数据主要是历年的《中国统计年鉴》《中国劳动统计年鉴》《全国农产品成本收益资料汇编》《中国固定投资年鉴》，以及《新中国60年统计资料汇编》《中国国内生产总值核算历史资料：1996～2002》《中国国内生产总值核算历史资料：1952～1995》等。

研究中对区域的划分采用了两种方法：第一种方法是按照农作物耕作区域来划分。这种方法参考借鉴了农作物栽培学的区域划分方法，由于农作物种植区域的形成和发展与当地自然资源的特点、社会经济因素和生产技术的变迁有密切联系。为了减小或者消除这些因素的影响，在研究中国劳动力市场一体化过程中采用了这种区域划分方法。

第二种方法是按照常规的东中西部来划分。在计算和研究劳动力再配置效应的区域差异时采用了这种划分方法，一方面，这种划分方法和其他研究该问题的学者划分方法一致，方便对计算的结果进行比较；另一方面，一般情况下劳动力也是从欠发达地区转移到发达地区，中国东部地区是发达地区，中西部地区是欠发达地区，这种划分更符合劳动力再配置的一般规律。

1.6 结构安排

基于本书的基本目标，结构安排如下：

第1章，导论。这一章主要阐述本书的研究背景和研究意义，明确本书的研究目标和核心内容，阐述本书的内在逻辑，对本书所涉及的研究方法和数据予以说明。

第2章，转折点理论对中国经济的适用性研究。这一章对刘易斯模型以及其拓展形式进行回顾，考察该模型的使用条件，然后结合中国经济发展的实际情况来研判该模型的中国经济的适用性。

第3章，中国劳动力市场转折的典型化事实。这一章通过对数据的描述分析以及相关统计指标的计算，刻画中国劳动力市场的供求状况和变动趋势，为进一步验证中国刘易斯转折点是否到来奠定了基础。在这一章还考虑了中国人口结构的变化、劳动力素质变动和产业结构调整变动趋势等因素对劳动力市场转折的影响。

第4章，Minami准则下的刘易斯转折点实证研究。这一章首先对日本学者Minami提出的刘易斯转折点验证准则进行了拓展，然后基于中国1990~2009年的31个省的面板数据运用该准则对中国刘易斯转折点进行了实证研究。

第5章，基于转折点理论的中国劳动力市场一体化研究。在这一章首先对中国劳动力市场发育进行了简单的回顾，其次简单回顾了转折点理论，并从经济跨越三个阶段的演进中衍生出三个逻辑假说。最后以这三个逻辑假说为起点，利用历年的《全国农产品成本收益资料汇编》数据，计算三种农作物的劳动边际产值和农业部门的实际工资、非农业部门的实际工资，来验证这三个逻辑假说。考虑到地域的差异性和耕作的习惯，本书选取了小麦、粳稻和玉米等三种主要的农作物，分地域来详细的验证这三个假说，为验证劳动力市场一体化提供更确切的证据。

第 6 章，中国劳动力市场转折的时间窗口测算。这一章从人口学的视角，采用时期队列方法，利用第六次人口普查数据，模拟三种劳动力退出市场的情境，对中国劳动力市场供求发生逆转的时间窗口进行测算。

第 7 章，劳动力再配置效应对经济增长贡献的 MRA 分析。采用 MRA（Meta Regression Analysis）方法对当前"中国劳动力再配置效应对经济增长的作用"这一主题的文献进行了客观地评估，运用文献计量方法对相关文献进行了统计分析，从而提炼出较为可信的信息，找到了进一步改进计算的方向。

第 8 章，劳动力再配置效应对经济增长的贡献研究。这一章首先对劳动力再配置效应的几种计算方法进行了比较，分析各自的优缺点。同时对本章选择的世界银行（1996）方法进行比较细致的说明。在这一章还用永续盘存法计算了中国各地区分产业的物质资本存量，然后运用世界银行（1996）方法对中国东中西部地区，以及各省的农业部门劳动力再配置效应进行了计算并研究该效应的变动趋势。

第 9 章，刘易斯转折点的东亚经验。这一章研究了东亚部分地区已经经历过刘易斯转折点的经济体的产业政策，并从比较中得到启示。

第 10 章，跨越刘易斯转折点后中国经济增长的源泉。这一章归纳分析了日本 20 世纪 60 年代到达刘易斯转折点以后的经济增长的经验，比较了中日两国在经济到达刘易斯转折点前后经济的相似性和差异性。借鉴日本经济增长的经验教训探寻中国经济持续增长的驱动要素。

第11章，结论和政策建议。这一章对本书的实证研究的主要观点进行归纳，并基于实证研究的结果，给出中国在刘易斯转折点到来后保持持续增长的政策建议。

第 2 章

转折点理论对中国经济的适用性研究

2.1 转折点理论

2.1.1 二元经济的划分

在刘易斯1954年发表的经典论文中（Lewis，1954），他提出了关于传统农业的剩余劳动力理论。在论文中把欠发达经济分为两个不同的经济部门：资本主义部门和非资本主义部门。刘易斯用这个模型来描述从传统城乡二元经济向现代一元经济转型的过程：处于边际生产率很低部门的劳动力源源不断转移到边际生产率高的现代部门当中，从而实现工业化和现代化。拉尼斯和费景汉（Ranis & Fei，1961）对刘易斯的理论进行了拓展，进一步发展为二元经济结构理论。针对二元经济的划分，不同的学者有不同的看法。在刘易斯1954年的论文当中使用的划分是"维持生计的部门"（主要指传统农业）和"资本主义部门"（主要指现代工业），但是，他也指出前者并不仅限于农业部门，也包括具有分享收入特征的部门。而后者的核心在于工资决定的方式主要依据劳动边际生产力。到目前为止，学术界的基本共识是：劳动边际生产力十分低下的部门，该部门人口众多而劳动力供给是无限的，称为"传统经济部门"。由于该部门的存在，可以使"现代部门"源源不断的用不变的工资水平不受限制地获得所需要的劳动力供给。严格来说，刘易斯模型中区分两个部门的主要原则是工资的决定方式也即劳动力市场的市场化程度。人们通常把发展中国家的"自给自足"的小农经济归入传统部门。由于发展中国家的农业部门作业单元较小，一般以家庭为单位，劳动力的收入依据刘易斯所称的"经济制度或风俗习惯"，生产率很低。

由于刘易斯（1954）是按古典学派的传统写成的，做出古典学派的假设。假定支付维持生活的最低工资就可以获得无限的劳动力供给。刘易斯认为，在那些相对资本和自然资源人口丰裕的国家里，劳动的边际生产率很小或等于零，甚至为负数的部门，劳动力的无限供给是存在的。比如，农业部门中存在的隐性失业，如果家庭的部分成员离开农业，剩余人手仍然可以产出同样产量的粮食；非农季节，许多临时性职业的存在等。如果采用弹性的概念来表述劳动力无限供给可以概括为：如果现代部门以不变的工资来招募劳动力，劳动力的供给会远远超过需求，也就是说，劳动力供给在现行工资水平下有无限弹性。对于劳动力无限供给的假设是否普遍适用的问题，刘易斯认为这一假设对于英国和西北欧并不适用，也不适用于非洲、拉丁美洲和某些发展中国家。

2.1.2 最初的刘易斯模型与刘易斯转折点

在20世纪60年代，大部分经济学家对劳动力从低生产率的部门流动到高生产率的部门会促进经济增长这一命题就达成了共识，但是用新古典的经济增长理论无法对发展中国家的问题做出满意的解释。在此情况下，刘易斯提出了著名的二元经济模型（Lewis，1954），该模型从古典经济学的角度对经济发展过程及其变化进行了解释，将劳动力从传统部门向现代部门转移视为劳动力市场自我平衡的机制，它能使劳动力从劳动力过剩的传统部门向劳动力不足的现代部门转移，从而在这个部门实现工资的趋同（或者收敛）。刘易斯模型有两个假定：

假定1：一国经济由两个部门构成。一个是边际生产率很小（近似为零）的传统部门；另一个是能够实现充分就业的现代部门。在刘易斯的分析中，工业部门始终在经济发展中占主导地位，传统农业部门的作用体现在为持续发展的工业部门源源不断地提供丰富廉价的劳动力。

假定2：劳动力的供给是无限的。刘易斯的无限劳动力供给的概念，并非指劳动力在总量上是无限的，而是指在一个既定的固定工资水平上，工业部门面对的劳动力的供给弹性是无穷大的，工业部门可以在这一工资水平上获得它所需要的全部劳动力。刘易斯认为，在许多发展中国家的农村中，农民的边际生产率很低，远远低于其生存收入，广大农村存在着大量的剩余劳动力。工业部门只要提供高于农业中的生存工资的工资水平，就能吸引农村的剩余劳动力涌入工业部门。

正是基于这两个假设，刘易斯认为既然工业部门是经济发展的主导，农业部门可以为工业部门的发展提供源源不断的劳动力，那么，对经济发展来说，决定经济发展的关键在于工业部门的扩张，而该部门扩张的前提依赖于资本积累这个约束条件。资本积累的快，工业部门扩张的就快，吸纳农村剩余劳动力就越多，反之则反。因此资本积累就成为经济发展的唯一驱动力。对于刘易斯的这一思想可以通过图示来进一步加以说明。

如图2-1所示，横轴表示现代部门的雇佣劳动量，纵轴代表工资和劳动的边际产品，SW为生存工资，等于传统部门的人均产出水平。刘易斯认为发展中国家的传统部门存在大量的剩余劳动力，由边际收益递减可知传统部门的边际劳动生产率低下甚至有可能等于零，这意味着从该部门抽出劳动力将不会减少其产出，相应地，其工资水平也不能按新古典的边际生产力原则决定，只能达到生存工资。这使得现代部门只要能提供略高于 SW 的工资则可以获得部门扩张所需的大量劳动力，劳动供给弹性是无限的。现代部门按照利润最大化原则向劳动力支付工资，其对劳动力的需求将到达 MPL = W 为止。因此，初始阶段的均衡点为 F，总产出为 OD_1FL_1，劳动雇佣量为 OL_1，支付工资为 $OWFL_1$，利润为 WFD_1。现代部门将利润用于投资则 MPL 右移，就业上升到 L_2，利润提高到 D_2GW。利润再用于投资，不断循环，"剩余越来越多，资本形成越来越大，这个过程一直到剩余劳动力消失为止"，也就是说到 S 点（即刘易斯转折点）后，剩余劳动力用尽，劳动力变为稀缺要素，对劳动力的进一步需求则需要提高工资，劳动供给开始进入缺乏弹性的阶段，如虚线 SS_1 所示。这一过程，从理论上讲可以一直进行，直到把农业中的全部剩余劳动力转移完为止。而到了那个阶段，现代部门所面对的劳动力供给曲线不再是水平的，而是向右上方倾斜。这意味着农村劳动力开始变得稀缺，劳动力从传统部门向现代部门流动的过程从此得以结束。

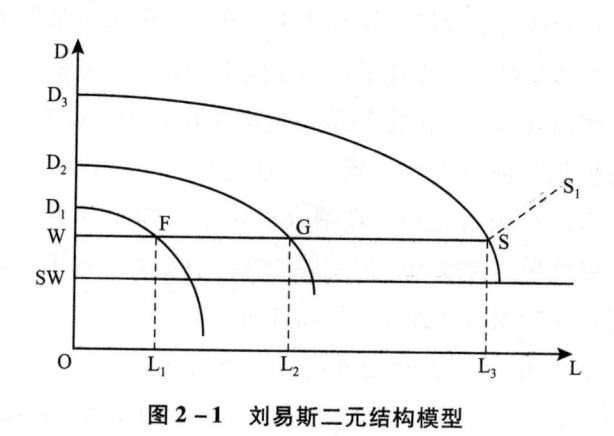

图 2-1 刘易斯二元结构模型

刘易斯模型提出以后，引起了很大的争议。学界在肯定该模型合理性的同时，也指出了刘易斯模型所存在的缺陷，主要缺陷有两点：一是关于劳动力无限供给的假设。以舒尔茨（1964）为代表的学者认为尽管传统农业部门的生产率很低，但在其内部的资源分配总是合理的，因此不可能存在边际生产率为零的剩余劳动力。二是农业生产率的提高处于两难境地。如果农业生产率提高，农业工资水平的上升必然会推动工业部门工资的上涨。假设农业生产率不变，当边际生产率大于零，小于农业的平均收入的那一部分劳动力从传统部门转移到现代部门时，农业总产量必然下降，粮食价格上涨，从而推动工业部门工资上涨。这两种情况都会威胁到刘易斯模型中的假定，即现代部门能否在工资不变的情况下获得无限供给的劳动力。刘易斯没有恰当的把农业生产率的变化融入模型，是他理论的一个缺陷。

在最初的刘易斯模型（1958）中，刘易斯把经济发展划分为两个阶段：在第一阶段上，资本主义部门（现代部门）可以在不变的实际工资下获得无限劳动力的供给，利润的快速增长导致资本积累不断增加。当资本赶上劳动力的供给时，劳动也和其他生产要素一样变成了稀缺性的生产要素，他们的供给是缺乏弹性的。这时经济的发展进入第二阶段。在第二个阶段上，经济增长的利益不被资本所独占，工资不再是固定的。只有在这时，经济才从二元经济变成新古典主义的一元经济。在刘易斯模式的理想状态下，工资的上升和利润份额的下降与剩余劳动力的耗尽是同时发生的，这就是二元经济发展过程中的刘易斯转折点。从文献中可以看出，最初的刘易斯模型只有一个转折点。

根据刘易斯（1954）的阐述，其建构的二元经济模型有三种形态。第一种形态假定：①经济是封闭的（没有国际贸易）；②部门之间没有贸易往来。除了进口劳动力，现代部门完全自给。当劳动力供给不再是无限弹性时，现代部门的工资开始上升，转折点就来了。当现代部门的边际产品与传统部门的边际产品相等时，我们就从古典学派世界进入新古典的一元世界。

刘易斯模型的第二种形态假定：①经济是封闭型经济；②资本主义部门依赖于与非资本主义部门的贸易，如交换食品等。即使劳动力蓄水池仍能提供足够的劳动力，现代部门的扩张也可能会由于贸易条件恶化而受到遏制。如果现代部门不生产粮食，则它的扩大无疑会增加对食物的需求，食品价格必然上升，因此会导致利润减少。要想使农产品价格稳定，农业生产必须与需求同步增长，也就是农业生产率要提高。然而，农业生产率提高不仅增加食物供给，使食物的价格下降，它还有另外一种效应：使实际工资上升，如果工资是生产率的真实反映的话。这会出现一个新问题：传统部门生产力的提高引起实际工资上升。如果我们要同时保证贸易条件不变而实际工资水平又不上升，我们需要的条件是食品价格下降的比率与实际工资上升的比率相等。也就是说，实际工资的上升恰好被食品价格的下降所抵消。否则，即使剩余劳动力尚未被吸收完毕，资本主义部门的扩张也可能受到阻碍。

刘易斯模型的第三种形态假定：①经济是开放型经济；②传统部门、现代部门都与外部世界有贸易往来。这样，现代部门可以通过从外部世界进口来免受传统部门的停滞之累。但因此产生过多的进口会使增长放慢速度，或导致结构性通货膨胀；资本输出是另一条出路，但输出资本将减少国内固定资本的形成，并因此减少对国内劳动力的需求。

2.1.3 拓展的刘易斯模型与刘易斯转折点

针对学术界对刘易斯模型的批评，费景汉、拉尼斯对刘易斯模型进行了修正，将农业部门的发展也纳入了分析的范畴（Ranis & Fei, 1961）。他们在接受无限劳动力供给这个假设的基础上，严谨的分析了欠发达经济体从停滞向自发增长的转变过程。他们认为，在经济发展过程中，劳动力转移是一个渐变的过程。只有在农业生产率提高和劳动力转移速度超过人口增长率的情况下,经济才有可能进入刘易斯模型中的第二阶段。所以,农业部门的发展天然就和工业部门紧密联系在一起。正是基于以上思想,费景汉和拉尼斯建立了一个包含工农两部门共同发展的三阶段二元经济模型。

在刘易斯模型中,二元经济的转变过程分为两个阶段。费景汉和拉尼斯修正了刘易斯理论,提出了三阶段的学说。这一改进提高了二元经济模式的适应性和解释力。刘易斯模型也成为费-拉尼斯模型的一部分,统称为刘易斯-费-拉尼斯模型。

费景汉和拉尼斯对剩余劳动力进行了重新定义。他们将刘易斯模型中劳动的边际生产率小于零(或者等于零)的那一部分劳动力称为"冗余劳动力",冗余劳动力是一种技术现象,取决于生产函数和资源的禀赋。劳动边际产品低于农业部门平均水平的那一部分劳动力被称为"隐性失业"。农业的平均实际收入水平被称为"不变的制度工资"(constant institutional wage,CIW),它不是由市场决定的,而取决于风俗习惯、道德、社会等制度条件。隐蔽性失业取决于工资水平,它包含两部分:边际生产率小于零的劳动力和边际生产率大于零小于平均产出的劳动力。在费-拉尼斯模型中,剩余劳动力就指的是隐性失业劳动力。农业部门隐性失业劳动力转移完毕就意味着二元经济的终结。在人口既定,农业生产率不变的条件下,他们把经济的发展分为三个阶段:

第一阶段:劳动的边际产品等于零($MPL = 0$)。由于 $MPL = 0$,当劳动力从农业部门释放时,农业部门的产出不会受到影响;同时由于农业剩余劳动力的存在,制度实际工资将不变。因此,随着农业剩余劳动力的转移,总的农产品产出和现有劳动力所消费的农产品之间就会产生一个差额,这个差额就是农业剩余。在这个阶段,平均农业剩余等于农业中的制度实际工资。在劳动生产率既定的情况下,农业剩余的高低由制度配置劳动力的水平决定。

第二阶段:劳动的边际产品大于零小于制度实际工资($0 <$

MPL＜IRW）。劳动力的释放必然会到达劳动的边际产品大于零的那一点，到了这个点，劳动力的继续转移就会导致农业总产出的下降。在此阶段，由于出现农产品短缺，农业部门已经不能向新配置的工业劳动力按照农业部门中固定的实际工资水平提供农产品。

第三阶段：劳动的边际产品大于制度实际工资（MPL＞IRW）。当劳动力转移进入第三个阶段时，由制度决定工资的原则将被抛弃，农业工人的工资由市场来决定，并开始随劳动力边际产品的提高上升。隐性失业的消失意味着二元经济的终结，同时在这一阶段不仅平均农业剩余下降更为迅速，而且总的农业剩余也因农业工资的上涨而下降。

费-拉尼斯模型把第一阶段和第二阶段的交界点称为"短缺点"，把第二阶段和第三阶段的交界点称为"商业化点"。"商业化点"是二元经济转变过程中的目标点或终点。但经济有可能还没有到达"商业化点"时，转变过程就会终止。因为进入第二阶段后，平均农业剩余下降，农产品短缺，导致农产品价格上涨和工业部门贸易条件恶化，使工业部门实际工资上升，从而使劳动力的转移过程终止。当我们进入第三阶段后，隐性失业的农业劳动力的消失和农业部门的商业化，意味着农业实际工资本身脱离 CIW 的水平，开始随着边际劳动生产率而提高。直接结果是，当在商业化点达到第三阶段时，工业实际工资也开始上升。

总之，经济发展经历三个不同的阶段：第一阶段，劳动力再配置顺利；第二阶段，总的农业剩余不足引起粮食短缺；第三阶段，如果达到后，两种生产要素都变得稀缺，通常的竞争决定工资的原则将占主导地位。因此，"关键问题集中在社会怎样去对付短缺点到来的威胁，即是否能找到一条能使劳力再配置过程继续下去的道路，使之超过食物短缺威胁着会阻止增长努力的那一点。"[1]

在拓展后的刘易斯模型中，刘易斯第一转折点可以看作是农业

---

[1] 费景汉，拉尼斯. 劳力剩余经济的发展 [M]. 北京：华夏出版社，1989：175.

第 2 章 转折点理论对中国经济的适用性研究

产出的短缺点,刘易斯第二转折点称之为商业化点;而处于两个转折点之间的第二阶段就是经济发展的转折阶段。刘易斯(1972)对费景汉、拉尼斯关于经济阶段的划分表示赞同,但是他认为推导机制不同,而且费景汉、拉尼斯更着眼于第二种形态,即在这种形态里,资本主义部门依赖非资本主义部门的农产品。

费景汉-拉尼斯模型,如图 2-2 所示。

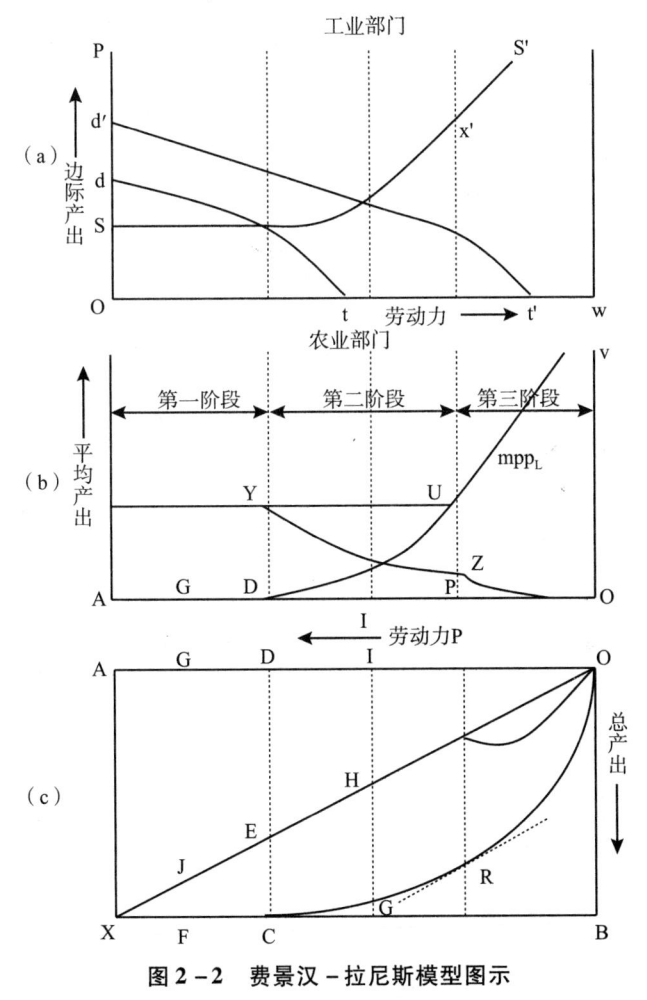

图 2-2 费景汉-拉尼斯模型图示

资料来源:Gustav Ranis, John C. H. Fei. A Theory of Economic Development [J]. Am. Econ. Rev., 1961 (51):535.

2.2 转折点理论对中国经济的适用性

2.2.1 现实与经典模型的偏离

刘易斯二元经济模型和其他任何经济模型一样，也是对现实的简化，有些简化会影响该模型应用于具体国家的某个发展阶段时的分析结果。这一部分将考察该模型应用于中国经济的发展时，理论假设与现实的几点主要偏离。

首先，刘易斯二元经济模型中所涉及的分析对象的经济规模相对较小，经济的一体化程度较高。在中国，由于户籍制度的存在以及地域广袤的天然屏障，人为和天然的双重壁垒，造成了中国经济发展的严重失衡。从地域上表现为东部、中部、西部地区的明显分割。劳动力在行业间和地区间的自由流动在 20 世纪 90 年代才开始慢慢解冻，而户籍制度的改革到目前为止仍举步维艰。这和劳动力自由流动的假设是不相符的。

第二个偏离是刘易斯模型中的"非资本主义部门"和"资本主义部门"分别相当于哪些产业部门？我们一般认为前者代表农业（更准确地说，应该是种植业），后者代表的是非农产业部门。在把该理论应用于中国经济时，不同的学者处理方法不同，目前学术界并没有达成共识。

第三个偏离是关于剩余劳动的概念。刘易斯把"劳动边际生产力低于工资的劳动"称为剩余劳动，而有的研究把超过农业生产的劳动与土地比率的理想水平的劳动称为剩余劳动，这与刘易斯的概念有本质的区别。刘易斯的剩余劳动本质上是就业不足的劳动力，由于各种壁垒（包括能力不足）被束缚在土地上的劳动力，他们的工资或收入与边际生产力没有关系，也即剩余劳动的收入不是由市场力量决定的，而是取决于习惯、道德和社会等制度条件。

第四个偏离是农业剩余劳动力被经济吸收殆尽之前，工资水平不变的假设与现实背离。刘易斯经典模型中的固定工资水平表现为现代部门存在一条水平的劳动供给曲线，说明劳动的供给弹性趋于无穷大。但是一些经济学家根据发展中国家的统计资料，否定了该假说，认为在一些发展中国家，农村和城市的实际工资和收入水平经常随产出的变化而变化。

2.2.2 转折点理论的适用条件

每一个理论都有自己的运用边界，刘易斯模型也不例外。Minami（1973）从以下几个方面总结了该理论的适用性。

第一，该理论仅以非熟练劳动力为对象，不适用于熟练劳动力。刘易斯（1954）认为类似于工程师、机械修理师、研发人员、管理人员等的劳动供给在经济发展的任何阶段都是短缺的。这表明，该理论不能分析人力资本在促进经济增长中的作用，而人力资本在发达经济体的增长中作用更为明显。

第二，该理论不适用于现代部门。刘易斯模型是以二元经济结构或传统部门和现代部门共存为前提的，但是将其应用于个别产业组别就很困难。费景汉和拉尼斯（Fei & Ranis 1961，1963，1964，1966）把传统部门看成是农业，把现代部门看成是非农业。严格来说，这些代替会导致一些扭曲，但是由于在实证研究中，刘易斯模型中所涉及的传统部门统计资料的匮乏，农业常常作为传统部门来使用。从经济增长史的角度看，该理论仅仅适用于刘易斯二元经济发展阶段（L类型增长）和刘易斯转折点（T类型增长）两个阶段，不适用于索罗新古典增长（S类型增长）和马尔萨斯陷阱（M

类型增长)①。

第三，转折点不是时间上某个特定的时间点，而是一个时间段。作为长期经济发展过程中的历史现象，可能延续数年。Minami（1968）在研究日本经济的转折点是指出，不应该把转折点看作一种摆动现象，而是经济发展过程中的一个长期历史趋势的起点。在任何国家和地区经济发展的长期历史过程中刘易斯转折点的出现都只是相对短暂的历史时期。

第四，随着劳动力从无限供给到有限供给，转折点是一个长期的趋势性的经济现象。刘易斯理论预示着由于工资水平的上升带来的结构变化，没有说明转折点后经济是否会持续增长。事实上，劳动力从无限供给到有限供给代表两种不同的经济发展阶段，在转折点之前和之后的经济增长机制是不同的（Minami，1973）。刘易斯（1954）认为转折点之前是古典阶段，转折点之后是新古典阶段。在新古典阶段，边际生产率理论发挥主导作用。Minami（1973）认为刘易斯理论解释的是从古典阶段到新古典阶段的转型。

2.2.3 转折点理论对中国经济的适用性

我们从中国经济的实际特征来判断转折点理论对中国经济的适用性。

（1）中国经济的二元结构特征。关于中国经济的增长和结构，学术界大多已经形成共识，即中国经济存在二元结构，也就是说，两大部门：传统部门（农业）和现代部门（工业和服务业，即第二、第三产业）。这两个部门有以下特征：一是现代部门的劳动生

---

① 蔡昉（2013）把人类经历以及正在经历的经济增长史将时间上继起和空间上并存的经济增长划分为四个类型或四个阶段，分别为马尔萨斯贫困陷阱（M类型增长）、刘易斯二元经济发展（L类型增长）、刘易斯转折点（T类型增长）和索洛新古典增长（S类型增长）。

产率大大高于农业部门,因此从农业部门到现代部门的劳动力再配置是中国经济增长的源泉之一。二是随着现代部门规模的扩大和资本积累,对劳动力的吸纳能力显著增强,从劳动力在三大产业的分布来看,第一产业就业的人数会继续下降。于是,从20世纪80年代中国农村家庭联产承包责任制改革开始,农业劳动力在任何时候都没有表现出增加的趋势,尽管与非农产业相比它有一个相对很高的自然增长率。经济的这种结构和刘易斯-费-拉尼斯模型所设想的状态是吻合的。

(2) 从农业部门的劳动边际生产率和实际工资的角度看,2004年珠三角、长三角产生"民工荒"之前,农业劳动力的供给是很充裕的,实际工资的增长率却不高。而且长期以来。农业部门的边际生产率远远低于农村的生存工资。根据蔡昉(2008)的推算,2003年之前在农民家庭纯收入中,工资性收入比重是不断提高的,但是在2003年之后这个比重没有再上升。这也从一个侧面说明了工资增速迟缓的状态。这个事实,和刘易斯-费-拉尼斯模型中描述的第二阶段特征极为相似。

(3) 农村外出打工的规模逐年加大,但工资增速迟缓或处于停滞状态。全国农调总队的调查表明,2004年外出农村劳动力为1.18亿人[1],2006年农村外出劳动力规模达到1.32亿人[2]。到2005年末,中国总人口已超过13亿人,其中,农业人口约为7.5亿人,占57.01%[3]。近些年来,由于农业生产投入的增加和生产技术进步引起的劳动生产率的提高,种植业劳动力人均负担耕地规模有所增长,中国农业仅有1亿~2亿从业人员就足够了,剩下的

---

[1] 国家统计局农村社会经济调查总队.2004年全国农村外出务工劳动力继续增加[J].调研世界,2005 (5).

[2] 国家统计局农村社会经济调查总队.2006年全国农村外出务工劳动力继续增加[J].调研世界,2007 (4).

[3] 日本农业剩余劳动力转移对中国的启示 [EB/OL].中国改革论坛,2010 - 06 - 24.

一半以上的剩余劳动力急需转移。据估算，到了21世纪中叶，中国人口将接近16亿人。这意味着从现在起的几十年时间里，中国的农业人口还会继续增加，农村劳动力外出打工规模将持续扩大，不断从农业部门释放剩余劳动力向非农部门转移。

（4）中国劳动力从无限供给到有限供给转变特征显性化。从发生在2004年局部地区的"民工荒"到2010年的中西部地区的"用工荒"，都从直观上表明中国经济已经从无限供给转变为有限供给了。而且，城市外来劳动力工资也在悄然上涨，即便如此，缺工现象仍比较严重。这种劳动力市场的结构性变化用新古典发展理论框架是无法得到充分说明的。

转折点理论本身是一个杂交模型，如果按照费景汉－拉尼斯对经济发展阶段三阶段的划分，第一个阶段显然是古典阶段，第三个阶段是新古典阶段，第二个阶段其实是古典阶段向新古典阶段的过渡。不同的发展阶段有不同的发展机制，对于这种经历明显结构转变的经济体，放在新古典框架下是不能得到充分说明的，原因在于新古典框架没有经济发展阶段的概念，当然也无法解释经济结构的变化。结合以上的中国经济发展的事实可以看出转折点理论对中国经济是适用的。

2.3 关于刘易斯转折点实证研究的文献回顾

国内对刘易斯转折点的研究主要集中在判断刘易斯转折点是否到来这个问题上。但是对这一问题的研究大体上可以分为两种类型：一是依赖单一的数量标准，即计算中国农村剩余劳动力的数量，以此作为判断刘易斯转折点是否到来的依据；二是综合多角度的经济指标判断。例如，通过人口结构、工资水平、边际生产率等指标的变动来判断中国的刘易斯转折点是否已经到来。

2.3.1 中国农村剩余劳动力估算的角度

由于学者们对农村（或者农业）剩余劳动力的概念界定不一致，所用的数据和估计方法不同，导致所估计的结果差异很大。目前，中国农村剩余劳动力的估计还缺乏权威的、具有说服力的实证研究。表2-1是笔者对部分学者对中国农村（或农业）剩余劳动力的估算汇总。

表2-1　对中国农村（或农业）剩余劳动力估算的文献汇总

估计年份	估计结果	所用数据	估算口径	估计方法	文献来源
1990	2亿人	小普查	农村剩余劳动力	推算	钟甫宁（1995）
1978~1993	约1亿人	年鉴	农业范围较窄	根据实物产出推算	托马斯·罗斯基等（1997）
1992	0.9亿人	调查数据	广义的农业	分行业估算加总	章铮（1995）
1994	1.17亿人	调查数据	广义的农业	生产函数法	王红玲（1998）
1994	1.37亿人	年鉴	广义的农业	推算	王诚（1996）
1998	1.52亿人	普查	广义的农业	人口学方法	农业部课题组（2000）
1999	1.38亿人	年鉴	农村剩余劳动力	回归方法	侯凤云（2004）
1999	1.7亿人	调查数据	农村剩余劳动力	生产函数法	国家统计局农调总队（2002）
1996、2000	1.43亿人	普查	农村剩余劳动力	农业技术需求法	谢培秀（2004）
2003	0.46亿人	年鉴	狭义的农业	古典测算方法	王检贵等（2005）
2003	0.77亿人	年鉴	广义的农业	分行业估算	章铮（2005）
2003	1.93亿人	年鉴	狭义的农业	推算	何如海等（2005）
1990~2002	1.8亿~2.1亿人	国土资源部资料	农村剩余劳动力	劳均耕地比例法	王国霞（2007）

续表

估计年份	估计结果	所用数据	估算口径	估计方法	文献来源
2004	0.58亿人	年鉴	可转移的农村剩余劳动力	推算	蔡昉（2007a）
2006	1.1亿人	年鉴	农村剩余劳动力	据实物产出推算	马晓河等（2007）
2005	0.43亿人	小普查数据	可转移的农村剩余劳动力	计量经济学方法	都阳等（2010）

从对以上关于农村剩余劳动力估算文献的研究来看，估计结果的分歧可以大体归结为以下原因：

第一，估算口径的差异。有的学者估算的是狭义的农村剩余劳动力，有的学者估算的是广义的劳动力，还有的学者估算的是可以转移的农村剩余劳动力。显然，口径为狭义剩余劳动力和可转移剩余劳动力的，估计的数字会低一些。例如，托马斯·罗斯基等（1997）把农业范围定义在狭义的农业和广义的农业之间，仅包括种植业、畜牧业、园艺业和淡水养殖业，而不包括林业、海水养殖和捕捞业，因此这样估计的结果就比其他以广义农业为估算对象的结果小。事实上，从微观视角看，中国相关数据的统计比较落后且国内农业技术变化不大，因此，即使不考虑农业估算口径这一因素，托马斯·罗斯基等（1997）的估算也欠准确。蔡昉（2007a）和都阳等（2010）都只是测算可以转移的农村剩余劳动力的数量，从研究刘易斯转折点的角度来看，这个测算最有价值。

第二，数据来源的差异。现在文献中所用的数据资料主要是官方数据，例如，有的是统计年鉴数据，有的是人口普查（或小普查）数据，还有的是国土资源部数据。数据来源的不一致也是造成估算差异的原因。笔者认为，人口普查数据（或小普查）数据相对而言更具有说服力，准确性也较高。统计年鉴数据的口径变化频繁，调整的方法不统一，因此可信度偏低。

第三，估算方法的差异。从已有文献所采用的估算方法来看，更是千差万别。例如，钟甫宁（1995）的估算实际仅仅是根据已有的1990年的人口普查数据对农村剩余劳动力的推算，没有具体的计算方法，主要依靠自己的直觉判断。托马斯·罗斯基等（1997）在估算中考虑了中国农业生产的技术水平和生产资料的成本，在估算的合理性上有所突破，但是高估了中国农业技术的变化、低估了中国农资成本。都阳等（2010）不仅测算了农村劳动力资源配置状况，并根据计量模型预测了样本中每一个劳动力的迁移概率。这种测算方法不仅考虑宏观层面，而且兼顾了微观层面，因此，从估算的科学性和准确性来看，笔者认为是最可取的。因为农村剩余劳动力的结构和迁移意愿是影响实质意义上的农村剩余劳动力的重要因素，而这些因素在学术界中长期被忽视。

2.3.2 综合多因素的角度

对于中国的刘易斯转折点是否已经到来的准确判断是很多学者和政策制定者关心的问题。关于这个问题，国内外学者依据不同的评判标准以及不同的实证方法得出了不同的结论。

耿元和林玳玳（2008）在刘易斯二元经济模型的基础上分析了刘易斯转折点上的劳动力市场特征，并对中国的劳动力市场现状进行了深入研究。一方面，从宏观和微观两个层面分析了劳动力供给的状况；另一方面，分析了中国的城市化水平。他们分析认为"中国刘易斯转折点尚未到来，劳动力就业压力依然巨大"。需要说明的是，他们这里的刘易斯转折点其实是刘易斯第二转折点，即商业化点。

刘洪银（2009）通过对中国农业的研究，认为从工资水平看，中国现阶段好像已经进入了"刘易斯转折点"，但从劳动的边际生产力看，中国仍存在大量边际生产力很小甚至趋于零的剩余劳动力，因此，他认为中国现阶段尚未真正进入"刘易斯转折点"。

田岛俊雄（2008）的实证方法别具一格，他从农业劳动生产力的状况来观察刘易斯转折点，更重要的是他利用了农业农本调查资料，计算了中国稻谷、小麦、大豆的成本变化和用工变化。他的结论是中国要通过刘易斯转折点大概在2013年前后，2004年的"民工荒"可能不是刘易斯转折点的标志。

Minami等（2010）首先用失业率作为劳动力供求平衡指数调查了城市劳动力市场的变化，以及农村和城市的高生产率、高工资行业的工资差距，其次估算了农业生产函数、劳动的边际生产率和剩余劳动力；最后分析了影响农村劳动力供给的因素，以及城市部门在吸纳农村剩余劳动力中发挥的作用。他们综合以上的分析认为中国的刘易斯转折点还没有到来。

Yao Yang等（2010）利用1998～2007年省级面板数据采用了带有不确定阀值的Truncated模型，估计了剩余劳动力的供给和需求函数。估计结果表明非农部门的收入与非农从业人员正向相关，与当地农村的总就业呈负相关关系。而从时序上看，刘易斯转折点是一个动态的点，无论农业部门是否存在技术进步，它都有可能变化。供给和需求的交点表明，虽然供需都有上升，但中国仍有大量的剩余劳动力，观察到的工资上升更多的是制度工资以及供给曲线上升的结果。"民工荒"的出现以及非农行业工资的上涨并不是刘易斯转折点到来的证据，而可能是剩余劳动力供求共同作用的结果。他们重新估计了剩余劳动力的供给和需求曲线，结果表明劳动力的需求在不断上升。同时，劳动力供给曲线也因为制度工资的上升而向右移动，供需交点在不断右移，但都没有到达刘易斯转折点。因此，他们认为中国还存在着丰富的剩余劳动力，刘易斯转折点并没有到来。

相反，一些实证研究得出了中国刘易斯转折点已经到来的结论。

蔡昉（2008b，2010a）通过考察刘易斯转折点的诸多问题，如劳动力年龄、劳动力结构变化趋势，劳动力市场的供求形势，劳动力连续短缺以及非熟练工人工资上涨的事实。他得出的结论是中国的刘易斯转折点已经到来，劳动力供给已经从无限供给的时代转变为有限供给的时代。

Wang Meiyan（2010）利用中国历年农产品成本收益调查数据并结合一些宏观资料，仔细考察了农业部门的劳动力成本、劳动投入、资本投入、劳动边际生产率等经济指标的变化，发现自2004年以来中国农业劳动成本稳步较快增长，非熟练劳动力的工资快速上涨，熟练劳动力和非熟练劳动力工资差距逐步缩小。三种主要粮食作物的劳动投入总量和单位劳动投入，都呈现减少的趋势；自20世纪90年代中期以来资本—劳动投入比就一直在稳步上升。她还用省际面板数据，分1980~2000年和2001~2008年两个阶段对粳稻和小麦的生产函数进行了估计，发现与1980~2000年相比，粳稻和小麦的边际劳动生产率的产出弹性都在迅速提高。她的结论是：中国刘易斯转折点已经到来。

汪进和钟笑寒（2010）利用世界银行跨国平行数据，估计了与刘易斯转折点出现相对应的经济发展水平。他们认为各国农业劳动力占总劳动力的比例随着各国人均GDP增长将呈现先加速下降而后再减速下降的趋势，二者的分界点就是刘易斯转折点。对跨国平行数据回归的结果表明，刘易斯转折点大致在人均GDP为3000~4000美元（2000年国际美元，购买力平价）之间出现。中国的人均GDP已经超越了这一水平；但中国的农业劳动力比例远高于该经济发展水平下世界平均水平，中国的人均收入水平已经进入了这一区间。然而，与同等收入国家的平均水平相比，中国的农业劳动力比例偏高。他们认为中国的刘易斯转折点已经到来。

综上所述，对中国刘易斯转折点是否到来的实证结果产生如此大的分歧可以归结为以下几个原因：首先，是对刘易斯转折点定义的分歧，有的是第一转折点，有的是第二转折点；其次，各位研究者提出的评判标准不一致；最后，实证研究采用了不同来源的数据和测算方法。由于数据的原因，笔者较认可田岛俊雄（2008）和王美艳（2010）的实证结论。尽管这两个结果有小的差异，前者的预测比后者的预测要晚一些，但是刘易斯第一转折点到来或者说即将到来应该是不争的事实。无论刘易斯转折点是否到达，我们未来关注和研究的重点都应该是刘易斯转折点到来后中国经济和社会将面临怎样的变化，我们如何应对这些变化。

2.3.3 文献评论

通过前两小节的文献综述，可以发现仅仅依靠对中国农村剩余劳动力的估算来判断刘易斯转折点是否到来不甚科学。在经济发展过程中，人口结构的变化也不容忽视，判断刘易斯转折点的关键不在于中国农村剩余劳动力的多少，而在于中国农村可转移的剩余劳动力的数量。采用综合多因素的评判方法有一定的科学性，但是由于数据来源、计算方法的差异，导致最后结果也有很大差异。因此，建立完善系统的计算方法来科学的判断刘易斯转折点是必要的。

第 3 章

中国劳动力市场转折的典型化事实

3.1 引　言

中国是世界上人口最多的国家，同时中国又是一个农业大国，因此劳动力"无限供给"是中国劳动力市场的长期特征，这是大家固有的印象。但是中国经济经过三十多年的高速增长，产业结构的比重和就业结构都发生了很大的变化，再加上计划生育政策的实施，医疗卫生条件的改善，生活水平的提高，中国已经从"高出生率、低死亡率和高自然增长率"阶段进入"低出生率、低死亡率和低自然增长率阶段"。过去三十多年，中国经济的快速增长，劳动力的再配置功不可没，因为农业部门要不断释放出剩余劳动力来促进非农业部门的发展。根据第二次全国农业普查主要数据公报，2006年，农村外出从业劳动力就达到13181万人。由廉价劳动力支撑的经济增长能够持续吗？自2004年在珠三角地区发生局部民工荒，乃至2010年以来发生的全国民工荒，使学术界和政策界发出了这样的疑问。判断中国劳动力市场是否发生转折，以及是否已经由劳动力"无限供给"转变为"有限供给"乃至短缺，对于研究中国经济未来的发展轨迹和对国家政策的影响有深远的意义。如果中国的劳动力市场确实已经由"无限供给"转变为"有限供给",那么调整产业结构和经济增长方式就迫在眉睫。如果劳动力无限供给的时间可以长期持续,那么中国就需要在"就业"和产业结构调整之间取得平衡。本章利用劳动力市场的一些显著特征来考察中国劳动力市场的现实状况,为判断中国经济的刘易斯转折点是否到来提供初步的证据。

3.2 劳动力市场转折的典型化事实:劳动力供给态势

3.2.1 人口转变、经济活动人口数量和抚养比

在20世纪70年代初期,中国开始实行比较严格的计划生育政策,人口快速增长的势头得到了遏制。人口年均增长率从1982~1987年的1.24‰下降到2000~2010年的0.57‰。计划生育政策的实施一方面控制了人口过快的增长,另一方面为中国经济的增长赢得了年龄结构优势,形成了所谓的"人口红利"。从图3-1中可以看出从1997年开始,人口自然增长率逐年下降,1997年人口自然增长率为10.06‰,2009年仅为5.05‰。劳动力的成本优势也成为中国参与国际竞争的重要优势,发展劳动密集型产业成为中国发挥比较优势的重要策略。事实上,改革开放以来产业结构的一系列调整基本上就是按照这一比较优势指示的方向进行的。图3-2显示了1978~2009年经济活动人口和城乡就业人口的变化情况。经济活动人口反映了社会劳动力参与经济活动的规模,随着中国经济的高速发展,经济活动人口由1978年的4.07亿增加到2009年的7.80亿。从图3-2可以看出,1990年经济活动人口有一个跃升,农村就业的人口自此出现了下降的趋势,然而城镇就业表现出了逐

第3章 中国劳动力市场转折的典型化事实 35

年加速的上升态势,这和中国经济正在经历的快速工业化和城镇化是吻合的。总的经济活动人口和城镇就业人口是逐年上升的,而农村就业人口是下降的,这就说明从20世纪90年代开始,农村新增

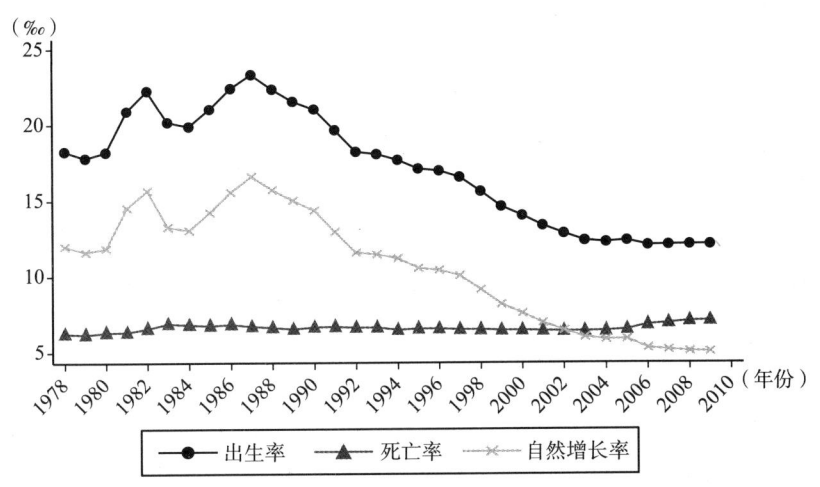

图3-1 中国出生率、死亡率与自然增长率的变化(1978~2009年)

资料来源:《中国统计年鉴(2010)》。

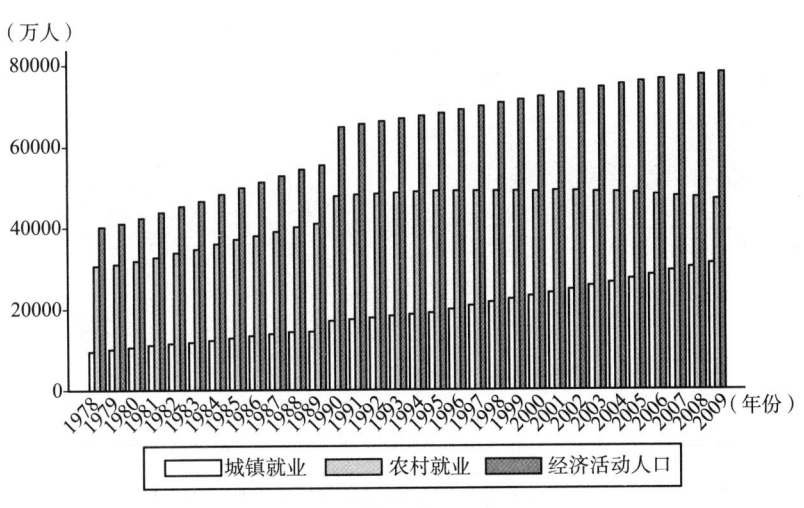

图3-2 经济活动人口和就业数量变化(1978~2009年)

资料来源:历年《中国统计年鉴》。

劳动力基本被城镇创造的就业机会所吸纳。事实上，20世纪90年代初期乡镇企业的快速发展和农村生产率水平的提高，为劳动力的跨行业转移创造了必要的条件，而乡镇企业也成为吸纳农村剩余劳动力的主要渠道。

对于劳动力供给的考察，不仅要关注劳动力的供给数量，还应该注意劳动力的年龄结构变化。图3-3是根据联合国提供的数据绘制的劳动年龄人口的结构变化图。将人口按照年龄分为四个组别：15~24岁、25~39岁、40~54岁和55~64岁组。从1990年开始到2020年，40~54岁组和55~64岁组的人口处于上升趋势，而15~24岁组和25~39岁组略有下降。考虑到15~24岁组劳动力人口的特殊性，真正对劳动力供给产生影响的是其他三个组别。由于中国的老龄化比例在增加，因此真正有生产力意义的劳动力年龄组别应为25~39岁组和40~54岁组。从图3-3可以看到，40~54岁组的人口比例在逐年增加，15~24岁年龄组别的人口比例已经显示出递减的趋势，尽管25~39岁组的人口比例还没有显示出递减的态势，但是可以预见，受15~24岁年龄组别人口比例

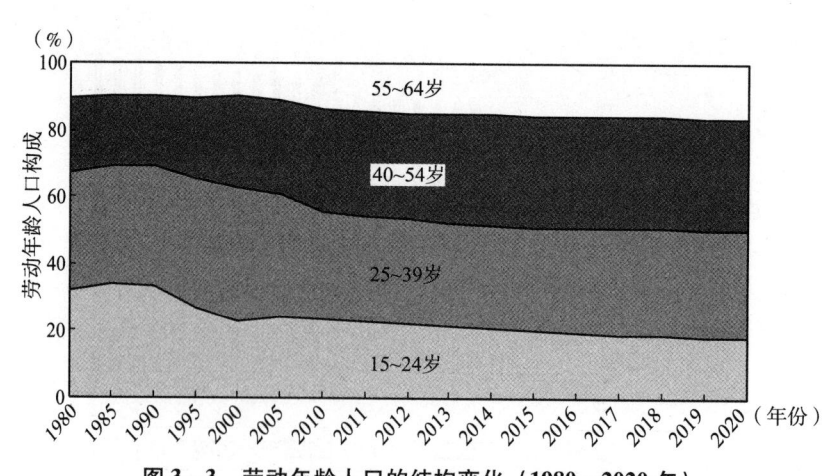

图3-3　劳动年龄人口的结构变化（1980~2020年）

资料来源：United Nations，2010。

第3章 中国劳动力市场转折的典型化事实

的变化影响，25~39 岁组别的人口比例在不远的将来必然会萎缩。由于 25~39 岁组别人群是劳动力产业转移实现再配置的关键因素。因此从长远来看，中国的劳动力供给并不乐观。

人口抚养比是获取人口红利的必备条件之一。少儿抚养比与老年抚养比都比较低时，社会负担相对较轻，劳动力供给充足。这种年龄结构将带来劳动力增加、储蓄和投资增长。从图 3-4 可以看出从 1982 年以来总抚养比和少儿抚养比逐年在下降，1982 年的总抚养比和少儿抚养比分别为 64.6‰和 54.6‰，然而到 2009 年分别降为 36.9‰和 25.3‰；老年抚养比则比较平稳，但是有上升的趋势，而且老年抚养比占总抚养比的份额越来越大。这就给我们一个信号，我们面临的养老压力将越来越大，"人口红利"漏损将会出现。王德文等（2004）[①] 认为，中国人口总抚养比下降大约持续到

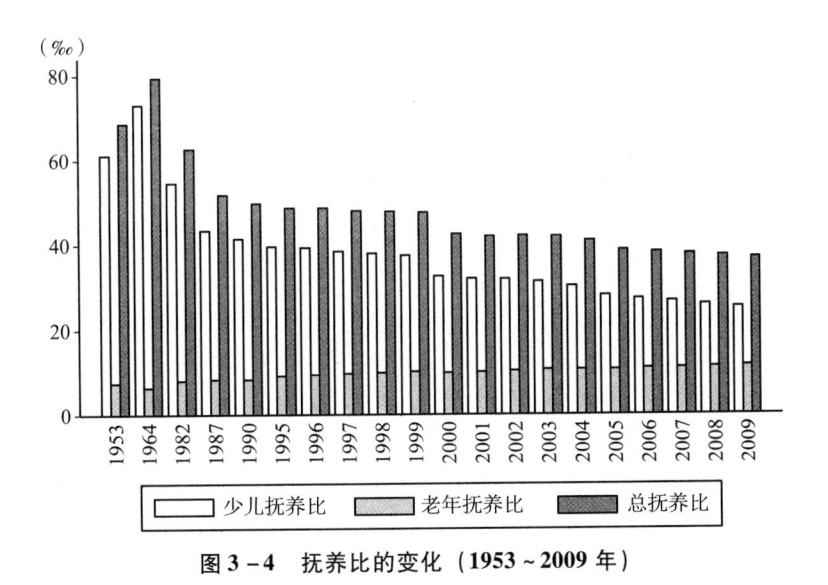

图 3-4　抚养比的变化（1953~2009 年）

资料来源：《中国统计年鉴（2010）》。

[①] 王德文，蔡昉，张学辉. 人口转变的储蓄效应和增长效应——论中国增长可持续性的人口因素 [J]. 人口研究，2004（5）：2-11.

2015年前后,此后,随着人口老年化速度上升,人口转变对经济增长的贡献将由人口红利阶段转为人口负债阶段,2015年前后是中国人口红利阶段的转折点。

3.2.2 劳动力供给的度量:受教育结构

劳动力市场结构变化的一个重要方面是劳动力素质的变化,即受教育结构的变化。1982年中国劳动年龄人口受教育程度以小学及以下为主,占劳动年龄总人口的60%以上。而2000年以来,劳动年龄人口受教育程度则以初中、高中为主,大专以上程度的劳动年龄人口占劳动年龄总人口的比例从2000年的5.227%上升到2009年的7.4%。

从平均受教育年限来看(见表3-1),1982年劳动年龄人口平均受教育年限为6.13年,2009年平均受教育年限为8.64年。1982年以来劳动年龄人口的平均受教育年限大体上呈现逐年增加的趋势,这表明中国的劳动力质量有了很大的提高。尽管中国从1998年以来大学进行扩招,但是从受教育水平来看,仍大大落后于美国、日本等发达国家。尽管如此,在高等教育扩招的推动下,劳动力市场的受教育结构变化已经快于产业结构的调整速度,导致"民工荒"和"大学生就业难"并存的局面。

表3-1　　　　劳动年龄人口受教育的结构变化

年份	未上过学(%)	小学(%)	初中(%)	高中(%)	大专(%)	本科(%)	研究生(%)	平均受教育年限
1982		62.84	25.52	10.69	0.95		—	6.13
1990		53.37	32.62	11.84	2.17		—	6.82
2000		37.14	42.31	15.42	5.14		0.087	8.17
2004	6.2	27.4	45.8	13.4	5.0	2.1	0.13	8.48
2005	7.8	29.2	44.1	12.1	4.5	2.1	0.18	8.22

续表

年份	未上过学(%)	小学(%)	初中(%)	高中(%)	大专(%)	本科(%)	研究生(%)	平均受教育年限
2006	6.7	29.90	44.90	11.90	4.3	2.1	0.2	8.28
2007	6.0	28.30	46.90	12.20	4.3	2.1	0.2	8.40
2008	5.3	27.4	47.7	12.7	4.4	2.3	0.2	8.53
2009	4.8	26.3	48.70	12.80	4.7	2.5	0.2	8.64

注：在中国平均受教育年限计算中，假定小学程度为6年，初中程度为9年，高中程度为12年，大专程度为15年，本科程度为16年，研究生为19年。

资料来源：1982年、1990年、2000年的数据来源于《中国人口与劳动问题报告》第10辑（2009）；2004～2009年的数据来源于历年的《中国劳动统计年鉴》。

3.2.3 劳动力供给的度量：劳动参与率

劳动参与率是衡量一个社会从事经济活动人口相对规模，反映劳动力市场活动水平的重要指标。一般情况下，劳动参与率受工资水平、社会保障制度、教育发展水平和人口年龄结构等多种因素的影响。表3-2表明，中国的劳动参与率1990年以来均保持在70%以上。中国的劳动参与率比较高的原因可能是：第一，中国的经济发展水平还比较低，劳动参与仍是大多数劳动者谋生的手段，需要参与劳动获取糊口的收入；第二，中国的社会保障、医疗保障和高等教育体制的不健全，使一般老百姓倍感压力，促使他们加入到劳动力市场中，使得劳动参与率保持在较高的水平上。另外，我们可以看到，自1995年以来，劳动参与率呈现出逐年下降的趋势，2009年下降到了72.43%。劳动参与率之所以出现下降，笔者认为与人口结构和大学扩招有关。众所周知，中国自20世纪90年代中期开始扩招，扩招的后果使本该进入劳动力队伍的人进入了大学，相应地降低了适龄劳动人口参与经济活动，降低了劳动参与率。至于人口结构的变化，由于中国实行计划生育政策的措施，加速了中国老龄化社会的来临，根据联合国的标准①，中国在2000年就已经进入了老龄化社会。人口结构的老龄化倾向也会导致劳动参与率的降低。劳动参与率的下降降低了人口的生产性，减少了有效劳动力的有效供给量，加速了人口红利消失进程，从而在一定程度上减弱了中国经济增长的可持续性。

表3-2　　　　　中国的劳动参与率（1990~2009年）

年份	经济活动人口（万人）	16岁以上人口（万人）	劳动参与率（%）
1990	56740	69732	81.37
1991	58365	70982	82.23
1992	59432	72120	82.41
1993	60960	84350	72.27
1994	62266	85395	72.92
1995	69660	87242	79.85
1996	69665	88470	78.74
1997	70580	89650	78.73
1998	71407	90812	78.63
1999	71983	91920	78.31
2000	73992	95702	77.31
2001	74432	96626	77.03
2002	75360	98459	76.54
2003	76075	99889	76.16
2004	76823	101417	75.75
2005	77877	102534	75.95
2006	78244	103506	75.59
2007	78645	104585	75.20
2008	79243	105789	74.91
2009	77480	106969	72.43

注：1990~1992年计算的是"劳动力资源利用率"，该指标和劳动参与率有一定的差别，但是近似相等。

资料来源：历年《中国劳动统计年鉴》。

---

① 联合国定义的老龄化社会的标准是65岁及以上的人口比重超过7%定义为老龄化社会。根据第五次人口普查的资料，2000年中国的65岁及以上人口的比重已经达到了7.0%。

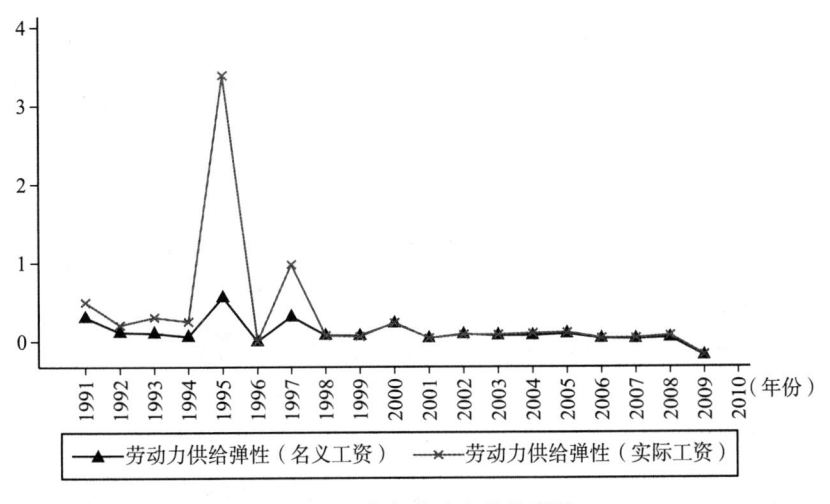

3.2.4 劳动力供给的度量：劳动力供给弹性

劳动力供给弹性反映了劳动力的供给量与市场工资率之间的关系。从图3-5可以看出，名义工资的劳动力供给弹性和实际工资的劳动力供给弹性显示出了很强的一致性，尤其是1998年以后的两条曲线几乎是重合的。总体上看，自1995年至今，劳动力供给弹性显示出下降的趋势，这说明劳动力市场上劳动力供给数量逐年吃紧。除了1995年的实际工资的劳动力供给弹性大于1，其余年份的劳动力供给弹性均小于1，劳动力供给曲线明显是缺乏弹性的。可以说通过增加工资来解决民工荒问题已经变得不太现实，随着劳动力供给的相对减少，中国劳动力成本优势已在逐渐丧失。

图3-5 中国劳动力供给弹性

3.3 劳动力市场转折的典型化事实：劳动力需求变化

劳动力需求是劳动力市场转折的另一个重要的决定因素。从中国当前的情况来看,存在结构性失业现象。也就是劳动力市场的需求和劳动力市场的供给不一致,"民工荒"和"大学生就业难"并存就是结构性矛盾的反映。一般来说,劳动力需求的状况受产业结构和经济周期的影响较大,在经济发展的早期阶段,对不熟练的劳动力需求更大一些,劳动力也大多集中于劳动密集型产业,随着产业结构的升级和调整,对熟练劳动力的需求就会加大。如果劳动力市场的结构调整和产业结构调整的步伐不协调,就会产生结构性问题。在这一节,我们将从劳动力需求的角度观察劳动力市场的状况。

3.3.1 劳动力需求的度量:劳动力就业结构的变化

劳动力就业结构的变化是在经济的就业创造能力毫无缓解的压力条件下发生的。正在高速发展的非农业部门吸收劳动力的能力是经济转型能力本身的决定因素。因此劳动力就业结构的变化是劳动力需求的直接表征,也是判断劳动力市场是否发生转折所应该考虑的主要因素之一。

如图3-6所示,自20世纪90年代以来,劳动力就业结构有两次大的变化。第一次大规模变化发生在90年代初期,这一时期由于经济的高速增长,对城乡流动的限制也大大减少了,出现了"民工潮"。第二次变化与2003年的投资推动的经济加速有关,这一阶段给农村剩余劳动力提供了更多的机会。1991年第一产业就业的劳动力占总就业人口的60.1%,第二产业和第三产业的就业分别占21.4%、18.5%。从1994年开始,第三产业就业的份额超过第二产业的就业份额,且逐年拉大到2003年。从2003年开始,第一产业就业份额加速下降,第二产业和第三产业的就业份额稳步上升。到2009年第一产业、第二产业、和第三产业的就业份额分别为38.1%,27.8%和34.1%。可以预见的是,第二产业和第三产业未来的发展会需要更多的劳动力，第二产业和第三产业对劳动力的素质要求较高，因此劳动力素质的提升对于产业结构的转型就显得尤为重要。从三次产业发展的速度来看，产业结构调整的速度还跟不上劳动力市场变化的速度。

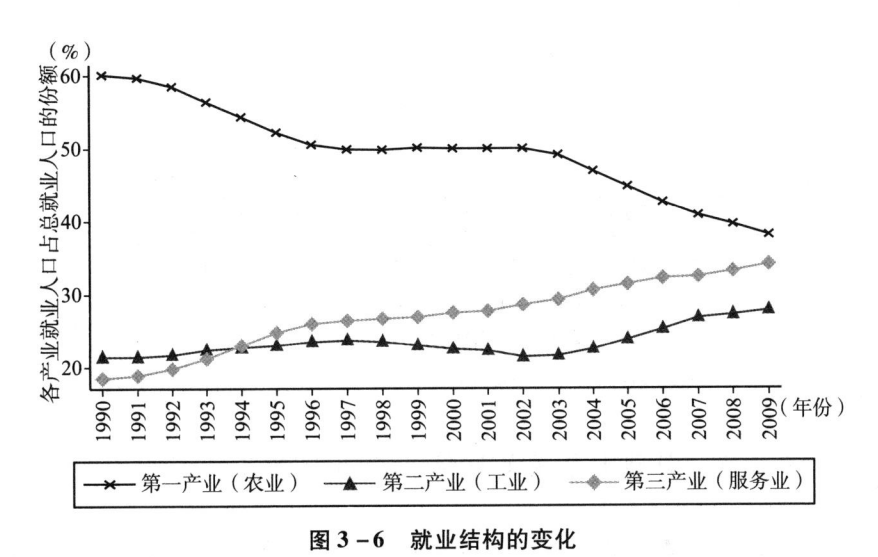

图 3-6 就业结构的变化

资料来源：国家统计局编《中国统计年鉴（2010）》，中国统计出版社，2010。

劳动力需求作为一种派生需求，它的需求是通过 GDP 增长所带来的经济发展创造的。从 GDP 的结构也可以观察到未来对劳动力需求的变化趋势。图 3-7 显示，从 1983 年开始，第三产业对 GDP 的贡献逐年增长，与此同时第一产业在 GDP 中的份额开始下降，且从 1985 年开始第三产业在 GDP 中的份额开始超过第一产业所占份额，二者所占份额差距越来越大。第二产业占 GDP 的份额尽管有波动，但是一直保持在 40% 以上，并没有表现出下降的趋势。由以上的观察可以预见，随着经济的发展第二产业相对于第三产业在 GDP 中的份额必然会下降，第三产业会成为劳动力需求的主要产业。

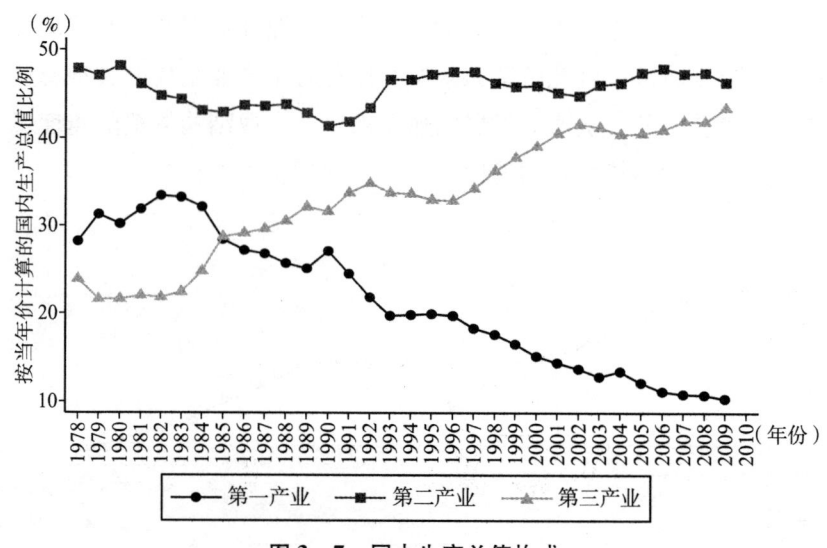

图 3-7 国内生产总值构成

资料来源：国家统计局编《中国统计年鉴（2010）》，中国统计出版社，2010。

3.3.2 劳动力需求的度量：劳动力需求的 GDP 弹性

劳动力市场的供求关系取决于经济发展创造就业岗位的多寡。近三十多年的经济的高速增长，尽管创造了大量的非农就业岗位，但是由于技术变革和产业结构调整也摧毁了不少传统的就业岗位，中国国有企业改革就是对此的注解。关于中国近年来的就业弹性变化趋势并没有一致的结论。但是由于第一产业与第二产业和第三产业在就业创造中有着显著的差异，因此，需要分产业进行劳动力需求的 GDP 弹性的计算。三次产业的就业弹性的变化，如表 3-3 所示。

表 3-3　　　　三次产业的就业弹性的变化

年份	总弹性	第一产业就业弹性	第二产业就业弹性	第三产业就业弹性	年份	总弹性	第一产业就业弹性	第二产业就业弹性	第三产业就业弹性
1990	—	—	—	—	1992	0.12	-0.21	0.40	0.43
1991	0.17	0.15	0.32	0.23	1993	0.07	-0.20	0.25	0.60

续表

年份	总弹性	第一产业就业弹性	第二产业就业弹性	第三产业就业弹性	年份	总弹性	第一产业就业弹性	第二产业就业弹性	第三产业就业弹性
1994	0.05	-0.09	0.15	0.43	2002	1.63	0.53	3.49	2.31
1995	0.07	-0.14	0.18	0.71	2003	0.36	-0.35	0.67	1.37
1996	0.20	-0.20	0.67	0.93	2004	0.15	-0.22	0.80	1.16
1997	0.83	-0.13	4.88	0.63	2005	0.21	7.36	1.20	0.97
1998	-1.32	-1.12	-0.07	0.51	2006	0.20	-1.96	1.43	1.00
1999	-0.84	-0.55	0.40	1.39	2007	0.10	-0.23	1.34	0.15
2000	0.48	-0.65	-0.85	0.78	2008	0.08	-0.21	0.30	0.47
2001	0.64	0.48	1.79	0.52	2009	-1.06	-9.50	-0.72	1.22

资料来源：国家统计局编《中国统计年鉴（2010）》，中国统计出版社，2010。

图 3-8 显示 1991 年以来的就业弹性表现并不稳定。1991~1995 年这一时段总的就业需求弹性相对平稳，从 1995 年开始到 1997 年有一个大的跃升，由于东南亚金融危机的影响，1998 年降至 1991 年以来的最低点，为 -1.32，然后又开始逐年上升到 2002 年到达历史最高点，然后又开始逐年下降，到 2010 年该值为 -1.06。

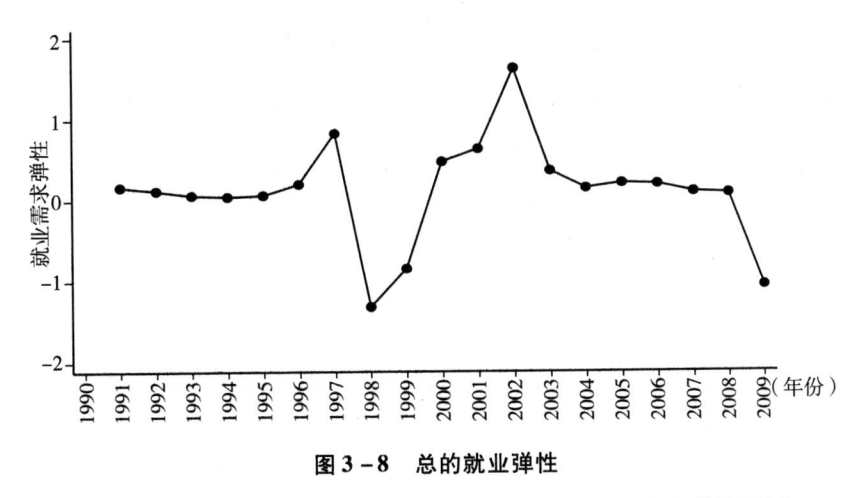

图 3-8 总的就业弹性

资料来源：根据历年《中国统计年鉴》和《中国劳动统计年鉴》提供数据计算。

从图 3-9 可以看出，第一产业的大部分年份就业的需求弹性小于零，1990~2004 年该值有波动，但是相对平稳。2005 年有一个大的跃升，2006 年就大幅下降，2007 年、2008 年尽管有小幅反弹，但并没有改变整体下降的趋势。这说明第一产业的劳动力还比较饱和，随着农业机械化的推广和农业技术的革新，从第一产业（农业）向第二产业和第三产业的劳动力再配置还会继续。第二产业和第三产业的就业需求弹性大多数年份大于零，两条曲线的变动趋势比较统一。另外还可以看到，从 2002 年开始，第二产业和第三产业的就业需求弹性表现出了下降的趋势。因此，产业结构中使用资本密集型技术的行业所占的比重会越来越大，劳动密集型行业所占比重将越来越小。

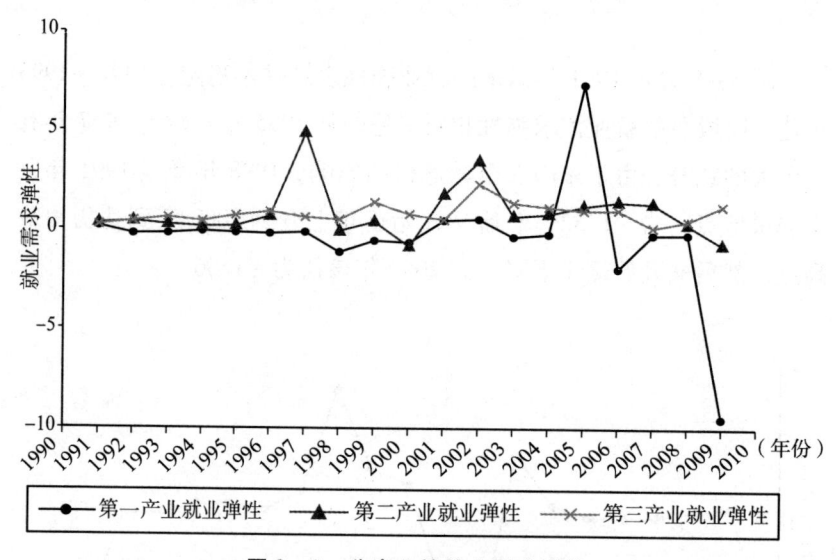

图 3-9 分产业的就业需求弹性

资料来源：根据历年《中国统计年鉴》和《中国劳动统计年鉴》提供数据计算。

3.3.3 劳动力需求的度量：求人倍率的变化

求人倍率是一个反映劳动力市场上短期劳动力需求状况的指标，

它等于职位空缺的数量和求职人数之比。求人倍率小于1就说明劳动力市场是宽松的，这就意味着在劳动力市场上的劳动者较为富余，企业的职位空缺比较容易得到填补。但是，劳动力市场从总体上看是宽松的，但并不表明在任何地方都不存在劳动力短缺的情况；相反，在说到劳动力市场紧张的时候，也仍然可能会存在某些岗位或某些地方的求职者数量超过在现行的工资水平上所能够提供的工作岗位的数量。

图3-10显示2001~2010年中国城市劳动力市场求人倍率的总体变动趋势，总体上看求人倍率表现出逐年递增的趋势，2001年求人倍率为0.71，2007年上升到0.98，受2007年底发生的金融危机冲击，2008年和2009年的求人倍率有小幅的下降，但是到2010年求人倍率跃升到1.01。1991~2009年，尽管求人倍率是逐年上升的，但是小于1，说明劳动力市场总体上还比较宽松，但是到2010年求人倍率突然跃升到大于1的水平，说明劳动力市场有发生逆转的迹象，即劳动力市场显现出紧张的态势，2010年初的全国普遍出现的"用工荒"就是劳动力市场出现逆转的征兆。

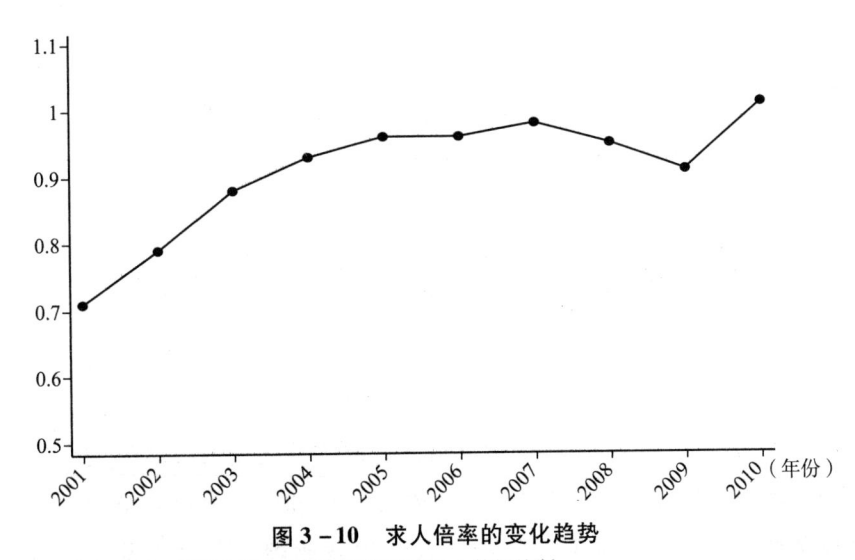

图3-10 求人倍率的变化趋势

资料来源：根据中国人力资源信息监测中心数据绘制。

从图 3-11 分年龄组的求人倍率可以看出，25~34 岁年龄段是劳动力市场需求相对比较紧张的群体，16~24 岁和 35~44 岁两个年龄组的求人倍率不相上下。除了 45 岁以上的年龄组求人倍率小于 1 以外，其他三个年龄组的求人倍率都大于 1。随着中国人口结构的变化和产业结构的升级，可以预见 25~34 岁这个年龄组的劳动力会成为劳动力市场激烈争夺的对象。

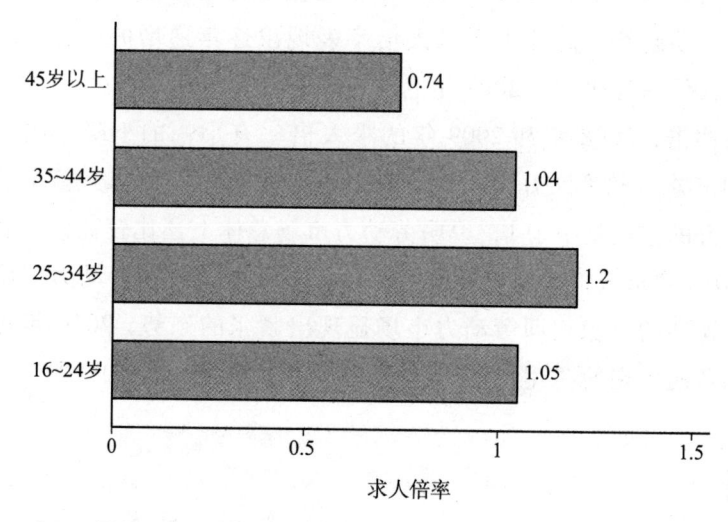

图 3-11 分年龄组的求人倍率（2011 年第一季度）

年龄组	求人倍率
45岁以上	0.74
35~44岁	1.04
25~34岁	1.2
16~24岁	1.05

资料来源：根据中国人力资源信息监测中心数据绘制。

3.4 劳动力市场供求态势判断：结论性评论

从前面的分析可以看到，不论是从供给层面还是需求层面，中国劳动力市场已经处于由无限供给向有限供给转变的过渡时期。目前劳动力市场存在结构性矛盾，即产业结构和劳动力市场结构耦合度降低，出现了"民工荒"和"大学生就业难"共存现象。供给端是大学扩招源源不断向劳动力市场输出高素质人才，根本上改变了劳动力市场的素质结构，低学历非技能型劳动力相对短缺；而需求端的产业结构调整速度相对缓慢，因为劳动力成本的比较优势仍然存在，企业进行产业调整的动力不足。基于以上分析，中国劳动力市场发生转变的典型化事实如下：

第一，劳动力供给已经发生变化。中国长期比较严格的计划生育政策导致生育率持续下降，产生了人口年龄结构的一个后果，即新增劳动力供给下降的效应已经在劳动力市场上凸显。作为劳动力供给主要表征的劳动参与率也表现出逐年下降的趋势。除了数量和年龄结构的变化外，随着多年的大学扩招，劳动力市场的素质结构也发生了很大的变化。1999年，全国高校扩招48%，招生规模从1998年的108.4万人扩大到159.7万人，2009年则达到629万人，1999~2009年，年均增长率为14.7%。1980年的劳动力人口以小学以下的学历为主，而2000年以来劳动力的学历结构以初高中学历为主，大中专学历的份额到2009年达到了7.4%。平均受教育年限也由1982年的6.13%增长为2009年的8.64%。

第二，劳动力潜在需求深受产业结构变动的影响。伴随着城市化、工业化，中国以劳动密集型产业为主的产业结构得到不断强化，这种产业结构特征带来的后果就是劳动力需求结构的分化。由于劳动密集型产业对劳动力素质的要求不高，对农村劳动力的需求就相对较多。这种产业结构长期积累效应就是，"民工荒"和"大学生就业难"并存。求人倍率也表现出逐年增加的趋势，2010年达到了1.01，总体上看，劳动力的短缺已经出现。

综上所述，中国劳动力市场出现转折的事实已很明显。但是在考察劳动力市场是否转折时，不应该忽视劳动力市场发展的不平衡性，即东部发达地区和中西部欠发达地区劳动力市场的差异性，也不可否认对某些职业或某些群体存在就业难的现象。尽管大学扩招、户籍制度等因素对劳动力市场和产业结构的矛盾有一些影响，破除这些制度壁垒可以在一定程度上缓和劳动力市场结构和产业结构之间的矛盾，但是仅仅依靠这些还无法从根本上解决根本问题。大学扩招短期内是不可逆转的，因此要从根本上解决劳动力市场和产业结构之间的矛盾，必须尽快从劳动密集型产业适度调整到准劳动密集型产业①，实现产业结构的升级，摆脱对低端劳动力的过度依赖。

---

① 这里提出调整到"准劳动密集型产业"，是因为在中国要在"就业"和"产业结构"之间取得平衡，如果产业结构调整过快，劳动力市场的结构又会与之发生矛盾。因此，劳动力市场的结构要和产业结构协调发展。日本和韩国的经验表明，产业结构的升级都是政府主导，负责技术的引进和革新。

第 4 章

Minami 准则下的刘易斯转折点实证研究

4.1 引　言

自 1978 年以来，中国经济快速增长，经济结构也发生了很多变化，GDP 的结构和劳动力市场的结构变化尤为显著。随着市场化改革步伐的加快，乡镇企业的发展和劳动力流动壁垒的松动，大量的农村剩余劳动力开始跨地域、跨行业的流动。第一产业的就业人数从 1978 年的 70.5% 下降到 2010 年的 36.7%，同时第一产业在国内生产总值的比重从 28.2% 下降到 10.1%。

大规模的劳动力乡城流动一方面加快了劳动力市场一体化的进程；另一方面也带来了一些问题，例如，劳动者的权益保护。除了劳动力市场管理措施的滞后外，"大学生就业难"和"民工荒"共存成为主要的问题。因此，对中国的刘易斯转折点是否到来进行严肃认真的判断，对经济政策的制定就显得尤为重要。如果劳动力供给由无限供给转变为有限供给（或短缺），那就意味着我们亟待调整产业结构和经济增长方式，转变基于劳动力无限供给状态下的政策措施。本章旨在对中国的刘易斯转折点是否到来进行实证研究。研究方法上，借鉴 Minami（1968）的判断刘易斯转折点的五项准则。

4.2 文献回顾

阿瑟·刘易斯在他的经典文章"无限劳动力供给的经济发展"（Lewis，1954）中把发达国家发展的历史经验和劳动力市场二元主义的核心思想相结合，恰当的描述了欠发达经济体经济发展过程的广阔图景。经历了半个世纪，他的著作仍然被认为对发展经济学有重要的影响。从20世纪刘易斯提出他的转折点理论后，围绕该理论产生了大量的文献（Ranis，2004；Fields，2004）。

在刘易斯的模型里，"资本主义部门"（即现代部门）要依靠从"传统部门"（即农业部门）吸纳劳动力和资本积累来发展。在发展的初始阶段，传统部门有无限供给的劳动力，传统部门的平均收入就为资本主义部门工资水平设置了门槛，也即资本主义部门无须提高工资就可以从传统部门得到源源不断的劳动力。随着劳动力从传统部门向资本主义部门的不断转移，传统部门的劳动力必然从无限供给阶段进入有限供给阶段，最后进入劳动力短缺阶段。传统部门的工资决定原则也由"制度工资决定"转变为"边际生产率决定"。经济体的发展分析框架也由古典理论框架转变为新古典理论框架。

对刘易斯转折点的实证研究往往要结合经济体的发展阶段，因此，在早期的文献中，大多集中在对日本、韩国和中国台湾等东亚地区经济体的实证研究上。例如，Lewis（1958）当时预测不到十年日本会迎来转折点，即1978年左右，他的依据是人口出生率的下降。Fei和Ranis（1963，1964）也对日本的转折点进行了考察，他们依据非第一产业资本劳动比率在1916~1919年前后的突变以及工业部门工人的实际工资快速上升的事实，认为日本的转折点是在1916~1919年前后。Jorgensen（1966）利用创新的方法否认了

第4章 Minami准则下的刘易斯转折点实证研究

Fei 和 Ranis（1963）的结论，认为日本 1917 年以前的统计资料并没有显示出古典派的经济增长特征，否认了古典派的适用性。Minami（1968）在反思其他学者研究的基础上提出了验证刘易斯转折点的五个准则，用详尽的统计资料对日本的转折点进行了重新测算，他认为日本的转折点应该是在 1960 年左右，这一结论现已经为学术界所接受。Bai Moo-Ki（2010）利用 Minami（1968）提出的刘易斯转折点准则研究了 20 世纪 60 年代初期韩国经济高速增长之后的劳动力市场状况，认为韩国经济转折点出现在 1975 年附近，而农业转折点更早出现在 20 世纪 60 年代中后期。Fei 和 Ranis（1975）依据剩余劳动力的状况和实际工资的变化，认为中国台湾地区在 20 世纪 60 年代末期到达商业化点（即刘易斯第二转折点）。本台进和中村和敏（2014）对印度尼西亚的刘易斯转折点进行了研究，研究发现印尼整体上还没有到达刘易斯转折点。但是分地区看，巴厘省在 2010 年之前可能已经到达转折点，而北苏门答腊省有可能即将到达转折点，其他省份则很难判断[①]。

对中国刘易斯转折点的关注是从 2004 年珠三角、长三角地区出现局部"民工荒"开始的。目前，学术界对该命题有两种倾向性观点，一些学者认为中国已经到达刘易斯转折点，但另一些学者认为在当前谈论刘易斯转折点为时尚早。耿元和林玳玳（2008）针对刘易斯转折点上的劳动力市场特征对我国的劳动力市场现状进行了深入研究，从宏观和微观两个层面分析了劳动力供给的状况以及我国的城市化水平，认为我国刘易斯转折点尚未到来，劳动力就业压力依然巨大。刘洪银（2009）通过对中国农业的研究，认为工资水平是中国已经进入刘易斯转折点的假象，从劳动的边际生产力角度看尚未真正进入刘易斯转折点。田岛俊雄（2008）从农业劳动生产力的状况来观察刘易斯转折点，计算了中国稻谷、小麦、大豆的成

---

① 南亮进，牧野文夫，郝仁平编. 中国经济的转折点：与东亚的比较 [M]. 北京：社会科学文献出版社，2014：48-66.

本变化和用工变化。他的结论是中国要通过刘易斯转折点大概在2013年前后。Minami 等（2010）首先用失业率作为劳动力供求平衡指数调查了城市劳动力市场的变化，以及农村和城市的高生产率、高工资行业的工资差距。其次，计算了农业生产函数、劳动的边际生产率和剩余劳动力。他们的估计结果表明中国的刘易斯转折点还没有到来。姚洋和张珂（2010）通过运用1998~2007年的省级面板数据估计了剩余劳动力的供给和需求曲线，结果表明劳动力的需求在不断上升，同时，劳动力供给曲线也因为制度工资的上升而向右移动，供需的交点在不断右移，但都没有到达刘易斯转折点，也得出了中国还存在着丰裕的剩余劳动力，刘易斯转折点并没有到来的结论。

相反，也有很多研究得出了中国刘易斯转折点已经到来的结论。蔡昉（2008b，2010a）通过考察刘易斯转折点的诸多问题，如劳动力年龄、劳动力结构变化趋势，劳动力市场的供求形势，和劳动力连续短缺以及非熟练工人工资上涨的事实。他得出的结论是中国的刘易斯转折点已经到来，劳动力供给已经从无限供给的时代转变为有限供给的时代。王美艳（2010）利用中国历年农产品成本调查数据并结合一些宏观资料，分别对1980~2000年和2001~2008年两个阶段的粳稻和小麦的生产函数进行估计，发现与1980~2000年相比，粳稻和小麦的边际劳动生产率都在迅速提高，结论认为"中国刘易斯转折点已经到来"。汪进和钟笑寒（2010）利用世界银行跨国平行数据，估计了与刘易斯转折点出现相对应的经济发展水平，中国的人均GDP已经超越了这一水平，然而，与同等收入国家的平均水平相比，中国的农业劳动力比例偏高。因此他们认为中国的刘易斯转折点已经到来。

我们认为之所以对该命题的分歧如此之大，主要有以下几点原因：

第一，概念不明。刘易斯转折点从产生到费景汉-拉尼斯的拓展，几经变化。不同的学者认识不同，导致争论的靶子不一致。有的学者说的是"短缺点",有的说的是"商业化点"。

第二,对刘易斯转折点理论的内涵把握不准确。例如,转折点理论主要以非熟练劳动力为研究对象,考察的是"传统部门",在中国这个传统部门应该是"农业部门"。有的学者并没有把握这个关键点。

第三,数据来源和验证方法的差异。对刘易斯转折点的讨论各位学者采用了不同的数据和不同的验证方法。

总的来说,对中国刘易斯转折点的实证研究缺乏系统性,判断标准比较单一。因此有必要在现有文献的基础上,对中国的刘易斯转折点进行系统的实证研究。本章尝试采用日本学者 Minami 提出的刘易斯转折点判定标准对中国经济进行验证,由于 Minami 验证日本经济的转折点是"商业化点",在这里采用这个标准验证中国问题还需要做进一步的拓展。为了避免混淆,本书把刘易斯第一转折点称为"短缺点",刘易斯第二转折点称为"商业化点"。

4.3 Minami 转折点判断准则与拓展

运用 Minami 的转折点验证准则进行中国经济的验证,需要注意的是 Minami 提出的验证准则是对刘易斯第二转折点(也即商业化点)的验证,要直接运用这些准则来验证中国经济是不可行的。因此在这里需要按照刘易斯的两个转折点,三个发展阶段对 Minami 的验证准则中的判定细节进行拓展。

准则一:非资本主义部门工资与劳动边际生产力的比较。

根据刘易斯(1972)的说法,在刘易斯第一转折点(短缺点)之前,非资本主义部门的劳动边际生产率小于或等于 0,也即在短缺点到来之前,农村剩余劳动力的转移不会影响农产品的产量。在越过短缺点之后,劳动边际生产力尽管大于 0,逐年增加,但是小于农业部门的实际工资。超越商业化点后,二者应该相等。这一准则作为劳动力无限供给的检验是不恰当的,只可以作为检验是否存在剩余劳动力的检验标准。

准则二:非资本主义部门工资和边际生产力之间的相关关系。

这一准则所关注的焦点是工资和边际生产力的大小。二者之间若不存在任何关系,就可以认为短缺点还没有到来;如果二者相关,但是不相等,可以认为短缺点已经到来,也即劳动力从无限供给转为有限供给了;如果二者高度相关且近似相等,可以认为商业化点已经到来。

准则三:非资本主义部门实际工资的动向。

这个准则无法为判断短缺点是否到来提供有力的证据,对商业化点的判断要看非资本主义部门的实际工资是否有一个跃升。如果实际工资显出缓慢上升趋势,可以说明经济已经越过了短缺点,这里面就存在一个难点,随着经济的发展,生存水平理应是上升的。因此,这条准则用来判断短缺点比较困难,只能作为对其他准则的补充。

准则四:工资差别的变化。

这个准则是通过观察非熟练工人与熟练工人工资的比率变化趋势来判断转折点的。由于在商业化点到来之前,劳动力的边际产品都小于经济发展水平决定的生存工资,非资本主义部门的工资由生存工资决定;商业化点到来之后,非资本主义部门的工资由竞争的市场原则决定。在短缺点之前,由于劳动力无限供给,工资差别相对稳定;在短缺点到来后,由于农村剩余劳动力由无限供给转变为有限供给,非农业部门要吸引劳动力必须增加工资,工资差别会拉大,商业化点到来之后工资差别会变小或平稳,若工资差别变动处于下降或者平稳状态,则说明商业化点已经到来。从变动图形来看,类似于"Z"字形,前一个拐点是短缺点,后一个拐点是商业化点。

准则五：非资本主义部门对资本主义部门劳动供给的弹性。

如果用横轴来刻画非资本主义部门（即传统部门）的工资（注：用工资的对数），纵轴刻画资本主义部门（现代部门）的就业人数（注：用人数的对数），那么曲线的斜率就表示非资本主义部门对资本主义部门的劳动供给弹性。在短缺点之前，由于非资本主义部门剩余劳动力无限供给，弹性是无穷大；短缺点到来后，弹性成为一个有限的正数，但是当商业化点来临的时候，该弹性会出现大幅度的降低。注意：由于实际工资要随生存水平（或者经济发展水平）的提高而上涨，因此判断转折点是否到来的标志是观察非资本主义部门的实际工资和资本主义部门劳动力规模之间的曲线斜率是否出现不连续向下折点。

4.4 经验实证

要用以上五个准则对中国的刘易斯转折点进行实证分析，需要作如下说明：刘易斯理论中的两部门即非资本主义部门和资本主义部门，应该分别被农业部门和农村劳动力可转移的部门（如建筑业、制造业、服务业等）代替。这里之所以采用农村劳动力可转移的部门理由是劳动力转移不仅要考虑收入差距，而且要考虑找到工作的可能性。这和 Minami 验证日本的情况有很大区别，他把自雇佣的家庭企业也包含在非资本主义部门当中。本书中非熟练工人和熟练工人分别指农业的从业人员和从农业转移的劳动力，他们之间的工资差别可以作为判断转折点是否到来的关键依据之一。当然，对于转折点的判断不应忽视经济周期所影响造成的假象。以下部分我们用中国官方公布的数据来寻找中国经济的刘易斯是否到来的证据，对这一争议问题做出判断。

4.4.1 农业部门的工资和劳动边际生产力的比较（准则一）

为了计算农业部门的边际生产力，这里采用生产函数法，利用柯布－道格拉斯生产函数的扩展形式。具体形式如下：

$$Y = AL^{\alpha}F^{\beta}M^{\gamma}S^{\eta} \tag{4.1}$$

这里，Y 是农业产出，L 是劳动投入，F 是化肥使用量，M 是农业机械总动力，S 是农作物的耕种面积。α、β、γ、η 分别是劳动、化肥、农业机械和耕种面积的产出弹性。

该模型的对数形式为：

$$\ln Y = \ln A + \alpha \ln L + \beta \ln F + \gamma \ln M + \eta \ln S \tag{4.2}$$

这里我们假定生产函数的规模报酬不变，即 $\alpha + \beta + \gamma + \eta = 1$，α 就是劳动力的产出弹性。考虑到区域经济的差异性，按照《中国统计年鉴》把 31 个省（包括直辖市）分为四个区域：东部、中部、西部和东北部[1]，引入虚拟变量 $D_{ijt}(j=1,2,3)$。t 是年份，代表时间趋势。所要估计的函数形式如下：

$$\ln Y_{it}/S_{it} = \ln A + \alpha \ln L_{it}/S_{it} + \beta \ln F_{it}/S_{it} + \gamma \ln M_{it}/S_{it} + \sum \sigma_j D_{ijt} + \lambda t + u_{it} \tag{4.3}$$

本章数据来自《新中国六十年统计资料汇编》和 1990~2009 年的《中国统计年鉴》，包含 1990~2009 年全国 31 个省（包括直辖市）的面板数据。数据包括：农业总产值（指农林牧渔业），为了进行估算，农业总产值根据农林牧渔业的总产值指数统一调整为 1990 年的物价水平；农业从业人员数；化肥使用量；农业机械总

---

① 东部包括：北京、天津、河北、上海、江苏、浙江、福建、山东、广东和海南。中部包括：山西、安徽、江西、河南、湖北和湖南。西部包括：内蒙古、广西、重庆、四川、贵州、云南、西藏、陕西、甘肃、青海、宁夏和新疆。东北包括：辽宁、吉林和黑龙江。

动力；农作物的总播种面积。重庆市1996年还是四川省的一部分，因此1990~1995年重庆市的资料以缺失值处理。农村的生存工资水平用农村家庭的人均消费水平来近似计算。

表4-1是根据式（4.3）估计的结果。把1990~2009年作为一个整体估算的劳动力的生产弹性α为0.0014，经济上不太显著，但统计上是比较显著的；从分时段的估算看，统计上的表现不甚显著，但是估算的结果可以看出劳动力的生产弹性呈上升的趋势，1996~2000年α为负值，2001~2005年α近似为0，2006~2009年α为正值；尽管区域虚拟变量统计学上的表现不甚显著，但是东部和其他地域，尤其是和西部相比显示出了更高的生产率。Minami等（2010）估计的劳动的生产弹性大于0.2。王美艳（2010）的估算结果为1980~2004年的劳动力的生产弹性为0.183，2005~2009的劳动力生产弹性为0.337。这两个估算结果都比我们的估算结果大，我们认为有以下原因：第一，Minami等（2010）用的是农业投资的资本存量，笔者根据他们的数据来源，发现一些省份的农业投资在年鉴中并没有提供，因此我们认为他们的估算的数据缺失值太多，而且忽视了农业投入要素的结构性差异，造成估算的结果偏大。第二，王美艳（2010）用粳米来估算劳动力的生产弹性，这种估算方法忽视了地域的差异性和不同粮食作物对生产要素投入的差异。

表4-1 农业生产函数的估计结果

时间段		劳动力的生产弹性 α	肥料的生产弹性 β	机械的生产弹性 γ	土地的生产弹性 η	东部虚拟变量 D_1	中部虚拟变量 D_2	东北部虚拟变量 D_3	时间趋势 λ
1990~2009年		0.0014 (4.13)	0.2373 (5.60)	0.1762 (4.31)	0.5551	-0.7351 (-1.87)	-0.3061 (-0.73)	-0.3326 (-0.86)	0.0040 (0.58)
分时间段	1990~1995年	0.0012 (1.25)	0.0041 (0.07)	0.0529 (0.67)	0.9418	0.3134 (0.83)	0.3942 (0.92)	-0.0229 (-0.04)	0.0249 (0.77)
	1996~2000年	-0.0004 (-0.71)	0.3243 (3.24)	0.2392 (2.98)	0.4369	-0.6948 (-1.85)	-0.1021 (-0.23)	0.7778 (1.33)	0.0964 (2.04)

续表

时间段		劳动力的生产弹性 α	肥料的生产弹性 β	机械的生产弹性 γ	土地的生产弹性 η	东部虚拟变量 D₁	中部虚拟变量 D₂	东北部虚拟变量 D₃	时间趋势 λ
分时间段	2001~2005年	0.0000 (0.12)	0.2769 (3.00)	0.2978 (3.63)	0.4253	-0.6510 (-1.93)	0.1115 (0.28)	0.5563 (1.07)	-0.046 (1.08)
	2006~2009年	0.0026 (2.87)	0.4028 (2.80)	0.2404 (1.53)	0.3542	-0.8063 (-1.84)	-0.4339 (-0.83)	0.4021 (0.60)	0.0106 (0.15)

从表4-2计算的结果来看，农业劳动力的边际生产力远远低于生存工资水平。图4-1显示出二者有相同的变动趋势，都是在不断地上升。1990年以来的农业的边际生产力都是大于零，根据刘易斯的转折点理论和Minami准则一，中国经济显然已经越过了短缺点；但是到达商业化点还尚需时日。另外，从上面的估算结果来看，中国农业的产出中，肥料、土地和机械三种要素贡献比较大，分别占23.73%，55.51%和17.62%，劳动力的平均贡献只占0.14%。中国农业的经济增长主要表现在化肥施用的增加、耕作面积的扩大和农业机械的使用上，和发达国家相比，中国仍表现为粗放式的传统农业特征，要走向集约化的现代农业道路仍较漫长。但是这并不成为农村可转移的剩余劳动力仍很富裕的充分证据，因为农村剩余劳动力的年龄结构和人群结构直接影响着农村剩余劳动力可转移的潜在规模。

表4-2 农村劳动力的边际产品价值和生存工资（1990~2009年）

年份	农村劳动力平均产品价值（元/人·年）	农村劳动力的边际产品价值 MPL（元/人·年）	生存工资 SL（元）	农村劳动力平均年工资 Wp（元）	农民工平均年实际工资 Ww（元）	工资差距
1990	1273	1.78	560.00	518.60	1112.43	0.47
1991	1286	1.80	571.08	511.82	1205.97	0.42
1992	1347	1.89	601.53	524.44	1355.02	0.39

续表

年份	农村劳动力平均产品价值（元/人·年）	农村劳动力的边际产品价值 MPL（元/人·年）	生存工资 SL（元）	农村劳动力平均年工资 Wp（元）	农民工平均年实际工资 Ww（元）	工资差距
1993	1562	2.19	674.81	557.32	1559.08	0.36
1994	2145	3.00	843.96	587.10	1663.83	0.35
1995	2729	3.82	999.58	637.85	1929.98	0.33
1996	3019	4.23	1081.11	715.49	2077.45	0.34
1997	2982	4.18	1110.51	754.40	2287.25	0.33
1998	2934	4.11	1102.44	758.50	2580.19	0.29
1999	2780	3.89	1070.77	760.84	2727.63	0.28
2000	2650	3.71	1079.20	750.47	2895.86	0.26
2001	2653	3.71	1093.25	761.39	3023.44	0.25
2002	2636	3.69	1088.30	778.62	3106.25	0.25
2003	2584	3.62	1106.62	794.72	3257.66	0.24
2004	3072	4.30	1170.99	858.85	3453.52	0.25
2005	3277	4.59	1210.78	887.83	3729.91	0.24
2006	3573	5.00	1242.17	915.85	4038.10	0.23
2007	4086	5.72	1319.03	987.14	4110.63	0.24
2008	4519	6.33	1414.16	1029.22	5096.25	0.20
2009	4890	6.85	1507.91	1071	5405.70	0.20

注：农村劳动力的边际产品价值等于劳动力的生产弹性系数 α 乘以农村劳动力的平均产品价值得到，在这里 α 取 0.0014。农村生存工资用农村平均消费水平近似，数据由《新中国60年统计资料汇编》表 1－11 按照农村消费水平指数调整为 1990 年的价格水平。农村劳动力的平均工资由家庭经营人均纯收入按照农村居民消费价格指数调整为 1990 年的价格水平计算得到。

资料来源：农民工年平均工资的计算 1990～2000 年的数据由乡镇企业的平均工资近似给出，数据来自 1990～2010 的《中国统计年鉴》；2001～2008 年的数据由《中国人口与劳动绿皮书》No.9 第 124 页的数据按照一年 9 个月相乘得到，为了方便比较，表中所有数据都根据 1990 年的价格进行了调整。工资差距的计算方法是农村劳动力年均工资除以农民工年平均工资，即第 5 列/第 6 列。

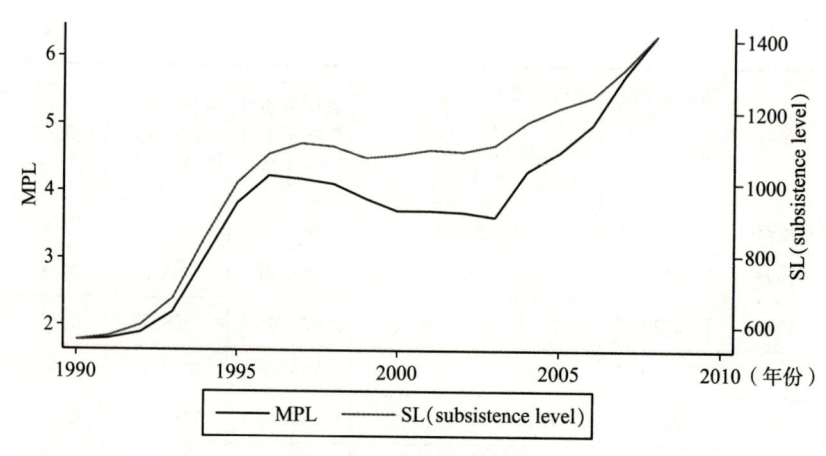

图 4-1 农村劳动的边际生产力 MPL 与生存工资 SL 的变动趋势

资料来源：图中曲线所使用数据和表 4-2 为同一来源。

4.4.2 农业部门的工资与劳动的边际生产力的相关关系（准则二）

《中国统计年鉴》把农村居民人均纯收入分为工资性收入、家庭经营纯收入、财产性收入和转移性收入。这里用家庭经营人均纯收入作为农业部门工资的替代指标，因该指标不仅包含农林牧渔业的收入，而且还包括其他多种收入，这会导致农业部门的工资水平被高估，但其他收入在家庭经营人均纯收入中所占比重较小，因此这里把家庭经营人均纯收入作为农业部门的工资替代指标还是比较恰当的。

准则二作为论证转折点的证据，尽管不够严密，但更具有现实意义。W_P 和 MP_L 之间存在以下关系：

$$W_P = a + bMP_L \tag{4.4}$$

在劳动力无限供给阶段，即在短缺点之前 r^2（判定系数）应该接近 0；在商业化点之后，r^2 应该接近 1。也即在劳动力无限供给阶段，W_P 和 MP_L 之间的相关关系较弱，在劳动力有限供给阶段二者相关关系较强。我们利用 1990~2008 年的数据，发现 1990~1995 年数据回归结果 $r^2=0.8539$，1996~2000 年的 $r^2=0.8147$，2000~2009 年的 $r^2=0.9185$。根据表 4-2 中 W_p 和 MP_L 之间的关系，结合这里的计算结果，可以更有力的说明中国经济已经越过了短缺点，正在向商业化点逼近。

4.4.3 农业部门实际工资的变动（准则三）

图 4-2 表明自 1990 年以来，农村劳动力的实际工资一直在增长，但是增长速度比较缓慢，并没有出现明显的快速上涨。农村劳动力的平均实际工资一直落后于生存工资，这说明农村居民依靠纯粹的农业收入还无法达到基本的消费水平。从生活的角度看，农村剩余劳动力的转移不仅有外在的拉力，而且内在的推力也起着关键作用。由于经济的发展，农村生存工资在不断地增长，若扣除生存增长的因素，农村劳动力平均工资水平上升还是很缓慢的，并没有出现明显的跃升，因此从转折点意义上看，中国经济虽然越过了短缺点，但没有迹象表征中国经济正在靠近商业化点。

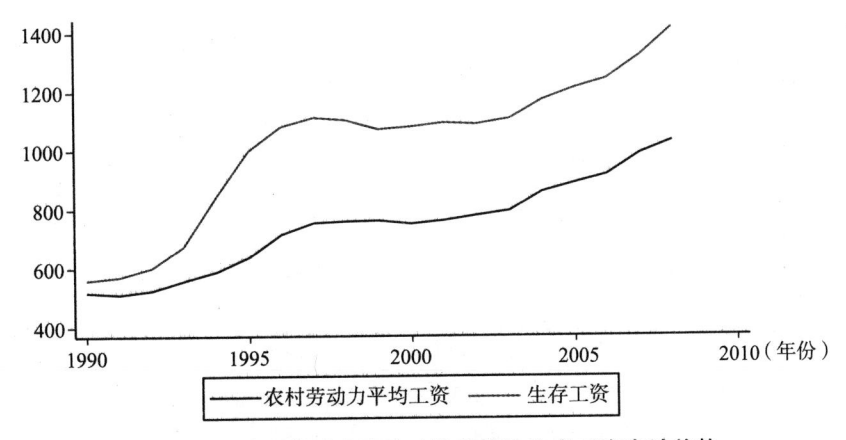

图 4-2　农村劳动力平均工资变动和生存工资变动趋势

资料来源：图中曲线所使用数据和表 4-2 为同一来源。

4.4.4 工资差别的变化（准则四）

非熟练工人和熟练工人工资的比例，在这里是农村部门的实际工资和农村劳动力转移部门的工资比例。这里之所以选取农村剩余劳动力可转移部门的工资作为熟练工人的工资，其依据是托达罗（1969）文献。托达罗（1969）认为农村剩余劳动力的转移依靠两个条件：一是城乡真实收入的差距；二是获取城市工作机会的可能性。一些高新技术企业显然不是吸纳农村剩余劳动力的渠道，国家统计局的调查资料显示，农民工就业的主要行业是制造业、建筑业和服务业。图4-3是农村劳动力工资和农村劳动力转移部门工资比率的变动趋势，可以看出，2000年前这一比率一直在下降，从1990年的0.47下降到2000年的0.26；从2000年之后，这一比率在0.25附近波动。这表明，2000年前的农村剩余劳动力由于无限供给的状况，导致农业部门的边际生产率一直处于很低的水平，因此这一部门的工资水平一直很低，且没有大的变化。

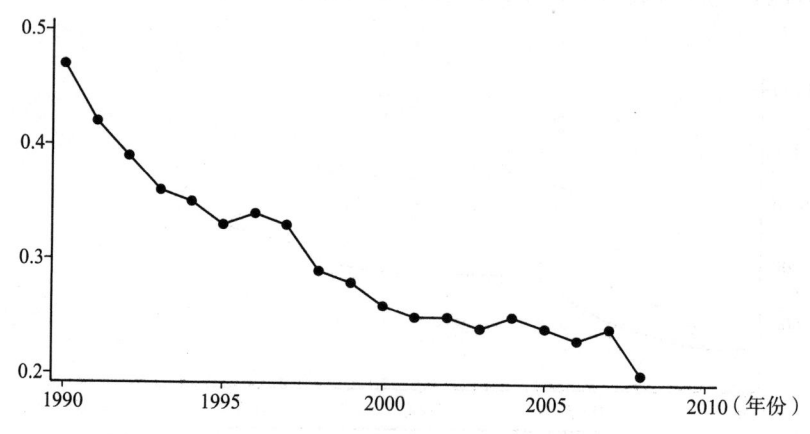

图4-3 转移劳动力工资和农村劳动力工资比例变化趋势

资料来源：图中曲线所使用数据和表4-2为同一来源。

为了进一步的考察工资的变化情况，也应该观察一下农村剩余劳动力主要转移行业的工资变化。图 4-4 显示了 1990~2009 年采矿业、制造业、建筑业三个主要农村剩余劳动力转移行业的实际工资变化，工资增长率最高不超过 15%。曲线在 1997 出现向下转折，估计是受到了 1997 年东南亚金融危机的影响，出口受到抑制，制造业受到的影响最大。2000 年以来，采矿业实际工资增长率为正值以外，其他两个行业的实际工资多数年份都为负值。这从一个侧面回答了 2004 年以来"民工荒"产生的原因，农民工就业的非农行业的工资增长过慢，城市消费水平的提高，抑制了农村剩余劳动力转移的积极性。图 4-3 和图 4-4 的变动趋势说明 2000 年以后农村剩余劳动力供给弹性变小，农村剩余劳动力已经由无限供给转变为有限供给，可以判断中国经济已经跨越了短缺点，正在向商业化点逼近。如果不提高农村剩余劳动力就业的非农行业的工资水平，势必会减缓城乡一体化的进程。

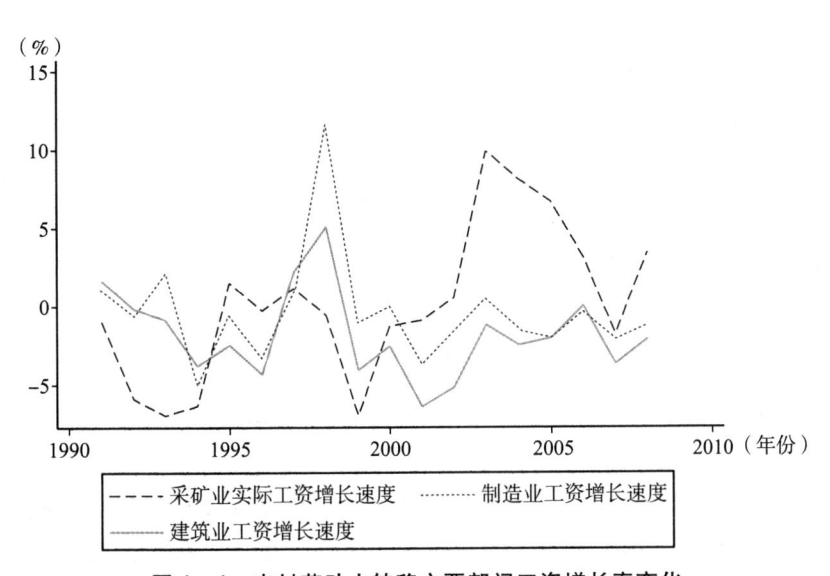

图 4-4　农村劳动力转移主要部门工资增长率变化

资料来源：计算所用数据来自 1990~2010 年的《中国劳动统计年鉴》，数据按照货币工资指数调整为 1990 年的水平。

4.4.5 农业部门对农村剩余劳动力转移部门的劳动供给弹性（准则五）

要计算农业部门对农村转移部门劳动力的劳动供给弹性。农村部门的工资用农村劳动力的平均工资来代替；农村转移劳动力数量的计算方法采用陆学艺（2004）提供的方法，即城镇从业人数减去城镇职工人数得到进入城市就业的"农民工"人数，乡村从业人员数减去农业就业人数得到农村中非农劳动力数量，二者之和就是农村转移劳动力总量。这里之所以不用非农部门的就业人数作为资本主义部门劳动力替代指标，原因是非农产业就业人数当中包含很多熟练劳动力，他们并不是从农村转移出来的剩余劳动力，即他们来自非农产业自身的供给。因此这里用农村转移劳动力这一替代指标近似估算。

劳动的供给弹性 η 可作如下定义：

$$\eta \equiv \frac{\partial N_A}{\partial W} \bigg/ \frac{N_A}{W} \qquad (4.5)$$

如果在坐标图中，横轴取 W_P 的对数，纵轴取 N_A 的对数，回归的斜率就是劳动的供给弹性 η。

图 4-5 显示了农村劳动力转移人数的对数和农村劳动力工资的对数关系。曲线显示在 1997 年有一个转折，1990~1997 年的平均弹性为 1.3188，1998~2000 年的平均弹性为 0.7203，2001~2009 年的平均弹性为 1.2229。从以上计算推测，1998~2000 年的平均弹性之所以和前后两个时间区间比较有大的波动，估计是 1997 年亚洲金融危机外在冲击的结果。排除这一外在冲击的影响，其实 1990~2009 年农业部门对农村剩余劳动力可转移部门的供给弹性一直比较稳定，平均弹性为 0.9964。因此，根据准则五，更有理由说明中国农村剩余劳动力已经从无限供给转向有限供给，中国经济已经越过了短缺点，但图 4-5 并没有提供逼近或跨越商业化点

的证据。

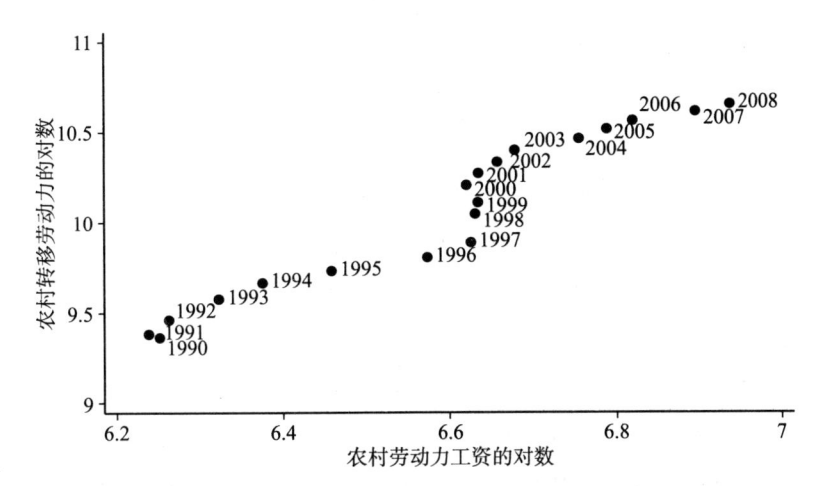

图4-5 从农业供给的非农就业人数与农业年实际工资的关系

资料来源：农村劳动力工资用农村居民的家庭经营人均纯收入代替，从农业供给的非农就业人数按照陆学艺（2004）提供的方法估算，所用数据均来源于各年《中国统计年鉴》。

4.5 结论性评论

本章采用日本学者 Minami 提出的"转折点5个准则"对中国的经济发展阶段进行分析，对于刘易斯转折点是否到来提出了有力的证据。

根据以上分析，我们可以对中国刘易斯转折点的特征化事实做出以下概括：

（1）1990~2009年中国农业的劳动边际生产率一直处于低水平和增长趋势，从分时段的回归来看，尽管统计上不显著，但是劳动力的生产弹性表现出递增的特征。从全国31个省（包括直辖市、自治区）的面板数据回归结果看，对农业增长的贡献主要是土地、化肥和农业机械等生产要素，劳动力在其中的贡献很小。另外，回归的结果也没有表现出地域的差异性，与当初的设想不一致。笔者推测地域表现不显著原因可能是估算中没有考虑地域种植农作物种类和耕作季节的差异。估计结果也反映出中国的农业还是粗放型的传统耕作模式，走向集约化的现代农业还比较漫长，技术进步并不明显。

（2）1990~2009年农业部门的工资和劳动边际生产力的相关系数没有大的变化。

（3）农业部门的平均实际工资一直在上升，但是落后于生存工资水平。也就是说农村地来源于农业本身的收入增长缓慢，农村部门的工资和劳动力的边际生产率差距很大。

（4）非熟练工人和熟练工人工资比例处于下降趋势，但是到2000年以后，该比例围绕0.2波动，但幅度很小。观察农村剩余劳动力转移的主要行业的实际工资的变动，可以发现自2000年以来，除了制造业的工资水平增长比较显著外，其他两个行业的工资水平并没有大的变化，这从一个角度说明了2004年以来的"民工荒"与这些行业的工资过低不无关系。

（5）农业部门对农村劳动力转移部门的劳动供给弹性除了在1997年受东南亚经济危机的冲击出现拐点外，大体上保持很平稳的水平。

综上所述，我们认为中国经济已经越过了刘易斯第一转折点，即"短缺点"，但是没有迹象表明中国经济接近或达到了"商业化点"。经济发展越过短缺点，对于一个发展中国家具有至关重要的意义，因为越过了短缺点，农村剩余劳动力开始由无限供给转变为有限供给。认识到这一点不仅具有单纯的概念意义，而且涉及对经济规律的把握，因此对当前发展阶段的准确判断，对于政府经济发展政策、产业升级、企业决策等都具有重要的提示作用，以便发掘经济增长可持续的源泉。关于"民工荒"和刘易斯转折点到来后，中国经济应该如何应从短中长期考虑。

第一，加快产业结构的调整速度，使高等教育扩招与产业结构调整协调发展。如果产业结构的调整速度慢于高等教育扩招的速度就会加剧劳动力市场的结构性矛盾，使"民工荒"和"大学生就业难"同时出现。

第二，提高农民工的工资，改善农民工的生存状况。国际经验表明，一国在刘易斯转折过程的初期，应该尽量避免资本深化的过早发生，应该通过劳动力使用倾向的创新，保证丰富的非技术劳动力得到最大限度的利用。

第三，进一步促进职业教育的发展，吸引更多的青年劳动力通过正规渠道学到相应的专业技能。提高低层次劳动力的素质倒逼产业结构的调整。

第四，加速城乡一体化的进程，使农村的劳动力具有和城市劳动力同等的国民待遇。这是保护劳动者利益的基本制度安排。我国现阶段应加快对户籍制度、社会保障等制度的改革，尽量减少劳动力流动的各种障碍。

第五，充分利用第一次人口红利，并且为老龄化社会到来后第二次人口红利的出现创造必备的制度条件。开发这种人口红利，不仅依托初高等教育和职业教育，而且要适当延长退休年龄，提高劳动参与率。

对处于这个发展阶段的中国而言，政策制定者应该关注刘易斯转折点到来的时机。尽管对中国刘易斯转折点的判断意义重大，但是我们认为对刘易斯转折点到来后，物价水平、收入分配、增长方式等变化趋势和对策的研究更有价值和意义。

第 5 章

基于转折点理论的中国劳动力市场一体化研究
——来自全国农产品成本-收益调查数据的分析

5.1 引　言

中国改革开放尤其是 20 世纪 90 年代以来,以农村劳动力流向城市、从第一产业流向第二、第三产业,从中西部地区流向东南沿海发达地区为特征的劳动力流动的规模和范围都扩大了。这种大规模的劳动力流动一方面促进了劳动力产业间的优化配置;另一方面加速了劳动力市场的一体化进程。国内学者关于"刘易斯转折点是否到来的争论"其实质就是农村剩余劳动力的供给是否已经从无限供给转变为有限供给了。

本章的主要目标有两个,一方面以刘易斯-费-拉尼斯模型演绎出的三个逻辑假说为起点,通过对三个假说的验证,为中国劳动力市场转折提供佐证;另一方面对 Young（2000）的具有争议性的观点"中国的改革是促进了市场化,还是阻碍了市场化"提供经验性证据。尽管国内学者对这一问题进行过分析,例如,都阳、蔡昉（2004）从工业部门的工资变动趋势切入,但是笔者认为从农业部门的角度对这一问题进行精致的研究,在国内还比较缺乏。

劳动力市场转折是中国是否到达刘易斯转折点的一个重要特征。而体现这一重要特征的两个经济变量分别是工资率和边际生产率的关系与变动趋势。由于边际生产率的差异，劳动力的产业转移不仅可以优化劳动力的配置，成为经济增长诸要素中的关键部分，而且这种劳动力的产业配置可以缩小地区之间工资的差异，劳动力市场表现为一体化趋势。

中国劳动力市场转折与否不仅关系到劳动力的供求变化，而且直接影响到中国经济增长的驱动力是否会发生变化？中国经济能否持续的高速增长？本章的内容将对回答上述问题提供素材，为后续章节解答上述问题奠定基础。

5.2 中国劳动力市场发育回顾

在中国劳动力市场形成的过程中，农村劳动力的转移起到了加速器的作用，推动了城乡、产业间劳动力配置格局的巨变和劳动力配置制度的改革。三十多年的劳动力转移，对农村经济增长、收入分配以及城市劳动力市场的发育都产生了积极的影响。尽管林毅夫等（2009）认为重工业优先发展的战略以及一系列制度安排造成了城乡劳动力市场分割的局面，但是不可否认的是随着改革的推行，城市的经济活力像磁铁一样吸引着农村劳动力进入城市，无形中促成了劳动力市场的发育。总体上看，中国的劳动力市场形成发育可以分为以下几个阶段：

第一阶段（1978年以前）：人民公社制度下的劳动力配置。1949年中华人民共和国成立之后，为了实现强国富民的理想，中央政府选择了一种能够快速而且直接实现强国自立的发展途径。即以优先发展重工业为目标的赶超战略。然而这种战略和中国当时的比较优势并不一致。在不能借助市场机制实现资源优化配置的情况下，只能借助于一定的制度安排。以扭曲的定价机制压低工业生产原料的价格，让农业来支持工业发展。要有效实现这一机制，政府必须垄断农产品的流通，实行统购统销。在这种政策下，为了防止农业生产要素的流失，又实行了人民公社。劳动力作为最活跃的生产要素，则通过户籍制度来加以约束限制其流动。户籍制度在形成之初并没有对个人流动加以严格限制的内容，制度的内容基本上体现出尊重个人自愿的原则。在社会主义恢复和改造时期，户籍制度还没有对公民的迁徙自由实行严格的控制，人们仍在很大程度上有迁移和流动的自由。粮食作为政府集中供应的对象，而分配又离不开户籍制度的作用。因此，对政府来说，要进行有效的分配，就必须限制人口的迁移与流动。以1958年的《中华人民共和国户口登记条例》作为户籍管理的转折，一方面达到了户口和国家资源控制相结合的目的；另一方面也造成了城乡劳动力市场的分割。1952～1978年，中国国内生产总值中，农业所占份额由45.4%下降到20.4%，而同期农业劳动力占社会总劳动力的比重仅仅由83.5%下降到73.8%，就业结构的变动明显滞后于产出结构的变化，表明在长达近30年的时间里，中国农业劳动力向制造业及相关部门转移，从结构意义上讲是相当微弱的。[①]

具体来说，农产品的种植是严格计划安排的，为了保证粮食供给，农村劳动力绝大部分集中在种植业，不允许经商，收入也很低。人口的跨地区流动是由公安部门配额控制，计划外的迁移几乎是不可能的，现代意义上的劳动力市场未能形成。

第二阶段（1978～1990年），农村劳动力流动开启，现代意义上的劳动力市场开始萌芽。1980年开始的家庭联产承包责任制，1984年底已经推向全国。这种制度给了农民很大的剩余索取权，激发了劳动者的潜能，农产品的产量得到了大幅度的提高。根据

---

① 韩俊. 中国经济改革30年：农村经济卷（1978～2008）[M]. 重庆：重庆大学出版社，2008：167.

Lin（1992）的估算，1978~1984年这项改革对农业产出的贡献达到大约46.9%。一旦劳动力的努力成倍增加，农作时间就会大幅度下降，隐性的劳动力剩余就会显性化。为了消化这些剩余的劳动力，农户逐步从种植业转向农林牧渔业和家庭副业，极大地改变了农业生产结构，提高了劳动力的利用率。由于担心农业主要生产要素劳动力的流失，政府并不鼓励劳动力离开农村地区。但是农村对劳动力的需求终究是有限的。20世纪80年代中期乡镇企业异军突起，农村剩余劳动力开始向非农产业转移，为了满足农村劳动力的诉求，政府采取了"离土不离乡"的转移模式。1985年农村有3.7亿人就业，转移到乡镇企业的尽管占18.8%的份额，但是仍有3亿劳动力务农。按照Taylor（1993）当时的估算，农业中有30%~40%是冗余的，绝对数为1亿~1.5亿人。为了帮助剩余劳动力寻找就业出路，政府把"离土不离乡"政策扩展为鼓励农民向小城镇转移。20世纪80年代中后期，乡镇企业在经历了"井喷式"发展之后，进入了徘徊期。乡镇企业对农村剩余劳动力的吸纳能力开始减弱，农村劳动力面临着越来越强烈的跨地区转移的压力。20世纪80年代以来，政府逐步解除限制农村劳动力流动的政策，阻碍劳动力转移的各种制度障碍被逐步拆除。如1983年政府开始允许农民从事农产品的长途贩卖和自产自销。1984年政府进一步放松对劳动力流动的限制，甚至鼓励跨城镇务工。这时大中城市改革步伐开始加快，农民开始向城市转移，寻找非农就业岗位。到了1988年，政府甚至允许农民带口粮进入城市务工经商。

改革开放以来，中国农村劳动力转移方式的演进，从不流动到流动，从小规模流动到大规模流动，从本地流动到跨地域流动，不仅提高了劳动力资源配置的效率，而且促进了二元经济一体化转换的步伐。尽管这种流动无声无息，但劳动力市场统分统配的坚冰在劳动力流动中开始消融。

第三阶段（1990~2000年），对户籍制度进行改革，适当放宽对人口迁移政策的限制，加速了劳动力市场一体化的进程。到了 20 世纪 90 年代，中央和地方分别采取一系列措施，适当放宽对人口迁移政策限制，开始尝试对户籍制度进行改革。例如，许多地方实行所谓的"蓝印户口"制度，把绝对的户籍控制变为选择性接受。中央政府对劳动力转移积极性的认识，对劳动力市场发育的推动作用明显。但是，进入 90 年代开始，国有企业就陷入了前所未有的困境，就业问题导致政策分歧。根据有关资料①，到 1990 年末全国预算内国有企业亏损数量为 13171 户，亏损面达到空前的 35%，其中国有企业最集中的辽宁省达到 52%。到 1994 年末，全国国有企业亏损面达到了 34.3%，亏损额达到了 334.4 亿元。按照国家统计局公布的结果，1997 年底，全国下岗职工总数约为 1200 万人，至 1998 年第 3 季度末，全国不在岗职工总数达到 1567.7 万人②。国有企业职工工资收入下降，大量职工领不到工资，退休人员不能按时领到工资。针对国有企业面临的严峻形势，1998 年 5 月国家经贸委提出了三年改革攻坚和扭亏脱困的具体目标，即以 1997 年底的企业数为基准，到 2000 年底，国有企业的亏损面由 39.1% 下降到 20% 左右，使国有重点企业中的 6599 家亏损企业中的大多数实现扭亏为盈。在这种经济背景下，中央和地方政府在对待农村劳动力流动的政策倾向上，产生了分歧。一方面，中央政府要关注全国城乡整体的就业以及社会稳定的问题，因此对劳动力流动持积极的态度。另一方面，劳动力流出地政府鼓励劳动力的流出，这些省份劳动力相对充裕，希望通过劳动力外出就业，实现劳动力的充分就业，增加农民收入，而流入地政府由于自身就业的压力，对外来劳动力采取消极的政策，如对某些职业领域设置门槛，或者明确表示

---

① 张文魁，袁东明著.中国经济改革 30 年 1978~2008 国有企业卷 [M].重庆：重庆大学出版社，2008：55.
② 马洪，王梦奎主编.中国发展研究国务院发展研究中心研究报告选 [M].北京：中国发展出版社，2000：51-53.

不允许非本地户籍劳动力进入这些领域。这个阶段劳动力市场发育比较快，但是受经济环境和政府相机决策的影响比较大。

第四阶段（2000年后至今），劳动力市场发育基本成熟。这一阶段"民工荒"出现并蔓延，农村劳动力由无限供给变为有限供给。在2003年以前的较长时间里，中国处于典型的二元经济发展阶段，劳动力无限供给表现为大量的农村剩余劳动力和城市企业冗员，劳动力供大于求是一种常态。中国经济的高速增长同时伴随着经济和社会的快速转型，阻碍劳动力流动和迁移的障碍逐步拆除，尤其是城乡劳动力流动的自由化，加速了劳动力跨行业、跨地域的优化配置，加快了劳动力市场一体化的进程，市场逐渐取代计划成为劳动力资源配置的主要手段。中国改革开放以来的经济高速增长一直伴随着人口的急剧变化。按照蔡昉（2008b）的估算，中国的总和生育率（total fertility rate，TFR）表现出持续的下降。1971年全国总和生育率是5.4，从而以后，2010年该指标大幅度下降为1.8[1]，即更替水平（replacement level，一般为2.1）[2]以下。这一数字远远低于发展中国家的平均水平，相当于发达国家20世纪90年代中期的水平。中国统计年鉴（2010）显示从1987年到现在，人口自然增长率一直在下降，2009年仅为5.05‰，2010年的人口自然增长率为5.7‰[3]。这个人口转变过程表现为一个劳动年龄人口从迅速增长到逐渐减速，直至停止增长的变化趋势（胡英，2009），这一人口转变的结果体现为劳动力供给由无限供给变为有限供给，成为2004年以来出现民工荒的根本原因。与此同时，0~14岁的人口份额从2000

---

[1] Xizhe Peng. China's demographic history and future challenges [J]. Science, 2011, 333 (6042): 581-587.

[2] 按照人口学的规律，人口总和生育率为2.1是合理的更替水平，即全世界平均每对夫妇生育2.1个孩子，这样既不会出现快速老龄化问题，又不会导致人口增长过快。英、德等发达国家的总和生育率一直处于0.8左右，因此老龄化问题就比较突出。相反大多数发展中国家的人口总和生育率则远远高于2.1。

[3] 2010年第六次全国人口普查主要数据公报（第1号）。

年的 22.9% 下降到 2010 年的 16.6%，65 岁以上的人口份额则从 2000 年的 7% 增长为 2010 年的 8.9%，中国人口的年龄结构将继续向老龄化转变，老龄化的趋势不可逆转。农村劳动力老龄化、女性化特征明显，跨行业、跨地域流动就业的动力和能力势必会减弱。

在经济高速发展的情况下，劳动力供求格局势必会发生逆转。求人倍率是一个反映劳动力市场上短期劳动力需求状况的指标，求人倍率等于职位空缺数与求职人数之比。求人倍率的大小可以反映劳动力市场的松紧状况，大于1就意味着劳动力市场上工作岗位的数量大于求职人数，小于1则意味着求职人数大于可提供的岗位人数。尽管这一指标反映的是短期劳动力市场劳动力供求状况，但是观察其较长时期的变化状况可从总体上深入观察劳动力市场长期的变化趋势。图 5-1 是中国劳动力市场信息监测中心观察的结果，可以看出求人倍率从 2001 年到 2007 年一直呈现递增趋势，但是2007 年下半年的金融危机导致求人倍率下降，但是在 2009 年又开始反弹，2010 年求人倍率达到了 1.01。尽管它的波动反映了经济周期的变化，但就总体趋势而言，显示出了劳动力市场由无限供给向有限供给的转变这一不可逆转的趋势。从中可以看出，自 2004 年以后，劳动力供大于求显然不再是劳动力市场的显著特征。

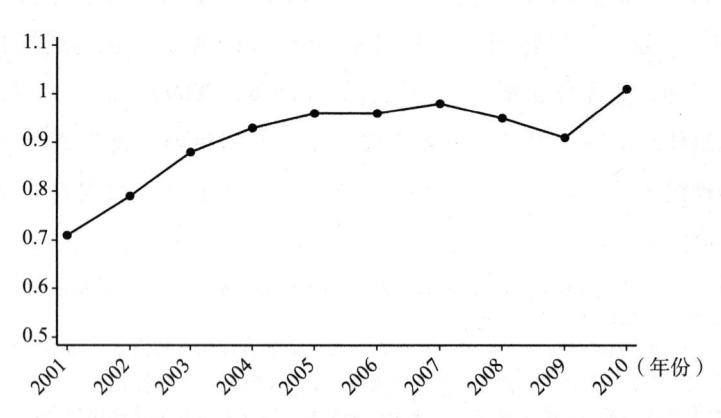

图 5-1 2001~2010 年度市场职业求人倍率总体变化

资料来源：中国劳动力市场信息网监测中心，中国劳动力市场网。

刘易斯转折点的到来，意味着劳动力市场一体化程度的提高，劳动力市场发育较为成熟。相应地，劳动力市场的总量矛盾开始让位于结构矛盾，出现了"民工荒"和"大学生就业难"并存的现象。这一现象反映了以劳动密集型产业为主的产业结构与劳动力市场结构是不匹配的。要应对劳动力市场的结构性矛盾，必须尽快从低端劳动力密集型的产业结构调整到中端劳动力密集型的产业结构，实现产业结构的升级，同时摆脱中端劳动力过剩，高低端劳动力短缺的困境。中国劳动力市场的逆转说明了中国经济已经通过了刘易斯转折点，劳动力市场的结构性矛盾必须通过调整产业结构和转变经济增长方式来实现。

从中国劳动力市场发育的过程来看，中国劳动力市场的发育一直伴随着劳动力流动的历史。中国庞大的农村人口和有限的农业资源，以及以重工业优先发展为重心的赶超战略，严重压低了农村地区的收入，农村剩余劳动力"离土"的愿望非常强烈。但城市吸纳劳动力的能力限制，国家采取了严格的户籍制度来约束农村劳动力流入城市，这样就形成了城乡分割的劳动力市场。农业在为工业提供巨额原始积累以保证工业迅速发展的同时，不得不把劳动力留在农业内部，形成了城乡经济发展不平衡的结构性矛盾。20世纪80年代初的家庭联产承包责任制明确了产权关系，激励机制的变化激发了农民生产的积极性，大大提高了农业生产率。另外，非农产业的发展也需要大量的劳动力，这样就为从农业释放出的大量剩余劳动力找到了吸纳的渠道，由此开启了中国大规模的劳动力流动，这种大规模的流动也加速了劳动力市场的一体化进程。中国的劳动力市场也开始逐步完善，尽管其中有很多障碍还没有拆除，例如，"无形的墙"的户籍制度等，但劳动力市场毕竟已经代替计划成为劳动力资源配置的基本方式。

5.3 逻辑假说与数据说明

5.3.1 逻辑假说

转折点的理论模型为我们提供了几个可检验的逻辑假说。我们发现，在欠发达经济体由劳动力无限供给的第一个阶段越过短缺点（也称为刘易斯第一转折点）进入劳动力有限供给的第二个阶段时，劳动力产业间的配置将发生很大的变化。根据刘易斯－费－拉尼斯模型对经济发展三个阶段的描述，可以推演出以下三个逻辑假说：

为了把问题说得简单明了，这里借助图5－2来说明这三个逻辑假说。

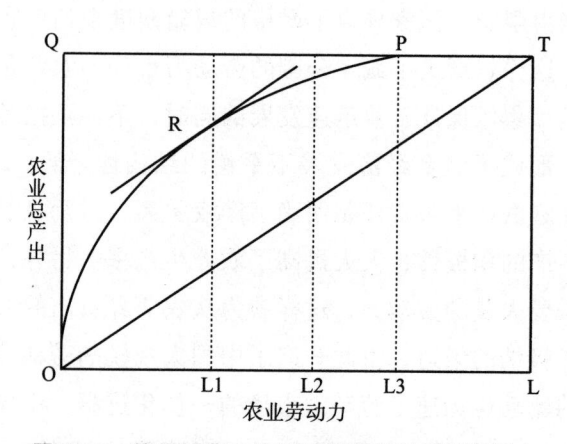

图5－2 简化的费－拉尼斯模型和刘易斯转折点

资料来源：根据 Ranis G, Fei J C. A theory of economic development [J]. The American Economic Review, 1961, 51 (4): 533－565 绘制。

假说1：劳动力剩余的欠发达经济体在从 P 点向 R 点移动的过程中，农业部门的实际工资将逐渐由劳动的边际生产率决定，二者的相关系数将由小变大。

按照刘易斯-费-拉尼斯模型，把欠发达经济体经济发展划分为三个阶段，在 P 点之前是第一阶段，P 点与 R 点之间为第二阶段，在这两个阶段农业部门的工资水平都是由风俗、习惯、道德、社会等制度因素决定的，也就是"不变的制度工资"（CIW）。但是农业部门的劳动边际生产率在 P 点之前（即第一阶段）近似为零；经济发展越过 P 点进入第二阶段在向 R 点转变的过程中，它将大于零，小于不变的制度工资。经济发展越过第一阶段以后，农业部门的劳动边际生产率一直是递增的。因此，经济体由 P→R 的过程中，农业部门的实际工资和劳动边际生产率之间的变动应该趋于同步，即二者的相关系数应有小变大。

假说 2：经济在从 P 点向 R 点转变的过程中，农业部门和非农业部门之间的工资差距趋于扩大；到 R 点之后，非熟练劳动力的供给变得短缺，农业部门和非农业部门的工资差别扩大的趋势就会停止并开始缩小。

一般情况下，非农业部门的劳动力和农业部门的劳动力之间的工资差别，是由劳动需求增长率之差和劳动供给弹性之差产生的。在经济发展的三个阶段，由于两部门的劳动供给弹性存在差别，所以有可能产生工资差别。也就是说，即使对劳动力需求产生同样的增长，农业部门劳动力的工资增长很少，而非农业部门劳动力的工资则增长较大。当然，也存在这种可能性，即在农业部门劳动力不十分短缺或者非农业部门对劳动力的需求增加相对较小的情况下，就存在两部门工资差别不大的情况。

在经济发展过了 P 点（短缺点）之后，农业部门劳动力由无限供给变为有限供给，这时候非农业部门要从农业部门吸纳劳动力就需要有更具吸引力的工资，尽管随着生活水平的提高，农业部门实际工资也在上涨，但是两部门的工资差别会进一步拉大。经济发展到达 R 点之后，非熟练劳动力变得短缺，农业部门和非农业部门的工资差别扩大的趋势就会停止并开始缩小。因此在经济发展从 P 点向 R 点移动的过程中，农业部门与非农业部门的工资差别会逐步扩大。需要注意的是经济的周期性波动也会影响到两部门工资差别的变化趋势，验证这个逻辑假说要基于工资差别的长期变化。

假说 3：经济体在从 P 点转向 R 点的过程中，各区域农业部门的劳动边际生产率趋同。

欠发达的经济体在从第一阶段向第三阶段转变的过程中，伴随着劳动力从农业部门向非农业部门的流动。这种劳动力流动不仅促进了劳动力资源在产业间的有效配置，而且也促进了同一产业内部劳动力资源的配置效率。劳动力市场的演进过程，就是劳动力市场从城乡分割到区域融合，最后到全国统一市场。劳动力市场的一体化演进过程也是市场竞争演进的过程，它的一体化程度直接体现了劳动力市场信息传递的效果。随着经济配置手段由计划转变为市场，农村劳动力对于粮食作物有了更自由的选择权，也更为理性，因此各地域农业部门的劳动边际生产率应该表现出趋同的趋势。

5.3.2 数据

为了检验以上三个逻辑假说，我们主要利用了历年《全国农产品成本收益资料汇编》和历年《中国统计年鉴》提供的官方统计数据。全国农产品成本收益调查始于 1953 年，目前已形成一个覆盖全国 31 个省、自治区、直辖市，312 个地市，1553 个调查县，60000 多农调户组成的规模庞大的农产品成本调查网络。全国统一调查的品种包括粮食、油料、棉花、烤烟、蚕茧、糖料、水果、生猪、鸡蛋、牛奶以及蔬菜、中药材和林产品等 68 种主要农产品。调查的主要内容是农产品生产过程中的种子、化肥、农药、农机、灌溉、燃料动力、工具材料、折旧、修理等各项物耗和资金支出，税金、保险、管理费、财务费等费用支出以及劳动力成本和土地成本。本章对以上三个逻辑假说的检验主要依赖本调查的数据。

本章研究所使用的数据都是官方调查公布的公开资料，西方学者对中国这些数据的质量存在疑问。Thomas G. Rawski（1988，2001a，2001b）针对中国的统计数据做过多方面的评论和研究。蔡昉（2010a）也认为中国农业劳动力使用的数据，正规统计制度不能充分反映迅速变化的农业生产现实。但是，从调查的规模和时间跨度来看，这些数据应该是目前最好的可得数据。R. F. Dernberger 曾经说过"中国可得的官方数据，确实反映了中国经济演进的基本趋势，尽管在用这些数据来衡量特定年份的绝对量时存在错误的边际。"[①] 由于笔者的主要研究目的是检验中国经济变迁过程中的三个逻辑假说，主要集中在变迁的趋势，而非某一特定年份，因此这里使用官方的数据是恰当的。

5.4 农业部门的劳动产出弹性的计算

要完成以上三个逻辑假说的验证，首先要计算农业部门的劳动边际生产率。生产函数采用规模报酬不变的柯布-道格拉斯生产函数形式，因变量为农作物的亩产量（或亩产值），自变量为资本投入（即每亩农作物投入的物质和服务费用）和劳动投入（即每亩农作物的用工量）。为了消除价格因素的影响，用农业生产资料价格指数把资本投入平减为1990年的价格水平。农作物的亩产值用商品零售价格指数进行平减，得到可比性的产值。

根据柯布-道格拉斯生产函数，产出取决于三种要素：技术创新、资本投入和劳动投入。按照传统的设定方法，生产函数的形式如下：

$$Y = AK^{\alpha}L^{\beta} \tag{5.1}$$

[①] R. F. Dernberger. Quantitative Measures of China's Economic Output [M] //in A. Eckstein ed, Ann Arbor University of Michigan Press, 1980: 60.

式（5.1）中，Y 为产出，K 为资本投入，L 为劳动投入，A 为技术创新。α 和 β 分别为资本和劳动的产出弹性，且 α + β = 1。对式（5.1）两边取对数为：

$$LnY = LnA + \alpha LnK + \beta LnL \qquad (5.2)$$

由于假定规模报酬不变，即 α + β = 1。所以式（2）可以转变换为：

$$LnY/L = LnA + \alpha LnK/L \qquad (5.3)$$

根据式（5.3）计算 α 的值，按照下式计算农业部门的劳动边际产值 MPL，即

$$MPL = \frac{Y(1-\alpha)}{L} \qquad (5.4)$$

被估计的生产函数如下：

$$\ln Y_{it}/L_{it} = \ln A + \alpha \ln K_{it}/L_{it} + prov_i + \sum \sigma_j D_{ij} + \lambda t + u_{it} \qquad (5.5)$$

这里，Y_{it}，L_{it}，K_{it} 分别表示 i 省 t 年每亩地的产出，劳动投入和资本投入。$prov_i$ 是省虚拟变量，D_{ij} 是农作物种植区域的虚拟变量[①]。t 是时间趋势变量，u_{it} 是误差项。

由于农业生产受地理条件、社会因素、生产技术、耕作习惯等因素的影响明显，不同的农作物适种于不同的地域，因此劳动的产出弹性、边际产值存在比较大的差异。因此在对相关逻辑假说进行验证时，这里分别以小麦、玉米、粳稻的生产函数估算各自的劳动产出弹性。

5.4.1 小麦的劳动产出弹性估算

小麦在中国各地都有种植，分布很广。由于各地自然条件的差

[①] 由于农作物种植区域的形成和发展与当地自然资源的特点、社会经济因素和生产技术的变迁有密切联系。为了减小或者消除这些因素的影响，这里参照农作物栽培学的种植区域的划分方法。

异，形成了明显不同的种植区。参考中国小麦栽培学的种植区划①，把中国小麦种植区重新调整划分为以下地域：

东北地区：包括黑龙江、吉林、辽宁。

北部地区：包括内蒙古、河北、山西、北京、天津。

西北地区：包括甘肃、宁夏、新疆、陕西、青海、西藏。

黄淮地区：包括山东、河南、安徽。

长江中下游地区：湖北、湖南、上海、浙江、江西、江苏。

西南地区：贵州、四川、云南、重庆。

华南地区：福建、广东、广西。

需要指出的是，受全国农产品成本收益资料的影响，这里只研究小麦的主要种植区域。有的省跨越几个种植区，为了研究的方便性和可行性，按照各省种植面积主要所在的种植区进行划分。利用面板数据回归的结果汇总在表 5-1 中。

表 5-1　　　　　各地区小麦生产函数估计

LnY	东北地区	北部地区	西北地区	黄淮地区	长江中下游地区	西南地区	全国
LnK/L	0.5937*** (6.28)	0.7617*** (15.52)	0.8003*** (24.25)	0.3000 (1.36)	0.8340*** (10.88)	0.4353** (2.1)	0.7669*** (19.25)
year2000	-1.759*** (-3.50)	-0.6822*** (-2.75)	-0.7882*** (-6.92)	-1.0809*** (-2.49)	-1.08*** (-3.28)	-0.5603** (-2.56)	-0.6293*** (-9.14)
LnK/L × year2000	0.3768** (2.32)	0.1450* (1.76)	-0.2855*** (5.43)	0.4406** (2.33)	0.3140** (2.51)	0.1652 (0.85)	0.1381*** (5.15)
t	0.0814** (5.04)	0.0464*** (6.63)	0.0386*** (7.82)	0.0463*** (4.12)	0.0584*** (4.43)	0.0584*** (6.05)	0.0540*** (13.71)
常数项	1.558*** (5.81)	1.053*** (8.42)	0.8232*** (11.84)	2.289*** (5.49)	0.5831*** (4.69)	1.119*** (6.54)	0.8734*** (12.40)
劳动的产出弹性 β	0.4063	0.2383	0.1997	0.700	0.1660	0.5647	0.2331

注：表中 ( ) 内为 t 值。*** 表示在 1% 水平上显著；** 表示在 5% 水平上显著；* 表示在 10% 水平上显著。表中没有华南地区的生产函数，因为这一地区仅有福建省的数据，无法进行估算。

---

① 赵广才. 中国小麦种植区划研究（一）[J]. 麦类作物学报，2010 (5)：886-995.

不同地域的劳动产出弹性说明了劳动在地域间发挥作用的差异。东北地区、西南地区和黄淮地区的劳动产出弹性明显高于其他地域，表明这些地域在小麦生产过程中，劳动投入变化对产出变化有更大的影响。然而在北部地区、西北地区、长江中下游地区，劳动的产出弹性要小得多，说明这些地区劳动投入对产出变化的影响较小。从农业相关资料来看，北部地区、西北地区和长江中下游地区由于有比较多的异常天气，且这些地区也是小麦病虫害的高发区，因此，这些地区小麦的产出主要依靠自然资源和气候的状况，民间也有"靠天吃饭"的说法，劳动的产出弹性较小是正常现象。

5.4.2 粳稻的劳动产出弹性估算

传统意义上，水稻耕作区域的划分依据水稻在地域分布上的相似性和差异性。一般把粳稻的种植区域划分为六个区域，这里为了方便计算，对传统区域的划分进行了少许的调整：

华南湿热双季稻作区（简称华南地区）包括：广东、广西、福建、海南。

华中湿润、单双季稻作区（简称华中地区）包括：浙江、湖南、湖北、江西、上海。

华北半湿润单季稻作区（简称华北地区）包括：北京、天津、河北、山西、山东、江苏、安徽、河南。

东北半湿润早熟单季稻作区（简称东北地区）包括：黑龙江、吉林、辽宁。

西北干燥单季稻作区（简称西北地区）包括：内蒙古、宁夏、新疆、甘肃、青海、西藏、陕西。

西南高原单季稻作区（简称西南地区）包括：贵州、云南、重庆、四川。

尽管 1990~2010 年全国农产品成本收益调查资料汇编对于粳

稻的调查涉及的省份达到 21 个，但是有的省份仅有一年的数据（如甘肃），有的省份仅有两年的数据（如贵州），有的省份没有任何数据（如广东、广西、福建、海南、湖南、江西、重庆、四川、青海、西藏等）。因此对于粳稻生产函数的估算主要考察：华中地区、华北地区、东北地区、西北地区和西南地区。

从估算的结果来看，西南地区具有最高的劳动产出弹性，为 0.6933，相反，华中地区的劳动产出弹性要小得多，仅为 0.1728，劳动产出弹性的差异反映了粳稻种植的地域性特征。另外，从计算的结果可以看到，粳稻的劳动产出弹性普遍低于小麦的产出弹性，这也说明小麦相对于粳稻，是劳动密集型的，劳动对小麦产出的贡献也更大一些（见表 5-2）。

表 5-2　　　　　　　　各地区粳稻生产函数估计

LnY	华中地区	华北地区	东北地区	西北地区	西南地区	全国
LnK/L	0.8272*** (18.66)	0.5736*** (9.41)	0.5711*** (7.13)	0.5182*** (6.13)	0.3067** (3.12)	0.5594*** (18.70)
year2000	0.3615*** (2.30)	-0.5262*** (-2.68)	0.8691** (-2.03)	-1.559*** (-3.61)	-1.040* (-1.91)	-0.2283*** (-2.7)
LnK/L × year2000	-0.099 (-1.68)	0.2298*** (2.66)	-0.3500* (1.93)	0.7024*** (3.55)	0.2580 (0.61)	0.1116*** (3.01)
t	0.0009 (0.0057)	0.0294*** (4.54)	0.0411*** (4.74)	0.0289* (1.75)	0.0968*** (4.27)	0.021*** (5.91)
常数项	1.7768*** (19.96)	1.722*** (14.56)	1.511*** (7.26)	1.9038*** (10.3)	1.604*** (9.66)	2.061*** (32.86)
劳动的产出弹性 β	0.1728	0.4264	0.4289	0.4818	0.6933	0.4406

注：表中（）内为 t 值。*** 表示在 1% 水平上显著；** 表示在 5% 水平上显著；* 表示在 10% 水平上显著。表中没有华南地区的估算，尽管该地域的粳米种植在全国占有很重要的地位，但是全国农产品成本收益资料没有提供该地域关于粳稻的任何数据。

5.4.3 玉米的劳动产出弹性计算

与上文估计小麦和粳稻的方法类似,这里也要对玉米种植区域做划分。众所周知,玉米相对以上两种农作物,对地域自然条件有更强的选择性,不同的品种仅适种于一定的地域。根据历史的延续性,以及不同地域光、温、水和无霜期等自然资源的特点,传统上将中国的主要玉米种植区划分为五个区域(见表5-3):

北方春播玉米区(简称北方地区)包括:黑龙江、吉林、辽宁、内蒙古、山西。

黄淮海夏播玉米区(简称黄淮海地区)包括:北京、天津、河北、山东、河南、湖北、江苏、安徽。

西南山地丘陵玉米区(简称西南地区)包括:四川、重庆、贵州、云南、广西。

南方丘陵玉米区(简称南方地区)包括:广东、海南、福建、浙江、江西、湖南。

西北灌溉玉米区(简称西北地区)包括:陕西、甘肃、宁夏、新疆。

表5-3   各地区玉米生产函数估计

LnY	北方地区	黄淮海地区	西南地区	西北地区	全国
LnK/L	0.6403 *** (8.39)	0.5701 *** (8.37)	0.2066 ** (2.20)	0.6116 ** (2.65)	0.6636 *** (10.64)
year2000	-0.3508 (2.19)	-0.6820 *** (-3.50)	-0.5084 *** (-2.83)	-0.6543 (-0.78)	-0.4350 *** (-2.68)
LnK/L × year2000	-0.2240 * (1.94)	0.3270 *** (3.72)	0.2835 ** (2.40)	0.3947 (0.92)	0.2365 *** (3.03)
t	0.034 *** (4.92)	0.042 *** (5.53)	0.0727 *** (9.81)	0.0430 (1.44)	0.0397 *** (5.81)

续表

LnY	北方地区	黄淮海地区	西南地区	西北地区	全国
常数项	1.438 *** (9.71)	1.54 *** (13.56)	1.32 *** (13.18)	1.177 *** (2.85)	1.257 *** (12.30)
劳动的产出弹性 β	0.3597	0.4299	0.7934	0.3884	0.3364

注：表中（ ）内为t值。*** 表示在1%水平上显著；** 表示在5%水平上显著；* 表示在10%水平上显著。由于统计资料对南方地区涉及省份的粳稻种植成本收益数据缺失太多，无法进行估算。

从估算的结果来看，西南地区的劳动产出弹性比其他地区要高很多，原因是西南地区多为山区，种植的自然条件比较恶劣，劳动投入对产出的影响自然要大许多。黄淮海地区自然条件较好，种植面积仅占全国玉米种植面积的30%，但产出却占50%多，在这些条件适宜的地区，劳动投入较少也是正常的。总体上看，适宜农作物种植的区域，大都是中国的"粮仓"，这些地区劳动产出弹性相对要小一点。

5.5 农业部门的工资估算

农业部门作为刘易斯－费－拉尼斯模型中的传统部门，在一般的统计资料和调查资料中并没有直接涉及农业部门工资这一经济指标。但是在《全国农产品成本收益资料汇编》中提供有"劳动日工价"这一指标，由于劳动日工价是指每一个劳动力从事一个标准劳动日的农业生产劳动的理论报酬，是用于核算家庭劳动用工的机会成本。因此，尽管这一指标只是农业生产劳动意义上的理论报酬，但它仍然可以作为农业部门工资的合理指标。为了消除价格因素的影响，利用每一个地区的农村居民消费价格指数对这一经济指标进行了平减，都折合为1990年的价格水平。计算方法比较简单，这里不再赘述。

5.6 对假说1的检验

为了验证假说1"劳动力剩余的欠发达经济体在从P点向R点移动的过程中,农业部门的实际工资将逐渐由劳动的边际生产率决定,二者的相关系数将由小变大。"我们需要做两方面的工作:第一,对农业部门的工资和劳动的边际生产率进行比较,观察二者相对差距的变化;第二,从划分的时间区间观察农业部门的工资和劳动的边际产出之间相关系数的变化趋势。

5.6.1 农业部门的工资和劳动边际生产力的比较

我们需要构建一个能反映农业部门的劳动边际生产率和农业部门的工资相对关系指标,这里借鉴勒纳指数(Lerner Index)的构建方法①。

$$WM = (WAGE - MPL)/WAGE \qquad (5.6)$$

欠发达的经济体在从第一阶段和第二阶段的交界点P点向第二阶段和第三阶段的交界点R点移动的过程中,该指数WM应该从1逐渐收敛为0,然后变为负数。这个转变过程一定程度上可以揭示劳动力市场一体化的程度,第一阶段 WAGE > MPL,第二阶段 WAGE 逐渐逼近 MPL,当 MPL > WAGE,这样经济就逐渐进入第三阶段。说明劳动力市场一体化的程度提高了。

由于农作物的差异性,农业部门的劳动边际生产力和农业部门的工资也会有很大差异。为了更准确地验证假说1,这里仍然要按作物的种类来深入观察WM指数的变化趋势。

---

① 勒纳指数是通过对价格与边际成本偏离程度的度量,反映市场中垄断力量的强弱。勒纳指数在0~1。勒纳指数越大,市场中的垄断力量越强;反之,竞争程度越高。在市场完全竞争时,勒纳指数等于0。都阳、曲玥(2008)在研究制造业劳动生产率变化时采用过类似的方法。

5.6.1.1 小麦

（1）省、直辖市小麦 WM 指数变化的全局比较。从图 5-3 中我们可以看到，除去数据不全的省份，例如，辽宁、吉林、江西、福建、湖南等省份外。其他大多数省、直辖市的 WM 指数均表现为趋于 0 的态势，但是黑龙江、安徽、山东、河南等四省的 WM 指数明显表现为小于 0，且呈现出逐年下降的趋势。这说明从小麦种植的角度来看，这四个省的劳动日工资已经低于劳动的边际产值，并且二者的差距逐年在加大，劳动边际产值的增长速度明显快于劳动日工资的增长速度，这一方面反映了中国经济发展的不平衡状况；另一方面也说明原来农村剩余劳动力转移大省现在也面临着农村剩余劳动力枯竭的问题，如果没有农业技术进步，进一步的劳动力转移必然会影响到小麦的产量。

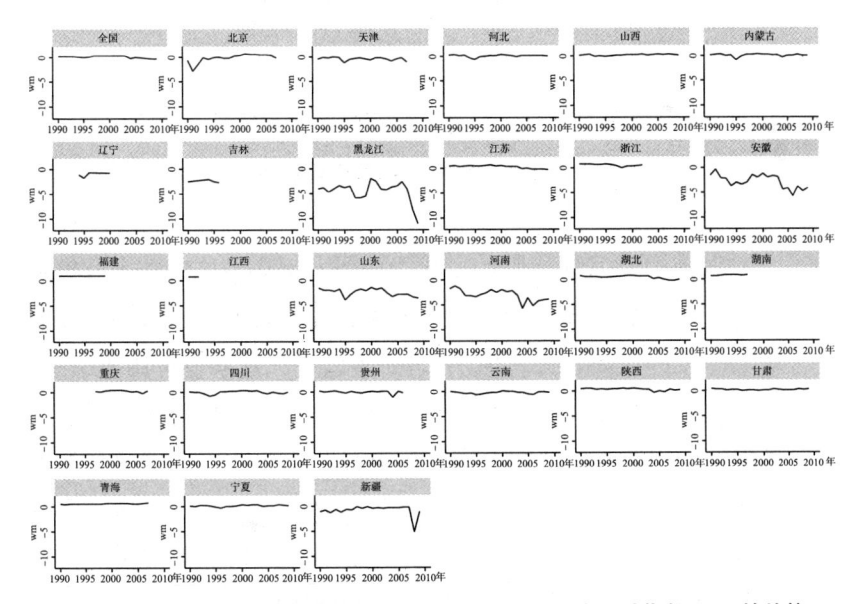

图 5-3 全国和各省、直辖市小麦劳动边际产值与工资变动指数 WM 的趋势

（2）全国的小麦 WM 指数变化。从图 5-4 全国小麦的劳动边际产值和劳动日工价的变动趋势来看，2003 年之前，小麦的劳动边际产值明显低于劳动日工价，这就是刘易斯-费-拉尼斯模型中的第一阶段，2003 年，WM 有一个跳跃式的下降，2004 年以后，农业部门的工资水平远远低于劳动的边际产值，差距在逐步拉大，2008 年这一差距趋于平稳。从小麦的 WM 变化可以初步作出判断，中国在 2004 年已经越过了刘易斯第一转折点（即短缺点）。

图 5-4 全国 WM 指数变化趋势

（3）区域小麦 WM 指数的变化。中国北部小麦区的 6 个省份表现不完全一致，根据图 5-5，分为两类：一类是北京、天津。这两个直辖市的 WM 波动较大，但是 1995 年以后，变动相对比较平滑。WM 的变化也基本反映了城市化水平的高低和产业结构的状况，北京、天津城市化较其他地区而言显然更高，农业部门在这两个地区的重要性已经微不足道。另一类是山西、河北、内蒙古。这三个省的 WM 在 1995 年以后基本围绕 0 上下波动，但相对比较平滑，表现出农业部门的工资和劳动的边际产出趋同倾向。

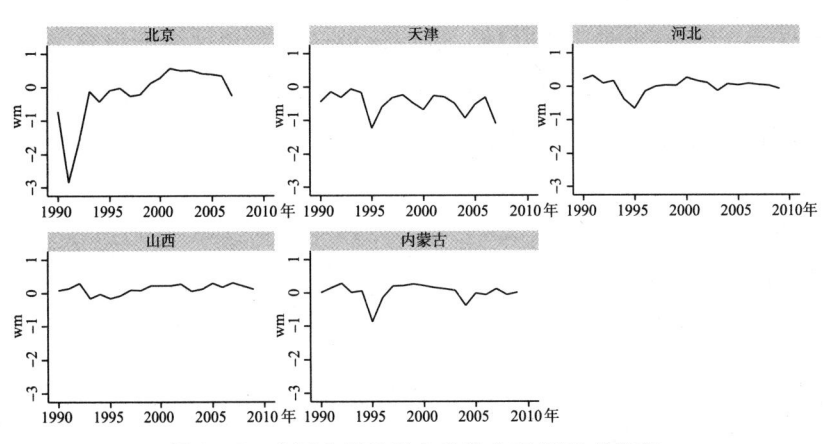

图 5-5 中国北部地区各省份小麦 WM 的变化

从图 5-6 中可以看出，西北地区的省份除了新疆以外，其他省份的 WM 均表现为收敛趋势，但是该地区和北部地区的表现有很明显的差异，WM 大多情况下为正值，从 WM 的定义知道，是这些地区的小麦的劳动边际产出明显低于农业部门的工资水平。因此从发展阶段来看，该地区显然落后于北部地区。

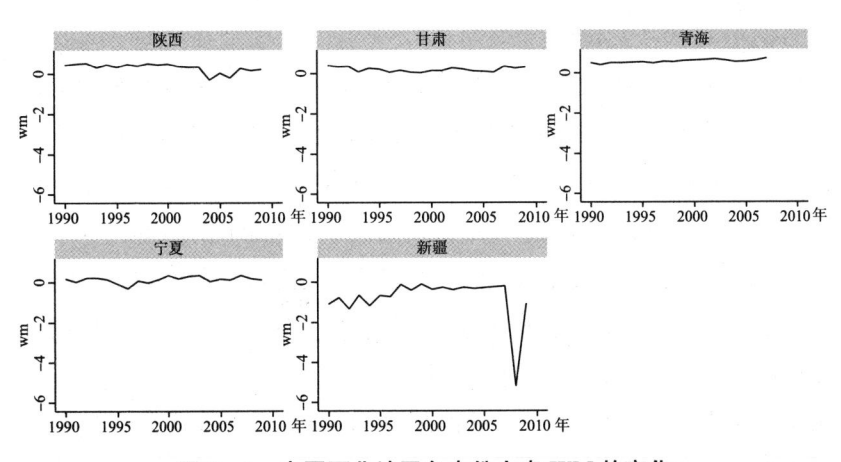

图 5-6 中国西北地区各省份小麦 WM 的变化

从图 5-7 中可以看出，黄淮地区的三个省份的 WM 指数从

1990 年以来一直是小于 0 的。说明该地区的劳动边际产出自 1990 年以来就大于农业部门的工资水平，这些省份的小麦种植和其他地域相比有很明显的劳动力成本优势。

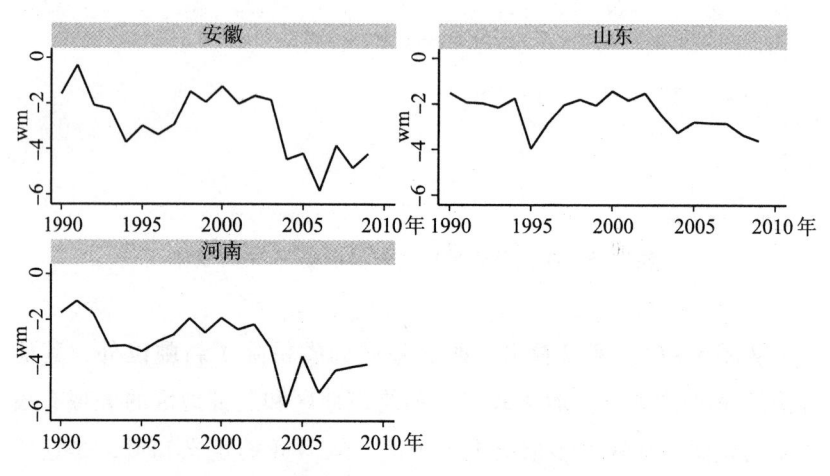

图 5-7　中国黄淮地区各省份小麦 WM 的变化

长江中下游地区由于数据的关系，只能粗略观察到江苏和湖北两省的小麦 WM 变化情况。从图 5-8 可以观察到在 2004 年以前，这两个省的 WM 指数是大于 0 的，说明农业部门的工资水平明显高于劳动的边际产值。由于该地区不是中国小麦的主产区，因此 WM 指数也仅说明该地区在小麦生产上并没有比较优势。自 2005 年以后，该地区的小麦的劳动边际产值开始高于农业部门的工资水平。从该地区的 WM 指数变化曲线来看，经济发展阶段确实已经发生了变化。

从图 5-9 中可以看出西南地区各省份 WM 的变化差别较大，重庆的数据不全，但收集到的大多数年份数据表现出劳动的边际产值小于工资水平的特征。贵州省在 2004 年之前的 WM 变化显得比较稳健，波动幅度不大。四川和云南的 WM 变化呈现出比较大的一致性，但是云南的大多数年份 WM 表现为负值。四川省在 1992～1996 年这个时段的表现比较异常，而这个时段恰是四川农村剩余劳动力出外打工规模较大的时段。

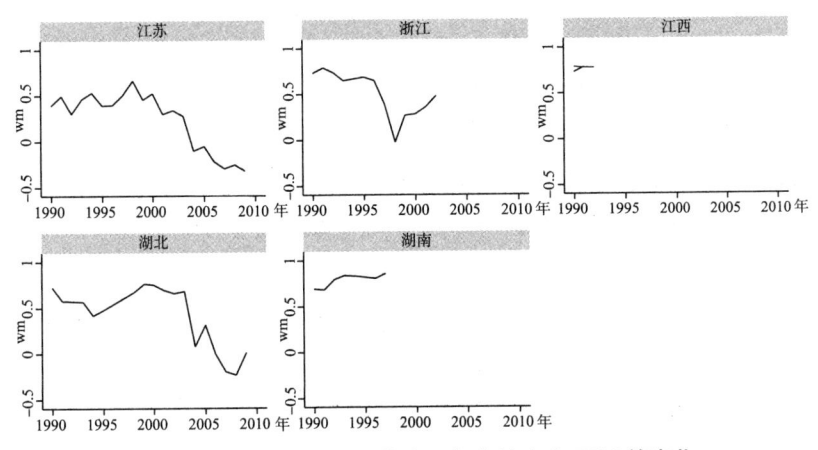

图 5-8　中国长江中下游地区各省份小麦 WM 的变化

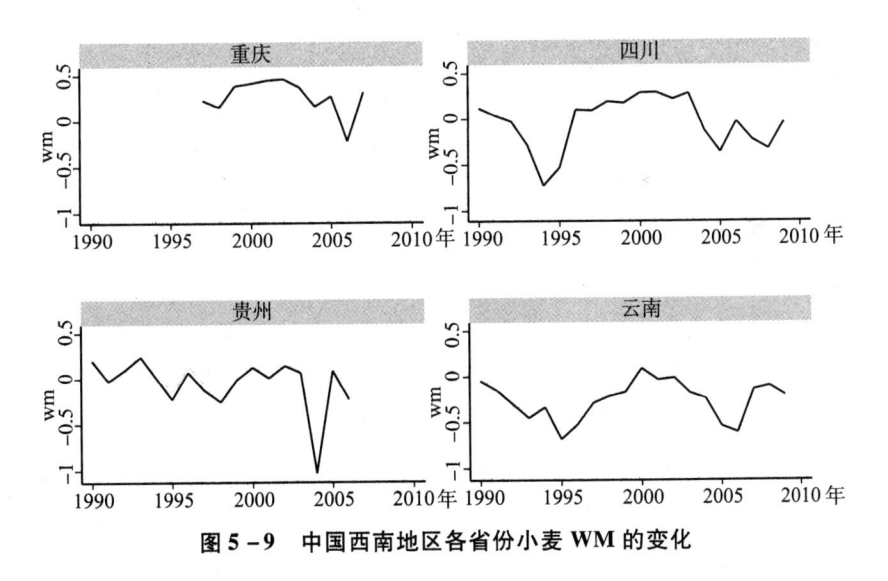

图 5-9　中国西南地区各省份小麦 WM 的变化

5.6.1.2　粳稻

（1）省、直辖市粳稻 WM 指数变化的全局比较。图 5-10 反映了中国各省份粳稻的 WM 指数变化状况。除去由于数据缺失太多的北京、贵州、陕西、甘肃、新疆等外,大多数省份表现出 WM 相对平滑的波动。可以观察到粳稻的 WM 指数除了上海、浙江、湖北三个省份的部分年份大于 0,其他省份的 WM 指数均小于 0,即从 1990 年以来,这些地区粳稻的劳动边际产值小于农业部门的工资水平。和小麦相比,2004 年之前,粳稻比小麦有更大的劳动比较优势。从图 5-10 中看,上海、浙江和湖北的 WM 指数有更大的波动性,尤其在 1995~2004 年这一时段波动明显。

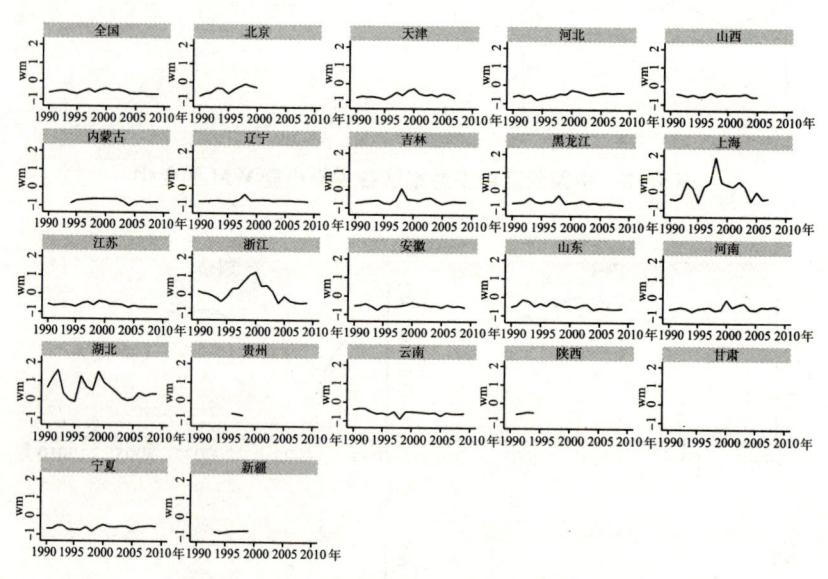

图 5-10 中国各省份粳稻种植区 WM 的变化

(2) 全国粳稻的 WM 变化。图 5-11 显示了全国粳稻的 WM 变化趋势。可以看出 1990 年以来,WM 一直是小于 0 的,2004 年之前,曲线波动的幅度很大,从 2004 年开始波动幅度变小,趋于平稳。比较图 5-4 和图 5-11,我们可以看到在 2004 年以前种植粳稻有更大的成本比较优势,但是 2004 年以后,这种优势就不太明显了。

图 5 - 11　全国粳稻 WM 的变化

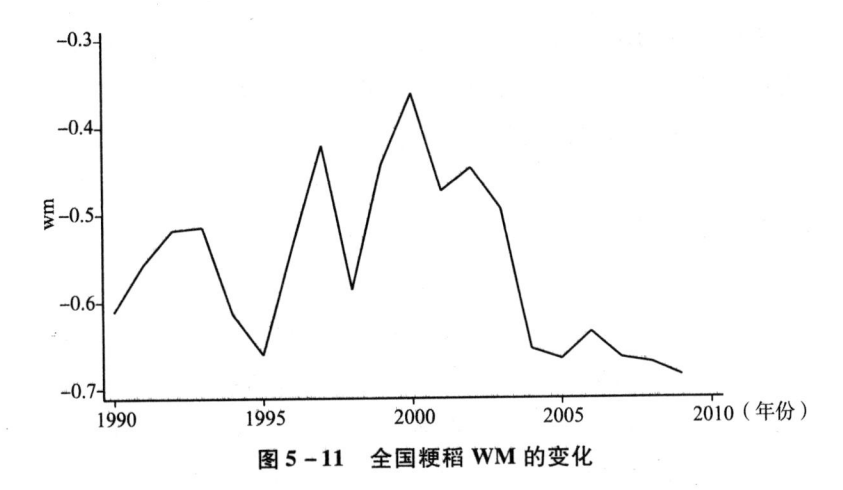

（3）区域粳稻的 WM 变化。由于考虑到数据缺失因素，我们这里只观察华中、华北和东北等三个种植区域的 WM 变化情况。

从图 5 - 12 来看，华中地区粳稻种植区的三个省份 WM 的变动步调基本一致，从 1999 年以后 WM 逐年降低，由正值变为负值，到 2005 年开始趋于平稳。2000~2005 年三个省的 WM 变化有更强的趋同性。整体上看，湖北的 WM 变动幅度更大，1990~2010 年这一时段的大多数年份其 WM 均为正值，显示该省在粳稻种植上劳动日工

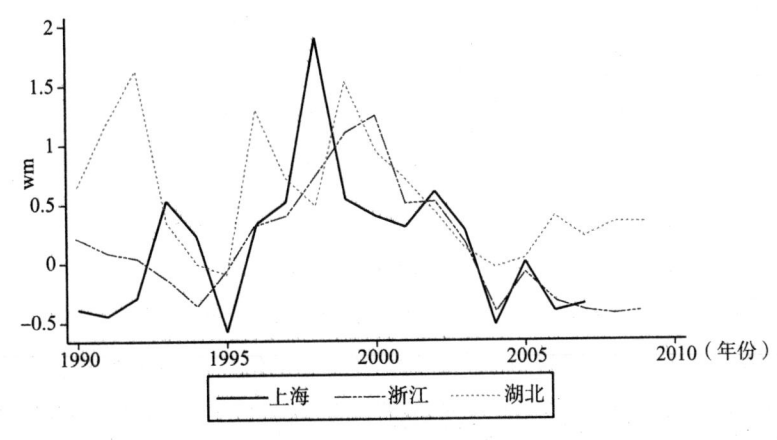

图 5 - 12　华中地区各省粳稻 WM 的变化

价高于劳动的边际产值，说明湖北在粳稻种植上和其他省份相比不具有成本优势。浙江和上海的 WM 变化和实际情况也是一致的，尽管这两个地区和湖北相比有种植粳稻的比较优势，但是，与农业相比，上海、浙江在第二产业和第三产业更有比较优势。因此这两个地区重点发展第二、第三产业就是理性的选择。

图 5-13 显示华北地区各省的 WM 指数均为负数，说明华北地区的粳稻的劳动边际产值大于农业部门的工资水平。这一方面说明这些地区的劳动力成本优势比较明显；另一方面也表明，这些地区已经越过了刘易斯-费-拉尼斯模型中的第一阶段即工资水平高于劳动边际产值的阶段。

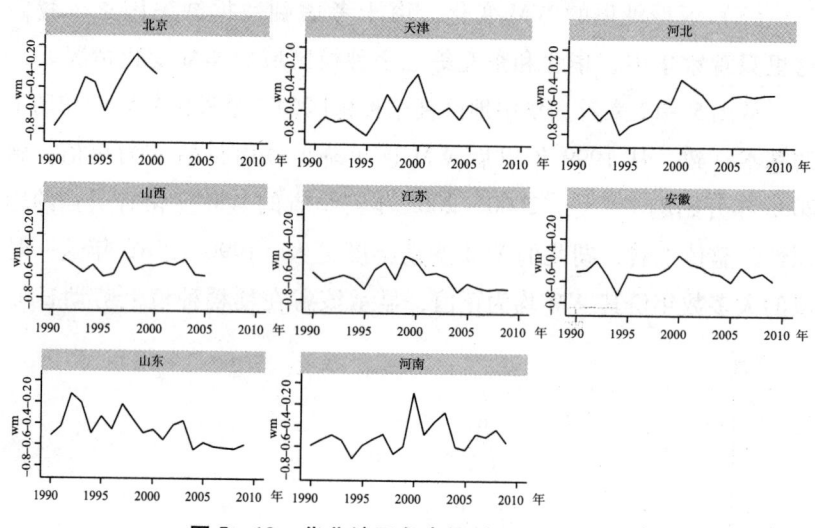

图 5-13 华北地区各省粳稻 WM 的变化

和其他种植区域比较，东北地区的粳稻 WM 变动趋势的一致性更显著（见图 5-14）。尽管 1998 年有比较大的波动，但是 2000 年以后 WM 的变动幅度较小，并开始趋于平稳。总体上来看，东北地区在粳稻的种植上，劳动成本的比较优势是很明显的，自 1990 年以来，该地区 WM 指数一直为负数（吉林在 1998 年出现正值），说明该地区农业部门的工资水平远远低于劳动的边际产出，农业部门的工资水平开始由劳动的边际产值决定。

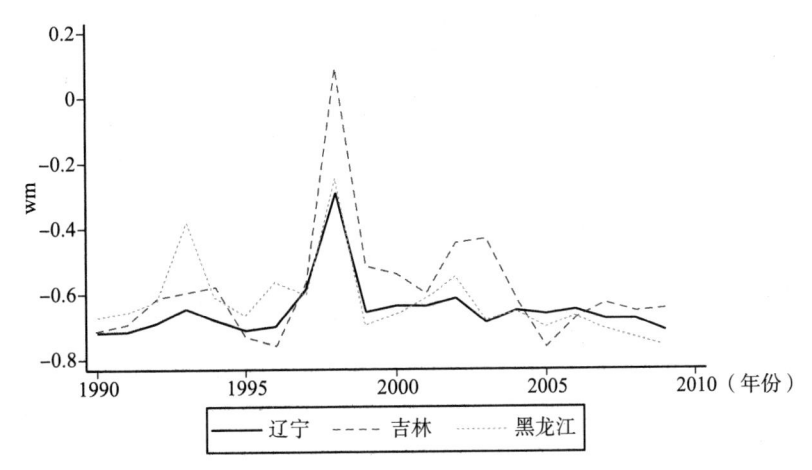

图 5-14 东北地区各省粳稻 WM 的变化

5.6.1.3 玉米

（1）省、直辖市玉米 WM 指数变化的全局比较。图 5-15 粗线

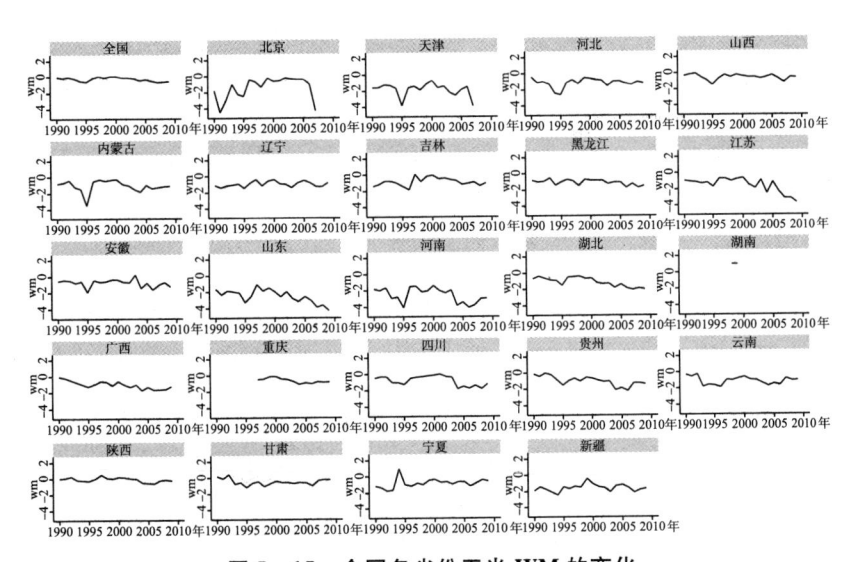

图 5-15 全国各省份玉米 WM 的变化

条地显示了 WM 指数的变化，图像呈现出的变化有比较大的差异，这体现了玉米种植的地域选择性特征。但玉米的 WM 指数都一致的表现为负值，说明农业部门的工资水平低于劳动的边际产值。也粗略的说明了农业部门的工资已经由边际生产力水平决定了。

（2）全国玉米的 WM 变化。从图 5-16 可以看出，全国玉米的 WM 指数在大多数年份是小于零的，即玉米的边际产出大于农业部门的工资水平。1993 年有一个跳跃式下降，1995 年开始跃升，1997 年到 2000 年 WM 指数变动相对平稳，2001 年以后逐年下降，到 2007 年达到最低点并开始反弹。

图 5-16　全国玉米 WM 的变化

（3）区域玉米的 WM 指数变化。从图 5-17 来看，北方地区玉米的 WM 指数尽管一致的表现为负数，但是波动的幅度差异比较大，内蒙古的 WM 波动很大，陕西、辽宁、吉林、黑龙江的 WM 指数波动相对比较稳定，大体上围绕 -1 上下波动。

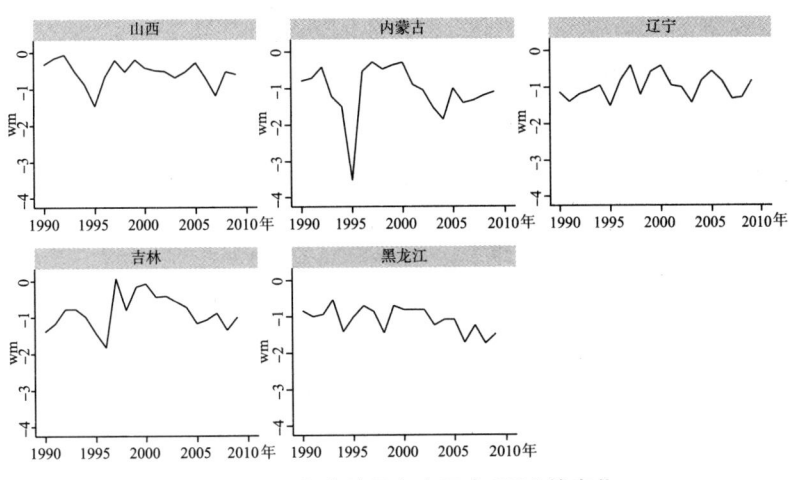

图 5-17　北方地区各省玉米 WM 的变化

由于黄淮海地区覆盖的地域面积比较大，涉及的省份比较多。因此，从图 5-18 可以看出相邻省份的表现有比较大的趋同性。如天津、河北比较一致；江苏、安徽比较一致；山东、河南、湖北的变动规律比较一致；北京的变动比较特殊。和粳稻、小麦相比较，玉米的 WM 更体现了地域性特征，这也是玉米多样性无法避免的结果。

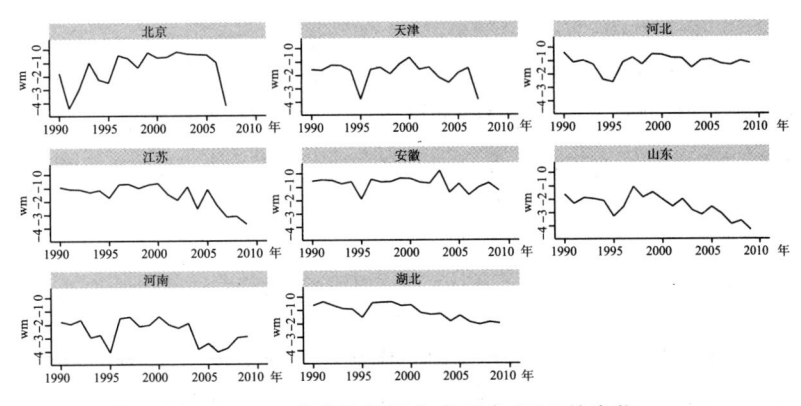

图 5-18　黄淮海地区各省玉米 WM 的变化

从图 5-19 中可以看出，西南地区玉米的 WM 变动也呈现出三种形态：重庆和四川比较一致；云南和贵州比较一致；广西的变动比较特殊一些。但是西南地区各省的 WM 基本上均表现出逐年下降的特点，也即劳动投入的成本优势在逐年增大，但下降的趋势在 2004 年终结，贵州、云南两省在 2005 年开始回升，但其他几个省份的表现逐渐趋于平稳。

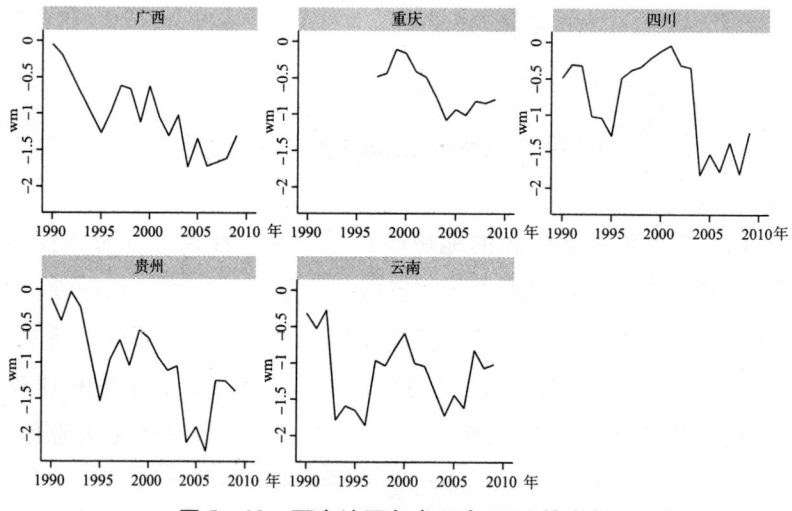

图 5-19 西南地区各省玉米 WM 的变化

从图 5-20 可以观察到西北地区的几个省份 WM 指数变动表现出很强的趋同性，尤其是 1995 年以后。新疆的 WM 指数几乎所有的年份都小于其他省份，说明新疆在玉米种植上有劳动成本的相对比较优势。

5.6.1.4 小结

通过小麦、粳稻、玉米三种农作物的 WM 指数的研究，我发现粳稻、玉米从 1990 年开始就已经表现出 WM 小于 0 的特征，小麦的 WM 指数从 2004 年以后才显示出小于 0 的特征。说明玉米、粳

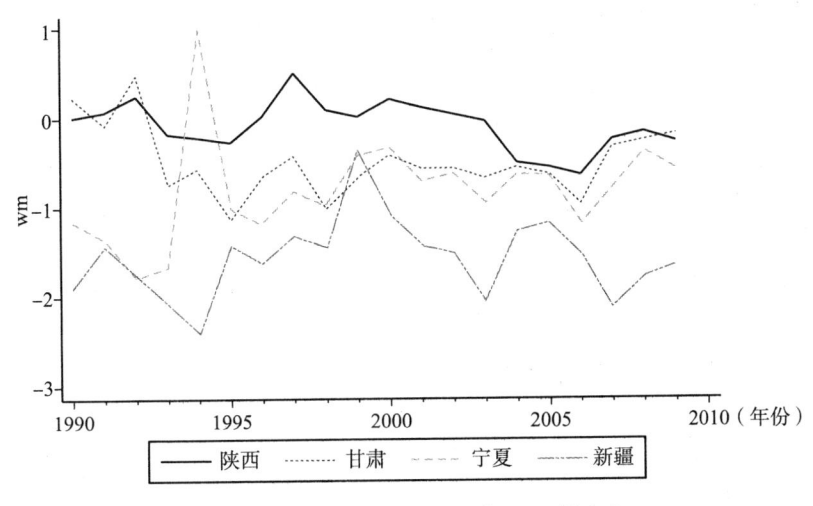

图 5-20 西北地区各省玉米 WM 的变化

稻的劳动边际产出从 1990 年开始就大于农业部门的工资水平了，但是小麦的劳动边际产出从 2004 年开始才大于农业部门的工资水平。上文对三种主要农作物的 WM 的考察基本和我们的假说是相符的，也即农业部门的劳动边际生产力逐渐达到农业部门的工资水平，并最终超过农业部门的工资。从前文的图上也可以看到农业部门的工资和劳动的边际产出之间的相关关系在逐步增强，下文对这一判断做出更严密的论证。

5.6.2 农业部门的工资和劳动边际生产力相关关系研究

对假设 1 的检验仅仅依靠农业部门的工资与劳动边际生产力的比较是不太缜密的。刘易斯-费-拉尼斯模型的三阶段划分最主要的特征是农业部门的工资在第一阶段是由风俗习惯、制度等社会因素决定的，在第三阶段农业部门的工资由劳动的边际生产力决定，然而第二阶段恰恰是第一阶段到第三阶段的过渡。短缺点带来了农业部门的商业化，在工资的决定上会逐步抛弃古典原则而取而代之以新古典原则，它会改变过去固定不变的形式，而保持不断上升趋势。在生产目的上，它会抛弃伦理原则，而代之以利润最大化准则。从农业部门的工资和劳动边际生产力的相关关系上应该表现为在劳动的无限供给阶段相对较弱，在劳动的有限供给阶段相对较强。也就是说，在 $W_a = C + \theta MPL$（W_a 为农业部门的工资，MPL 为劳动的边际生产率）方程式中，判定系数 R^2 开始时较小，从某个点开始变大，而这个点就是所谓的 P 点。

由于中国地域的差异性和自然资源禀赋的不同，因此下面还是考察三种农作物，分别测算农业部门的工资和劳动边际产出方程的判定系数变化。

5.6.2.1 小麦

由于数据的关系，无法从省级的层面来分析农业部门的工资和劳动边际生产力之间关系的判定系数，退而求其次，我们来观察小麦种植区和小麦种植区之间的判定系数变动趋势。

表 5-4 反映了各小麦种植区农业部门的工资（即劳动日工价）与劳动的边际生产力之间相关关系的变化。从全国来看，农业部门的工资和劳动的边际生产力之间的关系从 1990 年以来都维持比较高的水平，说明二者的相关关系很强，显然农业部门的工资决定规则已经发生了变化。从小麦种植区细分数据可以观察到，除西北地区和北部地区外，其他小麦种植区的判定系数都是在逐渐增大的。东北地区在 2006~2009 年这一时段判定系数竟然高达 0.9820，而且统计上非常显著，说明这一地区在 2000 年左右已经达到短缺点即 P 点。长江中下游地区在 1996~2000 年这一时段的判定系数突然增大，可以大致说明长江中下游地区在 1996~2000 年这一时段已经达到 P 点，并且正在接近商业化点，即 R 点。北部地区（北京、天津除外）和西北地区的判定系数一直徘徊在很低的水平，说明这两个种植区的农业部门的工资水平与劳动的边际生产力之间的

关系很弱,应该还没有到达短缺点。如果从到达 P 点的先后顺序看,长江中下游地区最先到达短缺点,即 P 点,然后是东北地区,西南地区,最后是北部地区(北京、天津除外)和西北地区。

表 5-4　　按种植区划分的农业部门的工资和劳动边际
生产力之间关系的判定系数 R^2 的变化(小麦)

小麦种植区	R^2			
	1990~1995 年	1996~2000 年	2001~2005 年	2006~2009 年
北部地区	0.3247***	0.6221***	0.2073**	0.1400
东北地区	0.1228	0.0045	0.7782***	0.9820***
长江中下游地区	0.2946***	0.6502***	0.6323***	0.8205***
黄淮地区	0.1169	0.0121	0.2722**	0.3667**
西南地区	0.0985	0.0100	0.0039	0.5449**
西北地区	0.0726	0.0435	0.3642***	0.0178
全国	0.9608***	0.7272*	0.7598*	0.9666**

注:小麦种植区的划分和前文相同,表中数据为农业部门的工资(即劳动日工价)与劳动的边际生产率之间相关关系的判定系数。* 代表判定系数在 90% 的置信水平上是显著的,** 代表判定系数在 95% 的置信水平上是显著的,*** 代表判定系数在 99% 的置信水平上是显著的。

5.6.2.2　粳稻

从表 5-5 中可以看出,对粳稻的研究,出现了和小麦类似的现象。全国来看,农业部门的工资和劳动的边际生产力之间的判定系数很高,但是 1996~2000 年这一时段的判定系数很小,而且在统计上不显著。华北地区的判定系数都很显著,但是变动幅度很大;东北地区的表现相对比较稳定,但判定系数不是很高,说明二者的相关关系比较弱;华中地区的表现也相对稳定,但是判定系数比东北地区要高,说明二者的相关关系较强;西南地区尽管其判定系数在 2006~2009 年有一个跃升,但是表现很不稳定,大起大落;西北地区的判定系数一直很小,而且统计上都不显著。因此,从粳稻的数据表现可以得出结论,东北地区、华中地区已经越过了 P

点，西北地区还远远没有到达 P 点，华北地区和西南地区的表现不稳定，无法做出判断。

表 5-5　按种植区划分的农业部门的工资和劳动边际生产力之间关系的判定系数 R^2 的变化（粳稻）

种植区	R^2			
	1990~1995 年	1996~2000 年	2001~2005 年	2006~2009 年
华北地区	0.1707***	0.2899***	0.7758***	0.2259**
东北地区	0.3761***	0.0020	0.5529***	0.5319***
华中地区	0.4366***	0.7308***	0.4733***	0.7650***
西南地区	0.5094**	0.0196	0.1628	0.9852***
西北地区	0.0517	0.0001	0.0610	0.1185
全国	0.8261**	0.0858	0.9209**	0.9851***

注：粳稻种植区的划分和前文相同，表中数据为农业部门的工资（即劳动日工价）与劳动的边际生产率之间相关关系的判定系数。*代表判定系数在 90% 的置信水平上是显著的，**代表判定系数在 95% 的置信水平上是显著的，***代表判定系数在 99% 的置信水平上是显著的。

5.6.2.3　玉米

与小麦和粳稻比，玉米的测算结果一致性要差一点儿（见表 5-6）。全国来看，农业部门的工资和劳动的边际生产力之间关系的判定系数都在 0.7 以上，说明农业部门的工资和劳动的边际生产力之间有较强的相关关系。但是从各个种植区的表现来看，判定系数的变动幅度较大。北方地区的判定系数变动区间在 0.11~0.53，二者的相关关系较弱，但是统计上是比较显著的；黄淮海地区的判定系数变动在 0.07~0.55，而且在逐年降低，说明二者的关系很不稳定，相关程度也比较弱；西南地区从 1990~2005 年这一长的时段，判定系数都是徘徊在 0.15 水平上，尽管 2006~2009 年这一时段判定系数有一个跃升达到 0.5659，但是只能粗略的认为西南地区在 2006~2009 年这一时段到达了短缺点，即 P 点；西北地区的判定系数一直表现很低，可以认为这一地区还没有到达 P 点。

表 5-6　按种植区划分的农业部门的工资和劳动边际
生产力之间关系的判定系数 R^2 的变化（玉米）

种植区	R^2			
	1990~1995 年	1996~2000 年	2001~2005 年	2006~2009 年
北方地区	0.4395***	0.1193*	0.5232***	0.3529***
黄淮海地区	0.5459***	0.3330***	0.1373**	0.0714
西南地区	0.1580*	0.0169	0.1524*	0.5659***
西北地区	0.0259	0.1133	0.3968**	0.0635
全国	0.8407**	0.7336	0.9262***	0.8367*

注：玉米种植区的划分和前文相同，表中数据为农业部门的工资（即劳动日工价）与劳动的边际生产率之间相关关系的判定系数。* 代表判定系数在 90% 的置信水平上是显著的，** 代表判定系数在 95% 的置信水平上是显著的，*** 代表判定系数在 99% 的置信水平上是显著的。

5.6.2.4　小结

通过对小麦、粳稻、玉米等三种主要农作物种植区的农业部门的工资和劳动的边际生产力之间关系的判定系数的研究，可以基本上验证最初的假说，即欠发达的经济体在经过短缺点（即 P 点）向商业化点（即 R 点）移动的过程中，农业部门的工资和劳动的边际生产力之间的关系由弱变强。小麦和粳稻的研究结果对假说的吻合度稍高一些，但是玉米的测算不是很理想，猜测与玉米种植的地域选择性有关。在测算过程中，笔者也注意到区域经济发展的不平衡性，即进入短缺点的时间有很大的差异。发达地区可能已经进入了商业化点，落后地区才刚刚进入或者还没有跨越短缺点，进入第二阶段。

5.6.3　验证假说 1：总结

前面小节通过农业部门的工资和劳动的边际生产力的差距 WM

指数的研究和对二者关系的判定系数变动趋势的观察，基本验证了逻辑假说1。从总体上看中国已经进入了刘易斯－费－拉尼斯模型中的第二个发展阶段，但是我也发现了地域经济的差异性。小麦和粳稻的研究很好地说明了，对经济发展阶段的判断要考虑地域发展的不平衡性，不同地区促进农业生产的政策不同，农村剩余劳动力的状况也不同。前面的数据和图表已经很好的表明中国东部发达地区率先进入第二阶段，有的省份已经接近商业化点，也即二元经济结束的边缘；中部地区的省份大部分也已进入第二阶段；西部地区很多省份还没有进入第二阶段，还没有达到短缺点，依然存在一定规模的农村剩余劳动力。

5.7 对假说2的检验

5.7.1 对假说2的进一步说明

从刘易斯－费－拉尼斯模型中推出的假说2，即经济在从P点向R点移动的过程中，农业部门和非农业部门之间的工资差距趋于扩大；到R点之后，非熟练劳动力的供给变得短缺，农业部门和非农业部门的工资差别扩大的趋势就会停止并开始缩小。从理论上讲，在商业化点到来之前，农业部门的工资应该保持不变。但在现实中，在该阶段农业部门的工资仍有可能表现为轻微的上涨。可能由于以下原因导致：

第一，当劳动力不断从农业部门流出时，农业剩余肯定会上升，农业部门的劳动力完全有可能分享这些收入并提高工资。如果这种情况存在，即使在劳动力剩余阶段，工业部门支付给转移工人的补偿工资也会上升。

第二，在刘易斯－费－拉尼斯模型中，部门间的贸易条件调节部门间劳动力市场上的劳动力再配置。工业部门的实际工资水平取决于农业部门的实际工资水平，而后者是由贸易条件调节的。如果贸易条件不利于工业部门（如农业歉收或者对农业的税收增加），或者农业部门的工资上涨，工业部门的实际工资就会上升。在经济发展过程中，农业政策的变化势必对农业部门的工资水平产生影响，如对农业税收减免或者对农业进行补贴，农业收入会上升，则相应的工业部门的工资也会上升。因此，对农业部门的积极政策会提高农业部门的劳动力工资水平。

尽管农业部门的工资基于以上两点缘由可能增长，但是在不熟练劳动力短缺的情况下，非农业部门要和农业部门争夺劳动力，必须付出比农业部门更高的工资，因此，经济体在从 P 点向 R 点转变过程中，两个部门的工资差距会有拉大的趋势。在实证研究中，为了避免经济周期的影响，必须观察该变动趋势的长期变化。

5.7.2 研究数据的说明

对假说 2 的检验所使用的数据主要来自历年的《中国劳动统计年鉴》和《中国统计年鉴》，由于 1995 年之前的工资核定、行业分类等统计口径不太稳定，而且行业统计数据是按照单位的所有制形式进行统计的，使得年际间数据的可比性较差。另外，我们主要考查的是欠发达经济体到达短缺点以后两部门的工资差距变化，依据前一章对刘易斯转折点的判断，短缺点在 1995～2000 年左右已经到来，因此选择 1995～2009 年作为主要的考察区间是比较恰当的。

由于地区间消费水平的差异，名义工资在地区之间往往不具备可比性。因此，我们在进行实际工资的比较时，对名义工资数据进行了平减。这里对农村部门的工资水平的平减采用的是农村居民消费价格指数，而对非农行业的工资水平的平减采用的是城市居民消费价格指数。各地区价格指数主要来自《新中国60年统计资料汇编》和《中国统计年鉴》，由于北京、天津、上海等地区没有区分农村居民和城市居民的消费价格指数，对于这些缺失的数据根据全国数据补充。考虑到研究前后的一致性和可比性，所有的工资都依据上述消费价格指数调整为1990年的水平。重庆、西藏由于历史数据不全（重庆单独成立为直辖市是1997年），本书研究将这两个地区除外。

需要指出的是本研究主要是考察农业部门和现代部门的工资水平差距的变化趋势。考虑到刘易斯－费－拉尼斯模型中两部门划分对中国的适用性，这里的"现代部门"在中国经济中应该是能够吸纳农村剩余劳动力就业的部门，而不是现代的高新技术企业等。因此这里的现代部门主要考察吸纳农村剩余劳动力最多的几个部门，即建筑业、采矿业、制造业三个部门[①]。由于新生代农民工在制造业的就业比例上升较快，2009年达到44.4%，因此有必要对制造业的细分行业做深入的考察。

为了对农业部门的工资水平做出客观的衡量，这里采用两套数据观测：第一套数据来源于历年的《全国农产品成本收益资料汇编》，该数据是比较全面的农村调查数据，它提供了劳动日工价数据，前面已经阐述过，劳动日工价可以作为农业部门的日工资水平，能真实地反映农业部门的工资水平。第二套数据是历年的《中国劳动统计年鉴》提供的农林牧渔业的工资水平和农业的工资水平。这套数据主要来自农业企业，可能存在对农业部门的工资水平高估的可能性。

---

① 国家统计局住户调查办公室调查显示，2009年外出农民工在制造业和建筑业务工的比例分别为39.1%和17.3%，居民服务和其他服务业占11.8%。由于居民服务业的工资数据无法得到，这里重点考察建筑业、采矿业和制造业三个大的部门，另外对制造业的细分行业做更详细的研究。

本节研究所使用数据也存在不足之处。首先，所采用数据资料反映的是正规就业的工资水平，对于非正规就业的工资水平没有很好地反映，而农村剩余劳动力转移到非农产业的相当一部分是非正规就业，对这部分的缺失可能会高估农村剩余劳动力可转移行业的工资水平。其次，由于数据的缺乏和统计口径的双重影响，我们无法得到足够长时间序列的数据来观察农业部门和现代部门工资水平的变化。事实上，欠发达国家经济发展的三个阶段的划分在实践中并不如理论上的有那么清晰地界限。经济从劳动力无限供给阶段过渡到有限供给再到劳动力短缺阶段是一个缓慢演进的过程，只有足够长的时间序列才能更准确地观察到稳定的变动趋势。由于前一章节已经实证表明中国在 2000 年左右已经到达短缺点 P 点，因此这里只观察 1995 年后的数据，可以检验假说 2。

5.7.3 农业和非农行业的工资差别

5.7.3.1 全国的农业和非农行业的工资差别

（1）根据《全国农产品成本收益资料汇编》劳动日工价计算。图 5-21、图 5-22、图 5-23 是分别按照小麦、粳稻、玉米的劳动日工价计算的农业部门的劳动年工资和采掘业、制造业、建筑业的年工资之间的比率。在计算农业和其他三个非农行业的实际工资的过程中，分别采用了农村消费价格指数和城市消费价格指数。然而，从三幅图中我们可以很容易看出，这些比率表现出了共同的变化趋势：1997 年之前，比率是上升的，但是 1997 年以后比率在逐年下降，2007 年以后下降的幅度放缓并趋于平稳。另外，根据三种农作物分别测算的农业部门的工资和其他三个非农行业的工资的比率之间存在一个近似不变的差异。从图上可以看出，2003 年以前农业部门和非农业部门的工资比率下降，说明二者的工资差距在扩大，2007年以后两部门的工资差距趋于平稳。由于时间序列没有足够的长度，无法观察到经济发展的全貌。即便如此，也可以看出两部门工资水平已经由扩大变得平稳，但是距离工资差距缩小还需要时间。这表明尽管中国经济已经达到了短缺点，但是距离商业化点还比较遥远。

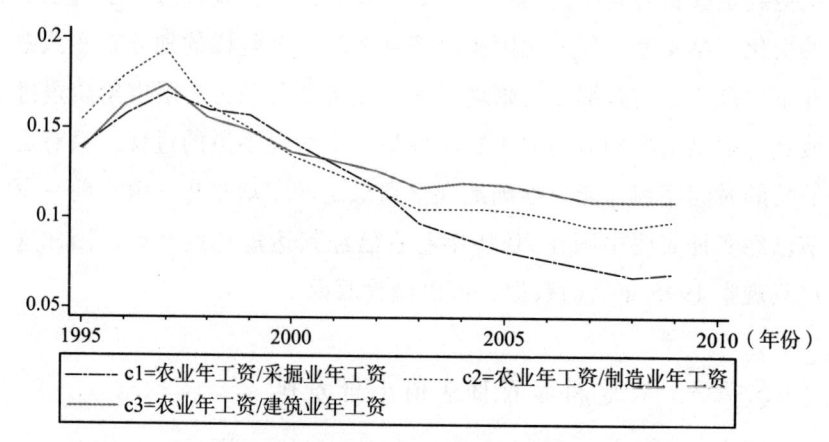

图 5-21　农业年工资与采掘业、制造业、建筑业年工资的比率

注：这里的农业年工资按照小麦的劳动日工价来计算的。

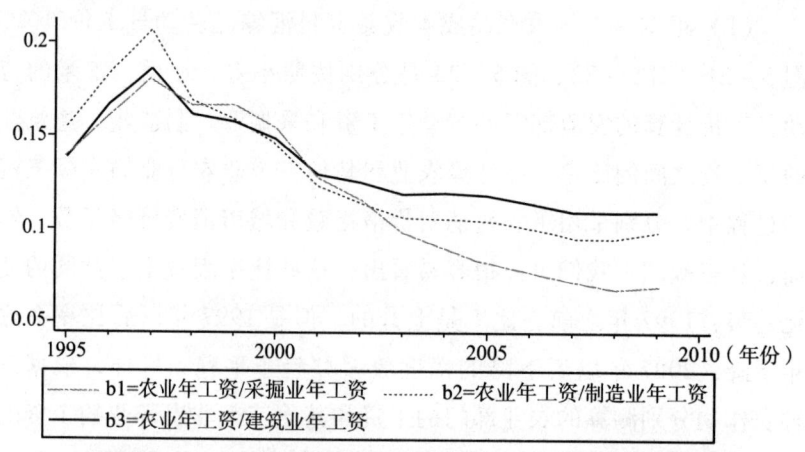

图 5-22　农业年工资与采掘业、制造业、建筑业年工资的比率

注：这里的农业年工资是按照粳稻的劳动日工价来计算的。

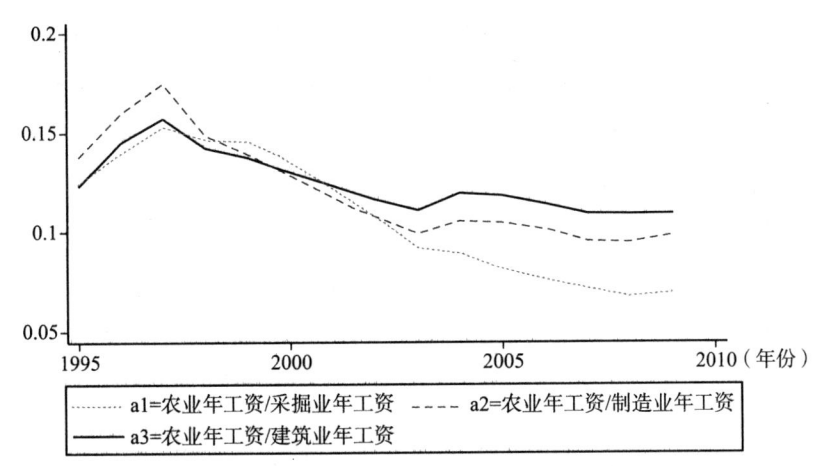

图 5-23 农业年工资与采掘业、制造业、建筑业年工资的比率

注：这里的农业年工资是按照玉米的劳动日工价来计算的。

（2）根据《中国劳动统计年鉴》农业部门的工资数据计算。图 5-24 和图 5-25 是利用历年《中国劳动统计年鉴》提供的农林牧渔业和农业的年平均工资，用农村消费价格指数平减后的实际工资与采掘业、制造业、建筑业的平均实际工资对比的结果。从图上

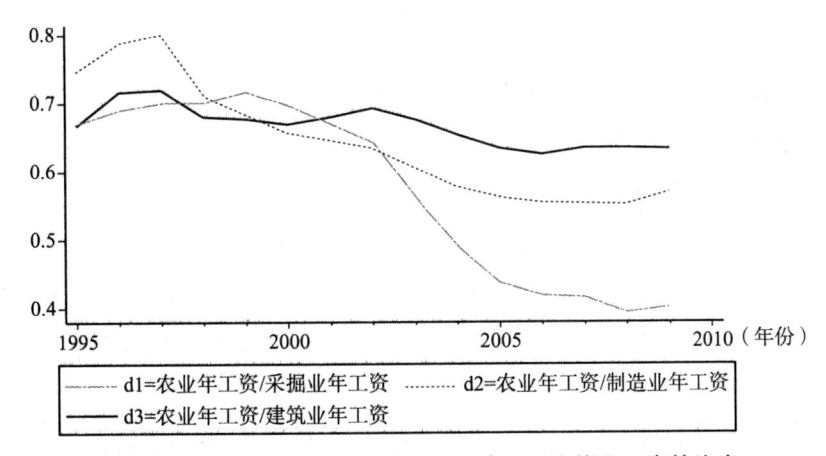

图 5-24 农业年工资与采掘业、制造业、建筑业工资的比率

注：这里的农业年工资是农林牧渔业的年平均工资。

显示 1997 年之前的比率一直是上升的，1997 年之后这一比率开始逐年下降并趋于平稳，2008 年以后比率的变化出现上升的迹象。和建筑业比较，采掘业和制造业的比率变动更加平缓。

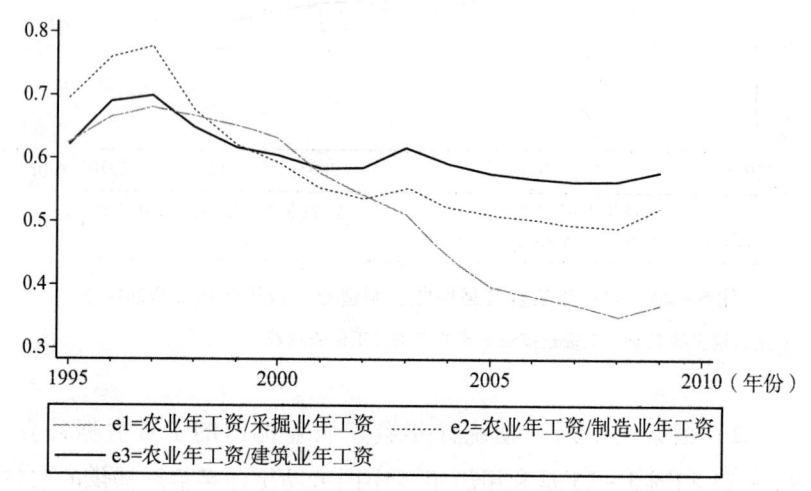

图 5-25　农业年工资与采掘业、制造业、建筑业工资的比率

注：这里的农业年工资是农业（即种植业）的年平均工资。

5.7.3.2　农业部门和非农业部门的工资差距地区比较

前面在全国的层面上观察了农业部门与三个非农业部门的工资差距的变化。同样，由于中国 31 个省、直辖市、自治区，所处地理区域、资源禀赋、政策因素等的差异，工资的水平也会有很大的不同。因此，农业部门和非农业部门的工资差距的地域变化也是我们应该考虑的部分。这部分按照传统的地域划分方法，把全国分为六个区域：华北、东北、华东、中南、西南、西北，来分别观察这六个区域农业部门和非农业部门的工资差距变动情况。

（1）华北地区。由图 5-26 来看，不同区域的农业部门和制造业的工资的比率有比较大的差异。除了河北省部分年份的工资比率小于全国水平外，其他省份的工资比率均高于全国的工资比率。天津的工资比率波动较大,并在2006年开始上扬。北京、河北的工资比率在2004年趋于平稳,这和全国的工资比率变动是一致的。内蒙古和山西的工资比率平稳的时间大概在2006年,这和北京、天津的工资比率平稳时间落后大约两年。

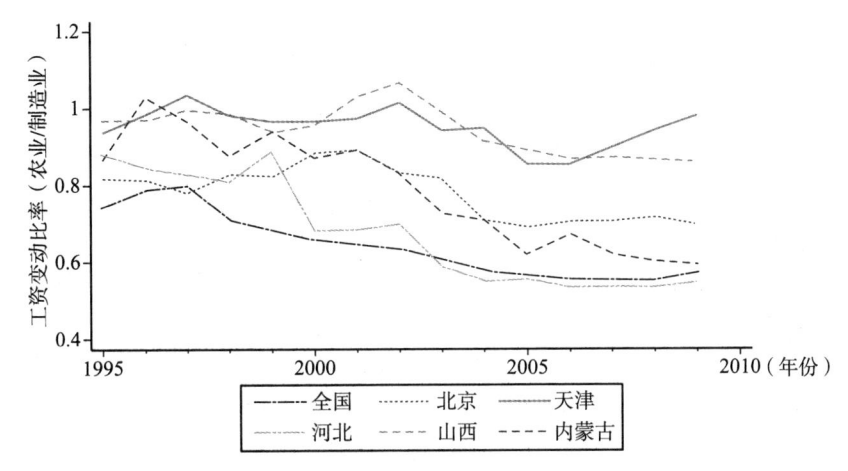

图5-26 华北各省、自治区、直辖市农业与制造业的年工资比率

注:这里的农业年工资是农业(即种植业)的年平均工资。

(2) 东北地区。东北各省的工资比率变化也很大,从图5-27可以看出,吉林和全国的比率变动曲线拟合度很高;辽宁的工资比率曲线逐年降低,2008年才开始有反弹的迹象;黑龙江在1996年之前的工资比率一直是上升的,1996年工资比率甚至达到了1.2,说明农业部门的工资超过了制造业的工资水平,但是从1996年开始,工资比率骤然降低,到2000年开始才逐步变得平稳。

(3) 华东地区。整体上看,分为两种情形:第一种情形是浙江和山东,这两个省份的工资比率基本上都大于1,但是变动趋势不同,浙江的工资比率一直在上升,2004年以后趋于平稳,在1.4左右徘徊,而山东的工资比率从1995年开始上升到2000年达到1.25左右,然后逐年下降,到2004年开始变得平稳,但比率仍然达到

1。其他几个省份的工资比率变动姿态和全国的曲线拟合度很高，但是几乎都在全国曲线的上方，2004年工资比率变动趋于平滑，2007年工资曲线开始上扬（见图5-28）。

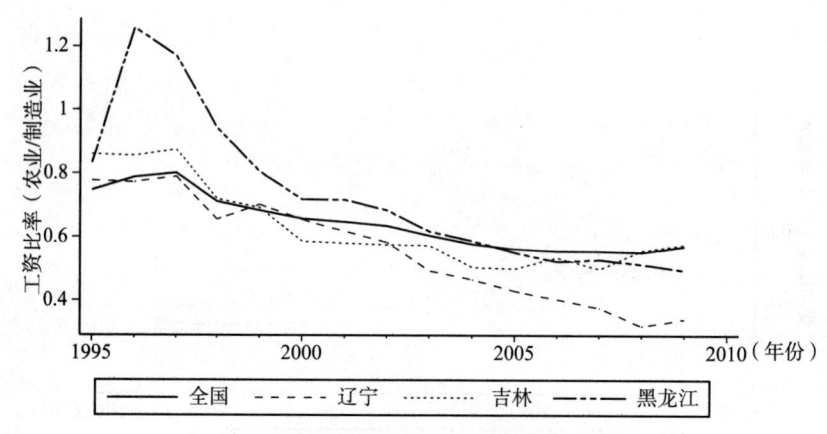

图5-27 东北各省农业与制造业的年工资比率

注：这里的农业年工资是农业（即种植业）的年平均工资。

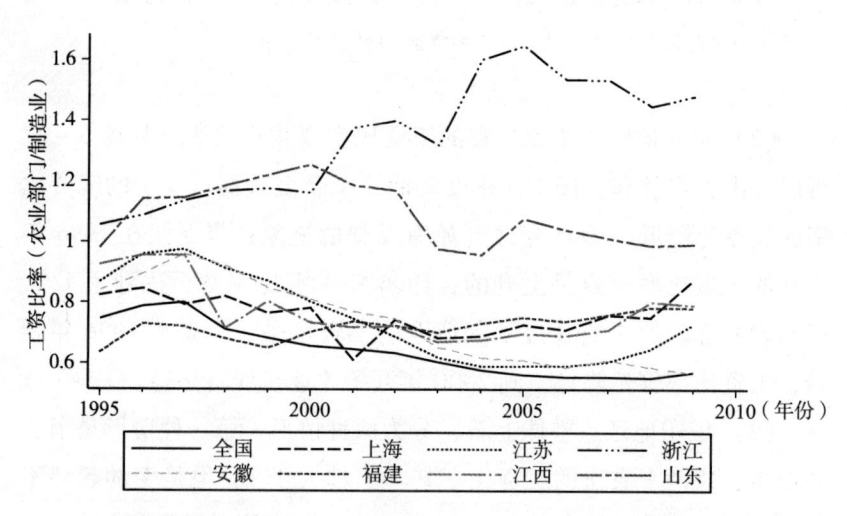

图5-28 华东各省、直辖市农业与制造业的年工资比率

注：这里的农业年工资是农业（即种植业）的年平均工资。

(4) 中南地区。由于中南地区涵盖的范围很大，因此从图 5-29 看出，可以分为三种情形：第一种是工资比率高于全国水平，如河南在 2001 年之前工资比率一直在 0.9 左右的高位徘徊，随后逐年降低，到 2004 年开始在 0.7 的位置平稳波动；第二种情形是工资比率一直偏低，但波动相对平稳，如广东和海南在 1998 年之前工资比率在 0.6 附近波动，随后有一个小的下降，广东在 0.6 以下波动，海南在 0.5 附近波动，但两个省的工资比率表现平稳；第三种情形是湖北、湖南和广西三个省份，它们和全国的工资比率曲线变动有很强的一致性，1998 年工资比率开始逐年下降，到 2004 年开始趋于平稳，湖北、广西的工资比率 2008 年开始上扬，湖南从 2006 年工资比率曲线逐年上扬。

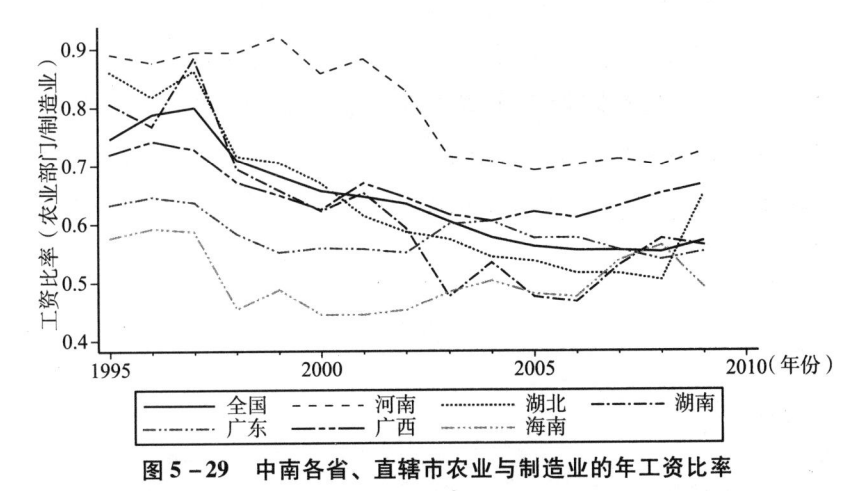

图 5-29　中南各省、直辖市农业与制造业的年工资比率

注：这里的农业年工资是农业（即种植业）的年平均工资。

(5) 西南地区。西南地区的工资比率变动表现出明显的特征，就是一直在逐年下降，但是下降的幅度很缓慢（见图 5-30）。西藏的表现很特殊，工资比率基本上在 1 以上运行，且波动很大。四川、重庆和贵州三个省份在 2001 年之后表现出较强的一致性变动趋势；云南的波动相对平稳一些，一直在 0.6 上下浮动。

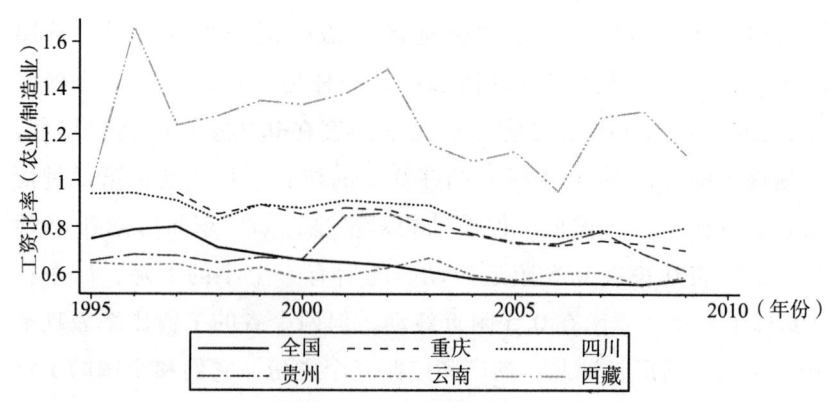

图 5-30　西南各省、直辖市、自治区农业与制造业的年工资比率

注：这里的农业年工资是农业（即种植业）的年平均工资。

（6）西北地区。图 5-31 显示，西北地区除了青海以外，其他省份的工资波动基本平稳，但是工资比率大体上高于全国的工资比率。青海、宁夏和陕西三个省的工资比率曲线分别在 2005 年、2006 年、2008 年依次上升。新疆和甘肃的工资比率曲线变动和其他省份比较不太平滑，但变动幅度基本在 0.5~0.8，从 2008 年开始有上升的迹象。

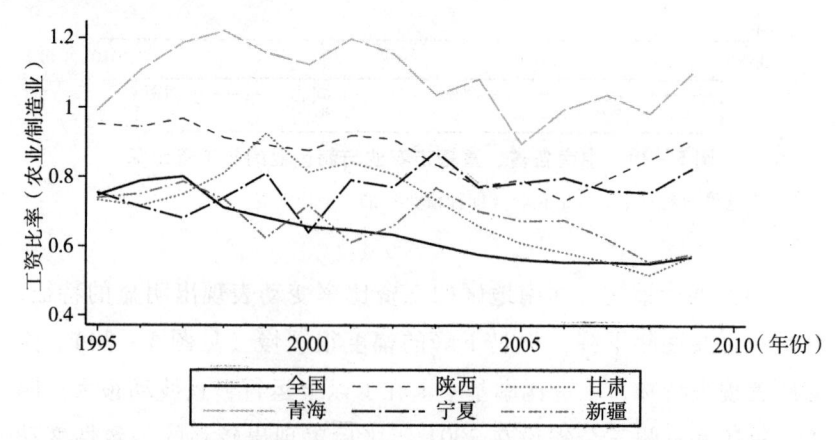

图 5-31　西北各省、直辖市、自治区农业与制造业的年工资比率

注：这里的农业年工资是农业（即种植业）的年平均工资。

通过观察全国六大区域的工资比率变化，我们看到有的省份进入工资比率变化的平稳区间的时间早一点，有的省份进入工资比率变化的平稳区间时间晚一点。总体上看，2004年是一个转折的年份，保守估计大部分省份在2007年已经到达经济发展的短缺点，东部发达地区甚至更早一点，西部欠发达地区相对滞后。还有的省份表现不很明显，如北京，按常规看，北京应该更早表现出工资比率上扬的趋势，但在这里并没有观察到，笔者认为这与产业结构有比较大的关系。

5.7.3.3 农业和制造业细分行业的工资比率比较

前面我们观察了农业部门和采掘业、制造业和建筑业的工资比率的变化趋势。由于制造业涵盖的范围很大，而且是农村剩余劳动力转移的最主要的行业之一。因此有必要观察农业部门和制造业细分行业的工资比率变化。鉴于这样的缘由，我们需要分别计算农业和制造业内细分的30个分类行业各自的工资比率。

从计算的结果（见图5-32）上看，农业部门和制造业细分行业的工资比率表现十分不均匀，曲线的波动很大。一些行业的工资比率比较高，例如，食品制造业、食品加工业、塑料制品业等传统行业，说明这些行业的工资水平和农业部门的工资水平差距不大；另一些行业工资比率较低，例如，石油加工及提炼业、制药业等技术含量较高的行业，说明这些行业的工资水平远高于农业部门的工资水平。

尽管上面的工资比率曲线波动幅度很大，但是大部分行业有一个共同的现象：即从1990年到2000年、2005年的工资比率曲线一直是降低的，即工资比率是降低的，说明工资差距在拉大，但2009年的工资曲线开始上升，说明工资差距在缩小，由于没有更长的时间序列，不排除工资差距的缩小是经济波动的作用。

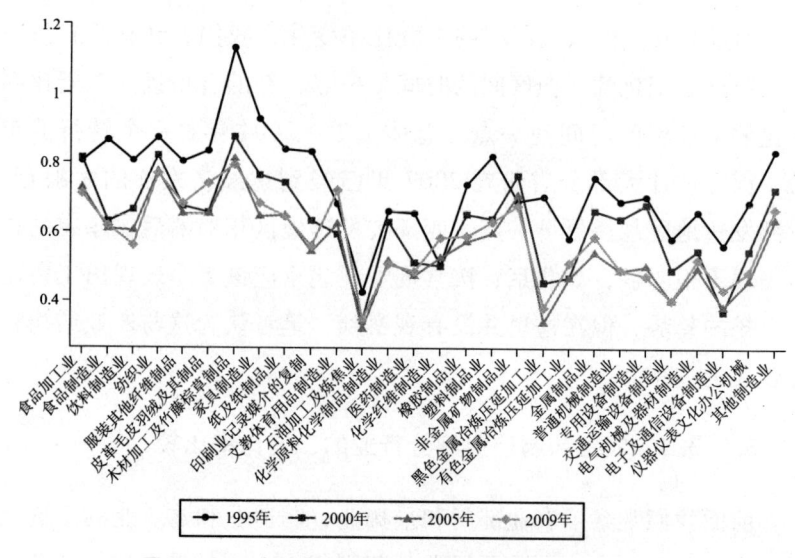

图 5-32 农业部门和制造业细分行业的工资比率

注：农业部门的工资用种植业的年平均实际工资。数据来源于历年的《中国劳动统计年鉴》和《中国统计年鉴》。

本节利用不同的数据源的数据，计算并观察了农业部门和非农业部门的工资的变化趋势。前面的观察表明，2004 年前后中国经济到达了短缺点。由于中国经济发展的不平衡性，跨越短缺点进入劳动力有限供给阶段的时间也表现为递进性特征。

5.7.4 验证假说 2：总结

在第 5.7 节利用多个数据源，从不同角度计算分析了农业部门和非农业部门（采掘业、制造业、建筑业）工资差别的变化趋势。考虑的几个非农业部门是农村剩余劳动力转移的主要部门，农业部门和这些非农业部门之间的工资差别可以作为非熟练劳动力与熟练劳动力之间的工资差别的替代指标。从这些分析的结果可以得到以下结论：

（1）工资差别在 1995 年以后逐年在扩大，但是到 2005 年左右工资差距趋于平稳,2008年部分省市的工资差别开始缩小。

(2)工资差别受经济周期和产业结构的影响,部分区域的表现没有提供对假说2有说服力的证据。

(3)通过对各地域的观察,我们注意到对经济发展阶段的判断要考虑到地域经济发展的不平衡性,全国整体来看到达短缺点的事实很明显,但是到达短缺点的时间也表现出递进性特征。

分析一下从1995~2004年这一时段的工资差别逐年扩大的原因是必要的。一个原因是劳动力市场政策的变化,使农村的剩余劳动力可以自由的迁移到非农业部门,形成了20世纪初的民工潮,这时劳动力市场表现为供给大于需求的特征,虽然这一时期非农业部门的工资上涨很缓慢,但是农业部门的工资水平上涨更慢,因此这一时期的工资差别逐年扩大。但是2003年以来的民工荒,通过劳动力市场的需求传递,拉动农业部门的工资大幅度上涨,这使工资差别趋于平稳并在2008年出现了工资差别缩小的趋势。

5.8 对假说3的检验

5.8.1 对假说3的进一步说明

假说3认为欠发达经济在从短缺点P向商业化点R移动的过程中,各地区农业部门的劳动边际生产率应该趋同。从理论上讲,随着经济的发展和市场化程度的提高,生产要素自由流动的加剧,资源配置的效率应该提高,作为劳动力市场效率表征的劳动的边际生产率在各地域之间也应该是收敛的。要检验假说3,按以下步骤进行:第一,根据每一个省的生产数据估算各自的生产函数,计算劳动的边际弹性;第二,根据劳动的边际弹性,计算各省的劳动边际生产率;第三,比较不同省份农业部门的劳动边际生产率变动趋势。

为了利用本章的计算结果,这里对农业部门的劳动边际生产率的考察仍然基于三种主要农作物(即小麦、粳稻、玉米)。对它们分别建立生产函数,计算各自的劳动边际产出,然后观察劳动边际产出的变动趋势。

5.8.2 差异程度的衡量方法

对于具有多个不同区域的经济,要观察农业部门的劳动边际回报是否收敛必须给出一个度量要素的边际回报率的差异指标。一般情况下,对于一组数据的差异可以有多种度量方式,但是一个好的相对指标需要具备如下条件[①]:第一,匿名性,即度量结果只和观察数据有关,而和观察对象的身份、地位无关。第二,齐次性,即与测度所用的量纲没有关系,当变换度量单位时,指标值不受影响。第三,总体独立,即样本量的大小不影响度量的结果。基于此,本书借鉴 Resa Corporation(2002)提供的方法,采用简单合理的形式。

假设 n 个区域的劳动的边际生产率已经计算出,分别记为 r_1, r_2, $\cdots$, r_n。按照以下步骤定义它们的差异:把 r_1, r_2, $\cdots$, r_n 按照从大到小的顺序排序,排序后的劳动边际生产率依次标记为 $\hat{r}_1$, $\hat{r}_2$, $\cdots$, $\hat{r}_n$。这样,离差指标定义为:

$$D = \frac{2}{n^2 \bar{r}} \sum_{i=1}^{n} i\hat{r}_i - \frac{n+1}{n} \tag{5.7}$$

其中,$\bar{r}$ 是 r_1, r_2, $\cdots$, r_n 的平均值。为了计算的方便,上式可以

---

① 万广华. 经济发展与收入不均等:方法和证据[M]. 上海:上海人民出版社,2006:16.

改写为：

$$D = \frac{2}{n^2 \bar{r}} \sum_{i=1}^{n} i(\hat{r}_i - \bar{r}) \tag{5.8}$$

D 反映了特定年份所有 n 个区域劳动的边际生产率偏离单一劳动边际生产率的整体情况，其数值的增减实际上表征了各个区域之间的劳动边际生产率水平是收敛还是发散。如果每个区域的劳动的边际生产率都相同，那么 D = 0。D 值越大，说明 n 个区域的劳动边际生产率水平约发散。

5.8.3 劳动边际生产率的计算

劳动边际生产率的估算仍然采用柯布－道格拉斯生产函数形式。按照下面的方法估计各省三种农作物的生产函数：

$$\ln Y_{it} = \ln A + \alpha \ln K_{it} + \beta \ln L_{it} + \lambda t + u_{it} \tag{5.9}$$

其中，Y_{it}，L_{it}，K_{it} 分别表示 i 省 t 年每亩地的产出，劳动投入和资本投入。t 是时间趋势变量，u_{it} 是误差项。这里假定规模报酬不变，即 $\alpha + \beta = 1$，技术进步率为 λ。在柯布－道格拉斯生产函数的假定下，第 t 年第 i 个省的劳动边际生产率为：

$$MPL_{it} = \frac{Y_{it}(1 - \alpha_i)}{L_{it}} \tag{5.10}$$

通过以上的公式就可以计算出各个省份的劳动边际生产率。

对假说 3 的验证仍然利用历年《全国农产品成本收益资料汇编》提供的关于小麦、粳稻、玉米的数据。由于对三种农作物的统计，有的省份缺失数据、有的省份数据时间序列很短，因此这些省份在本书研究中就不予考虑。

按照以上方法，分别按地区计算了小麦、粳稻、玉米的生产函数，计算结果汇总在表 5-7、表 5-8 和表 5-9 中。

表 5-7 中国各省份的生产函数的估算（小麦）

代码	省、直辖市	α_i	β_i	代码	省、直辖市	α_i	β_i
11	北京	0.6031***	0.3969**	42	湖北	—	—
12	天津	0.0829	0.9171***	51	四川	0.9844***	0.0156
13	河北	0.5451**	0.4549*	52	贵州	0.4737*	0.5263*
14	山西	0.6979*	0.3021	53	云南	0.7513	0.2487
15	内蒙古	0.7542***	0.2458*	61	陕西	0.5309**	0.4691**
23	黑龙江	0.9658***	0.0342	62	甘肃	0.3306	0.6694**
32	江苏	0.6410**	0.3590	63	青海	0.3053	0.6947
34	安徽	0.8478***	0.1522	64	宁夏	0.2754	0.7246
37	山东	0.2353	0.7647***	65	新疆	0.7340***	0.2660***
41	河南	0.6046	0.3954				

注：* 代表判定系数在 90% 的置信水平上是显著的，** 代表判定系数在 95% 的置信水平上是显著的，*** 代表判定系数在 99% 的置信水平上是显著的。

资料来源：估算所用数据来自历年的《全国农产品成本收益资料汇编》，价格指数数据来源于历年的《中国统计年鉴》。

表 5-8 中国各省份的生产函数的估算（粳稻）

代码	省、直辖市	α_i	β_i	代码	省、直辖市	α_i	β_i
12	天津	0.7296***	0.2704*	33	浙江	0.7996***	0.2004*
13	河北	0.9539***	0.0461	34	安徽	0.6013***	0.3987*
14	山西	0.9284**	0.0716	37	山东	0.7039**	0.2961
21	辽宁	0.8602***	0.1398	41	河南	0.8718***	0.1282
22	吉林	0.9570***	0.0430	42	湖北	—	—
23	黑龙江	0.8400***	0.1600	53	云南	0.2902**	0.7098***
31	上海	0.9876***	0.0124	64	宁夏	0.9477***	0.0524
32	江苏	0.6031***	0.3969**				

注：* 代表判定系数在 90% 的置信水平上是显著的，** 代表判定系数在 95% 的置信水平上是显著的，*** 代表判定系数在 99% 的置信水平上是显著的。

资料来源：估算所用数据来自历年的《全国农产品成本收益资料汇编》，价格指数数据来源于历年的《中国统计年鉴》。

表 5-9　　　中国各省份的生产函数的估算（玉米）

代码	省、直辖市	α_i	β_i	代码	省、直辖市	α_i	β_i
11	北京	0.4256**	0.5744***	41	河南	0.9387***	0.0613
12	天津	0.2504	0.7496*	42	湖北	0.0304	0.9696***
13	河北	0.7443***	0.2557***	45	广西	0.4470**	0.5530***
14	山西	0.8389**	0.1611	51	四川	0.9762***	0.0238
15	内蒙古	0.6608*	0.3392	52	贵州	0.2523	0.7477***
21	辽宁	0.8363	0.1636	53	云南	0.5717	0.4283
22	吉林	0.6730**	0.3270	61	陕西	0.9711***	0.0289
23	黑龙江	0.6722***	0.3278*	62	甘肃	0.6485**	0.3515
32	江苏	0.1711	0.8289	64	宁夏	0.0706	0.9294
34	安徽	0.5076	0.4924	65	新疆	0.6417**	0.4583**
37	山东	0.4018	0.5982				

注：＊代表判定系数在90%的置信水平上是显著的，＊＊代表判定系数在95%的置信水平上是显著的，＊＊＊代表判定系数在99%的置信水平上是显著的。
资料来源：估算所用数据来自历年的《全国农产品成本收益资料汇编》，价格指数数据来源于历年的《中国统计年鉴》。

5.8.4 农业部门的劳动边际生产率的差异变化趋势

通过前一小节的计算公式我们就可以计算出劳动的边际生产率。为了清晰地了解这些数据，我们选择了一些省份，在图5-33、图5-34、图5-35分别给出了小麦、粳稻、玉米三种农作物的劳动的边际生产率的变化趋势。通过比较发现，天津在1992年以后的小麦劳动边际生产率一直是最高的，且逐年在上升；北京在1992~2000年排在第二位，表现一直相对比较平稳，而山东从2003年开始攀升到了第二位，逐年在上升。从对粳稻的观察看，江苏的劳动边际生产率最高，天津和浙江交替处于第二位。玉米的劳动边际生产率曲线则显示，1995年之前的年份，北京的劳动边际生产率是最高的。而1997年以后天津的劳动边际生产率一直是最高的。从以上三幅图可以看出，对于大部分省份来说，农业部门的劳动边际生产率是上升的。

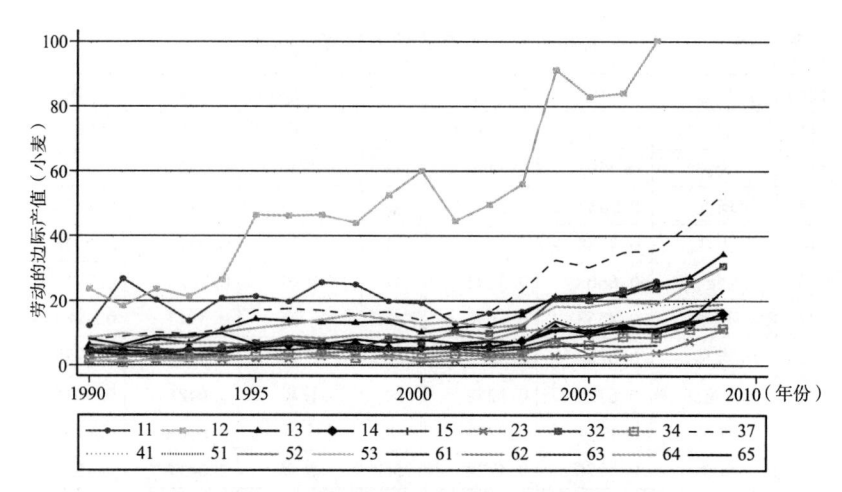

图 5-33 劳动的边际生产率的变化趋势（小麦）

注：图中数字代码是省份的代码，其具体内容和前述表格一致。

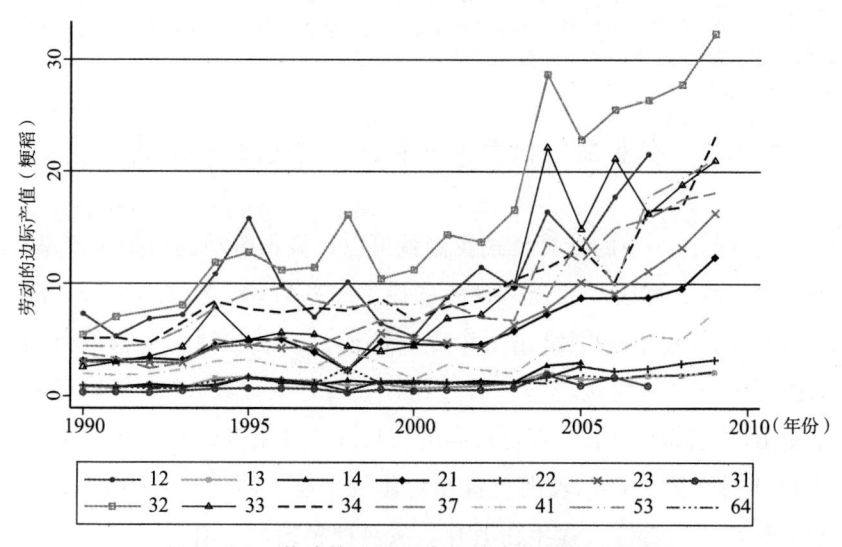

图 5-34 劳动的边际生产率的变化趋势（粳稻）

注：图中数字代码是省份的代码，其具体内容和前述表格一致。

通过式（5.8）计算的劳动边际生产率的离差在表 5-10 和图 5-36 中表示出来，我们发现玉米的离差最小，在 0.007~0.014 波动，相对是比较平稳的。粳稻的变动幅度要大一些，变动区间在

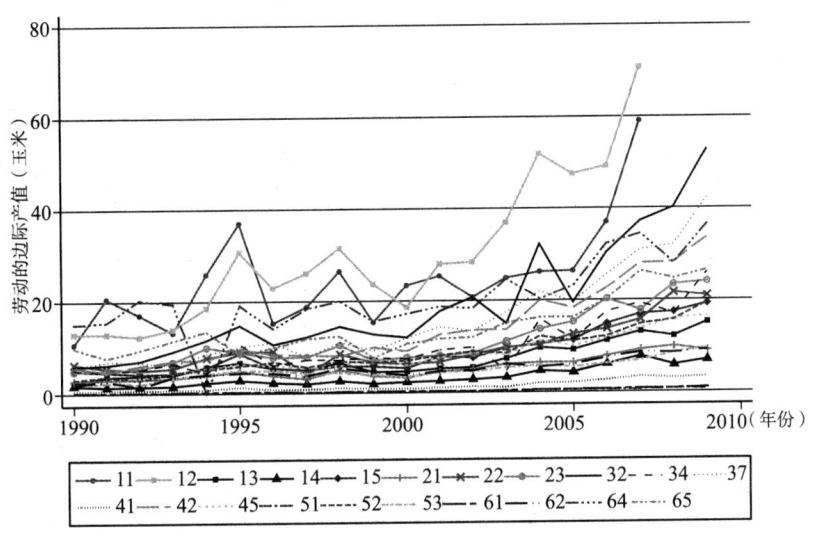

第5章 基于转折点理论的中国劳动力市场一体化研究

图 5-35 劳动的边际生产率的变化趋势（玉米）

注：图中数字代码是省份的代码，其具体内容和前述表格一致。

0.013～0.025。小麦的变动幅度最大，变动区间在 0.016～0.0321。但是从变化趋势来看，自1993年到2007年，小麦的劳动边际生产率的离差总体趋势是上升的，这是资本和劳动的流动性都得到了提升的结果。从1993年开始，劳动力市场的开放和户籍制度的进一步松动，劳动力的流动性得到了很大改善，劳动的边际生产率离差的扩大恰恰是劳动力资源配置有效性提高的表现。随着2008年民工荒的全面爆发，劳动的边际生产率离差开始收敛。

表 5-10 中国劳动边际生产率的差异水平（按三种主要农作物计算）

年份	小麦	粳稻	玉米	年份	小麦	粳稻	玉米
1990	0.01917459	0.01640468	0.00917598	1994	0.01695826	0.01424093	0.01463536
1991	0.02084903	0.0148321	0.01261226	1995	0.02796676	0.01988914	0.01266372
1992	0.01692788	0.01896443	0.01261442	1996	0.02306592	0.01371136	0.0095152
1993	0.01619842	0.01416771	0.01249517	1997	0.0225895	0.01668248	0.01119193

续表

年份	小麦	粳稻	玉米	年份	小麦	粳稻	玉米
1998	0.02184371	0.02467244	0.01096406	2004	0.02764406	0.02125251	0.01208889
1999	0.02644694	0.01332236	0.0099973	2005	0.02678777	0.01601806	0.01183123
2000	0.03206966	0.01709311	0.00929526	2006	0.02414942	0.01878811	0.00887304
2001	0.02380387	0.01817992	0.00890179	2007	0.02877923	0.01579264	0.01181287
2002	0.02613853	0.01647062	0.00882875	2008	0.0160277	0.02087903	0.00794799
2003	0.02513837	0.01832421	0.01082555	2009	0.01627626	0.02025608	0.00938771

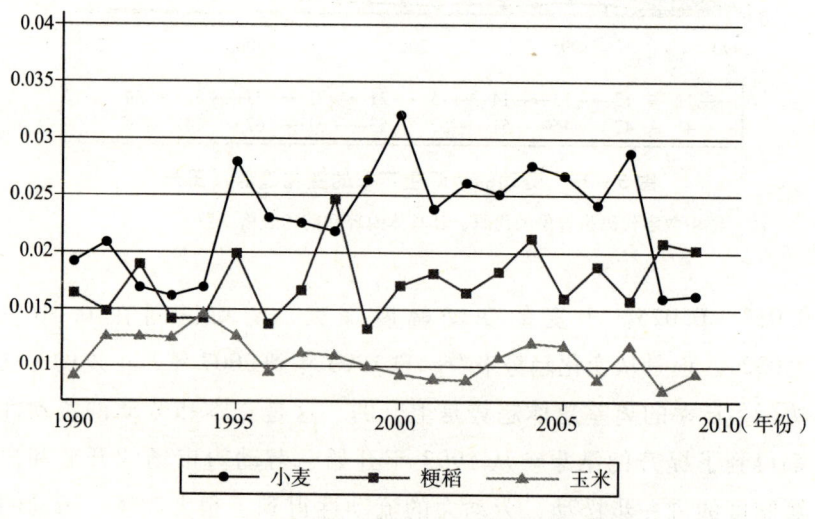

图 5-36 劳动的边际回报的差异变化趋势

5.8.5 小结

通过分省计算三种主要农作物的生产函数得到了劳动的边际生产率的差异程度的变化趋势。我们发现粳稻和玉米的劳动的边际生产率离差是比较稳定的；小麦的劳动的边际生产率离差从1993年开始到2007年总体趋势是上升的，2008年开始下降。从发达国家的经验和理论假说中，我们希望看到劳动的边际生产率离差是下降或者稳定的结论，但这里得到的结论与此并不完全一致，由于没有更长的时间序列。笔者认为这与劳动力流动政策的松紧有直接的关系，可以猜想，随着人口结构和劳动力市场供求弹性的转换，以及户籍制度的进一步改革，农业部门的劳动边际回报的差异趋势势必会下降或稳定。因此，随着经济发展进程的继续，可观察的时间序列的延长，肯定会对假说3提供更有力的证据。

5.9　结论性评论

本章根据刘易斯－费－拉尼斯模型的三阶段划分，提出了三个逻辑假说。通过估算中国各地区三种农作物的生产函数和农业部门的工资水平，对提出的三个逻辑假说进行了实证检验，得到了如下结论：

第一，中国的数据基本支持了假说1。总体上看，中国农业部门的工资和劳动边际生产率之间的相关关系确实有增强的趋势，但是在研究过程中也发现了地域经济发展的不平衡性特征。数据很好的显现出经济发展的递进性特征：东部发达地区率先进入第二阶段，中部地区紧随其后也已经进入第二阶段，西部的很多省份还没有进入第二阶段。

第二，1990~2009年这一时段农业部门和非农业部门的工资差别经历了由扩大到平稳再到有缩小趋势三个阶段。从细分的制造业和农业部门的工资比较来看，表现各异，这与农村剩余劳动力在制造业的就业结构有密切的关系。另外对分地区的农业部门的工资和非农业部门的工资关系的考察表明，部分区域的数据并没有对假说2提供有说服力的证据，工资差别受经济周期和产业结构的影响很大。可以看到1997年的亚洲经济危机和2007年的全球经济危机都会对部门工资的变动产生冲击，因为中国的出口导向型经济展战略受经济周期的影响更大，产品市场的需求状况可以通过劳动力市场的需求传递，拉动农业部门的工资的大幅度摆动。对产业结构的深入考察和就业结构的剖析肯定会对假说2提供更有力的支撑。

第三，粳稻和玉米的生产函数估算基本支持了假说3，但是小麦的劳动边际生产率离差从1993~2007年的总趋势是上升的，尽管中间有一些波动，2008年有一个大幅度的跳跃，并开始表现出下降的趋势。龚六堂和谢丹阳（2004）也发现了类似的现象，提出了三种解释，他们认为是户籍制度的改革，劳动力自由流动得到了改善，劳动报酬率的差异增加表明了资源配置效率的提高，他们不认为劳动力市场是扭曲的。笔者认为恰恰是户籍制度的限制才导致了劳动力市场的扭曲，劳动力资源配置的市场化程度在提高是不可否认的事实，但是中国劳动力市场是扭曲的也是客观存在的。我们应该看到改革前建立的户籍制度虽然已经在很大程度上有了松动，但在放宽人口永久性迁移的问题上，中国依然没有进行根本性的改革，这构成了实现劳动力市场一体化的阻碍。

中国的经济发展已经由劳动力无限供给阶段进入有限供给阶段，劳动力市场一体化程度有了很大的提高，市场成为配置劳动力资源主要手段。然而，中国劳动力市场仍然因制度性障碍和不完全竞争市场而有所扭曲。城市和农村的二元化格局正在消失，但这种情况由于农村剩余劳动力大部分在非正规部门就业，被条块分割的城市劳动力市场所取代，因此劳动力配置的效率大大的降低。随着人口老龄化和农村人口结构的变化，劳动力配置的经济增长效应肯定会发生大的变化，中国经济发展的出路又在哪里？

第 6 章

中国劳动力市场转折的时间窗口测算
——基于第六次人口普查数据的分析

6.1 引　言

自从 2004 年珠三角地区出现"民工荒"以来，这一现象在 2010 年甚至蔓延到了全国其他地区，甚至影响到了劳务输出的中西部省份。这一现象引起了学术界的极大兴趣，关于中国劳动力市场是否发生转折的争论已经成为一个热门话题。不少学者认为中国劳动力市场已经发生了转折，但也有学者认为在当前谈论中国劳动力市场转折为时尚早。耿元、林玳玳（2008）对中国的劳动力市场现状进行了深入研究，从宏观和微观两个层面分析了劳动力供给的状况以及城市化水平，认为"劳动力就业压力依然巨大"，劳动力市场供大于求的状况依旧。刘洪银（2009）通过对中国农业的研究，认为工资水平是中国已经劳动力市场发生转折的假象，从劳动的边际生产力角度看劳动力市场尚未真正发生转折。田岛俊雄（2008）从农业劳动生产力的状况来观察刘易斯转折点，计算了中国稻谷、小麦、大豆的成本变化和用工变化。他的结论是中国劳动力市场转折大概在 2013 年前后。Minami 等（2010）首先用失业率作为劳动力供求平衡指数调查了城市劳动力市场的变化，以及农村和城市的高生产率、高工资行业的工资差距；其次计算了农业生产函数、劳动的边际生产率和剩余劳动力。他们的估计结果表明中国的劳动力市场转折点还没有到来。姚洋和张珂（2010）通过运用1998~2007年的省级面板数据估计了剩余劳动力的供给和需求曲线，结果表明劳动力的需求在不断上升，同时，劳动力供给曲线也因为制度工资的上升而向右移动，供需的交点在不断右移，但没有到达供不应求的转折点，并据此得出了中国还存在着丰富的剩余劳动力的结论。汪进和钟笑寒（2010）利用世界银行跨国平行数据，估计了与刘易斯转折点出现相对应的经济发展水平，中国的人均GDP已经超越了这一水平，然而，与同等收入国家的平均水平相比，中国的农业劳动力比例偏高。因此他们认为中国的刘易斯转折点没有到来，中国的劳动力市场没有发生转折。毛学峰和刘婧（2011）使用微观资料估计农业部门影子工资和农业劳动力的边际产出，结合农民工工资的匡算，试图对"刘易斯拐点"是否到来进行实证研究。研究发现，尽管农业劳动边际产出有较大幅度提高，但是仍旧没有赶上农业部门的工资，样本区间内中国劳动力市场上的"商业化"拐点没有到来，从农民工资匡算来看，尽管名义工资有上涨，但是实际工资却经历先下降后上升的过程，仍旧没有恢复到之前的最高水平，实际工资水平不支持刘易斯拐点到来，中国劳动力市场转折仍需时日。

相反，也有很多研究得出了中国劳动力市场已经发生转折的结论。蔡昉（2008，2010）通过考察刘易斯转折点的诸多问题，如劳动力年龄、劳动力结构变化趋势，劳动力市场的供求形势，和劳动力连续短缺以及非熟练工人工资上涨的事实。他得出的结论是中国的刘易斯转折点已经到来，劳动力供给已经从无限供给的时代转变为有限供给的时代。王美艳（2010）利用中国历年农产品成本调查数据并结合一些宏观资料，分别对1980~2000年和2001~2008年两个阶段的粳稻和小麦的生产函数进行估计，发现与1980~2000年相比，粳稻和小麦的边际劳动生产率都在迅速提高，结论认为中国的劳动力市场已经发生转折。卿涛等（2011）收集了中国1990~2009年31个省份的面板数据，运用拓展的Minami准则对中国刘易斯转折点进行了实证研究，结果表明，中国经济已经越过了刘易斯第一转折点，但没有充分的理由表明中国进入了刘易斯第二转折点。岳龙华等（2013）从农业部门工资和劳动边际生产率的关系实证研究发现：中国经济整体上已经到达刘易斯第一转折点，但是研究还发现经济发展中存在不平衡性，东部发达地区已经接近刘易斯第二转折点（即商业化点），中西部大部分地区已经越过刘易斯第一转折点（即短缺点），西部少数欠发达地区还没有到达刘易斯第一转折点。

通过分析现存文献，我们认为得出不同研究成果的主要原因在于，在识别中国劳动力市场转折上，不同学者运用了不同的研究方法。但以上的研究有以下共性：第一，大都基于微观数据和劳动力是否短缺的衍生特征得出结论；第二，除了岳龙华等（2013）外，大多数文献把全国的劳动力市场作为一个统一的劳动力市场作为研究对象来考察，忽视了经济发展的不平衡性。本章从人口学的角度，利用2010年中国第六次人口普查的公开数据从全国和东中西部地区各省份的城市、乡镇、农村三个层面，根据劳动力市场劳动力人数的变化，测算劳动力市场供求转折的时间窗口。

6.2 时期分析的劳动力市场供求模型

时期分析法是对某时点或时期（如一月、一年或数月、数年）的人口变动进行分析研究的方法（曾毅等，2011）。对一个特定的劳动力市场而言，新加入劳动力市场的年龄段人群和退休的年龄段人群是对应的。假定新增劳动力在20岁开始就业,男女都是60岁退休的情况下,20~24岁年龄段的人群与60~64岁年龄段的人群是对应的,15~19岁年龄段的人群与55~59岁年龄段的人群是对应的,以此类推。如果按照中国的实际情况,女的在55岁退休,男的在60岁退休,这种对应关系会发生变化。但是无论进入和退出劳动力市场的条件怎么变化,新进入劳动力市场的年龄段人群与退出劳动力市场的年龄段人群总是对应的。表6-1描述了同一时期初次进入和退出劳动力市场年龄组的对应关系。

表6-1　同一时期初次进入和退出劳动力市场的年龄组对应关系

进退出劳动力市场的年份	初进劳动力市场	方案一:女55岁退休,男60岁		方案二:男女均60岁	方案三:女60岁退休,男65岁	
		女年龄段	男年龄段	退出年龄段	女年龄段	男年龄段
2006~2010年	20~24岁	55~59岁	60~64岁	60~64岁	60~64岁	65~69岁
2011~2015年	15~19岁	50~54岁	55~59岁	55~59岁	55~59岁	60~64岁
2016~2020年	10~14岁	45~49岁	50~54岁	50~54岁	50~54岁	55~59岁
2021~2025年	5~9岁	40~44岁	45~49岁	45~49岁	45~49岁	50~54岁
2026~2030年	0~4岁	35~39岁	40~44岁	40~44岁	40~44岁	45~49岁

注:假定新增劳动力20岁初次进入劳动力市场,以2010年第六次人口普查公布的年龄段推算进退出劳动力市场的年份。设想三种退出劳动力市场的情形:方案一,女55岁退休,男60岁退休;方案二,男女均60岁退休;方案三,女60岁退休,男65岁退休。

在市场经济条件下,判断劳动力市场状况,需要从供给和需求两个方面分析。每年新增劳动力可以理解为劳动年龄人口的净增加量,由于每年都会有初次进入劳动力市场的劳动力,也有退出劳动力市场的劳动力,因此,初次进入劳动力市场的劳动力数量减去同一时期即将退出劳动力市场的劳动力数量其差额就是预期进入劳动力市场的净增劳动力的数量。基于时期的劳动力市场供求模型就是通过比较某一时期初次进入劳动力市场的人数和同一时期退出劳动力市场的人数，从宏观层面观察劳动力市场供求状态的变化，以此来判断劳动力市场是否发生了转折（见图6-1）。中国的劳动力市场有着明显的"二元"特征：城市、城镇有相对明确的进入和退出劳动力市场的制度；乡村则没有退出劳动力市场的机制，是否退出劳动力市场基本上取决于自身的经济状况和身体条件。除此以外，中国东、中、西部地区经济发展的不平衡性，在劳动力市场上也会表现出转折时点的差异。

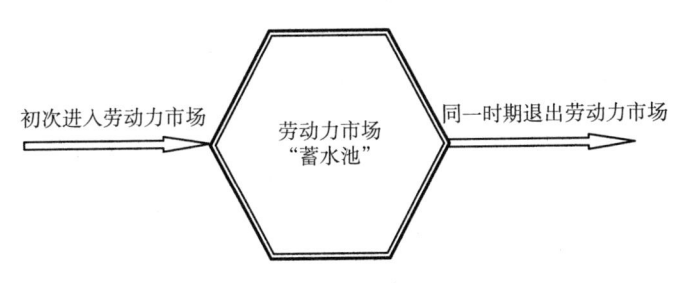

图6-1 时期分析的劳动力市场供求模型

6.3 中国劳动力市场转折实证结果

对中国劳动力市场转折的实证研究，首先考虑劳动力市场的二元性，即城镇劳动力市场和乡村劳动力市场。这里把初次进入劳动力市场的劳动力年龄设定为20岁，对于退出劳动力市场，农村和城镇有很大的差异。城镇劳动力退出考虑三种情形：第一种情形，男60岁，女55岁退出劳动力市场；第二种情形：男女均在60岁退出劳动力市场；第三种情形：男65岁，女60岁退出劳动力市场。上面三种情形，第一种情形是现行城镇职工的退休政策。第二种和第三种是未来可能推出的延迟退休方案。由于农村劳动力市场没有明确的退出政策，一般情况下，中国农村的劳动力在身体健康状况允许的情况下都会参与劳作，因此这里把农村劳动力退出的年龄设定为70岁。尽管中国的劳动力市场具有明显的二元特征，但在相当长时期内劳动力从农村流入城镇仍是中国劳动力转型的现实图景，这里我们把农村新增劳动力转入城市的比例设置为3/4，其实大多数农村地区该比例接近90%。

6.3.1 城市劳动力市场

（1）方案①：女55岁，男60岁退出劳动力市场。"女55岁退休，男60岁退休"是中国当前实施的退休政策。在假定新增劳动力20岁首次参加就业，不考虑农村劳动力进入城市劳动力市场的情况下，我们推断出城市劳动力市场发生转折的情况见表6-2。从表中可以看到：东部地区的北京、天津、上海和东北地区的黑龙江、吉林、辽宁等六个省份（直辖市）的城市劳动力市场在2011~2015年发生转折。除了贵州的城市劳动力市场在2021~2025年发生转折外，其余省份（直辖市、自治区）的城市劳动力市场在2016~2020年发生转折。全国整个城市劳动力市场在2016~2020年发生转折。因此，根据目前的退休方案，全国和大多数省份劳动力市场的转折已迫在眉睫，劳动力短缺的局面更加严峻。

表6-2 基于三种退休方案测算的城市劳动力市场转折时间窗口对比

区域	省份	方案①：女55岁，男60岁退休；方案②：男、女均60岁退休；方案③：男65岁退休，女60岁退休					
		2006~2010年	2011~2015年	2016~2020年	2021~2025年	2026~2030年
	全国			①②③		

续表

区域	省份	方案①：女55岁，男60岁退休；方案②：男、女均60岁退休；方案③：男65岁退休，女60岁退休				
		2006~2010年	2011~2015年	2016~2020年	2021~2025年	2026~2030年
东部地区	北京		①②	③		
	天津		①②③			
	河北			①②③		
	上海		①②③			
	江苏			①②③		
	浙江			①②③		
	福建			①②③		
	山东			①②③		
	广东			①	②③	
	海南			①	②③	
中部地区	山西			①②	③	
	安徽			①②③		
	江西			①②	③	
	河南			①②	③	
	湖北			①②③		
	湖南			①②③		
西部地区	内蒙古			①②③		
	广西			①②③		
	重庆			①②③		
	四川			①②③		
	贵州				①②③	
	云南			①②③		
	西藏			①②	③	
	陕西			①②③		
	甘肃			①②③		
	青海			①②	③	
	宁夏			①	②③	
	新疆			①	②③	
东北地区	辽宁		①②③			
	吉林		①②	③		
	黑龙江		①②	③		

注：表中劳动力市场转折窗口均由中国第六次人口普查数据推出。①②③分别表示按照三种退休方案测算的劳动力市场转折时间窗口。

（2）方案②：男女均60岁退出劳动力市场。随着"用工荒"在全国的蔓延，学者和政策部门提出了延迟退休来缓解该问题。假定把女性的退休年龄从55岁变更为60岁，男性的退休年龄仍然设置为60岁。从生理学的角度看，把女性劳动力的退休年龄向后推迟，可以有效增加5年期的劳动力供给。我们发现，除了东部地区的广东、海南，以及西部的宁夏、新疆4个省份的城市劳动力市场转折时间发生了推迟外，其他省份城市的劳动力市场转折时间并没有发生变化。由此可见，延长女性的退休年龄，并不能从根本上解决问题。

（3）方案③：男65岁，女60岁退出劳动力市场。如果在当前的退休年龄下，男女都延长5年退休，能否改变城市劳动力市场的状况呢？从表6-2可以看出，天津、上海和辽宁的城市劳动力市场转折的时点并没有发生改变；中部的江西、河南，以及西部的西藏、青海、宁夏、新疆，以及东北地区的吉林、黑龙江等11个省份的城市劳动力市场转折时点由2016~2020年推迟到2021~2025年。全国城市劳动力市场整体形势并没有发生改变，转折时点仍在2016~2020年。

从表6-2的对比可以看出，不管采用哪一种退休方案，全国范围的城市劳动力市场转折时间窗口均在2016~2020年；东部地区的北京、天津、上海和东北地区3个省份的城市劳动力市场的时间转折窗口要比全国提前五年左右到来；东、中、西部的大多数省份和全国城市的劳动力市场转折时间窗口是一致的——在2016~2020年期间；东部地区的广东、海南，西部地区的宁夏、新疆，采用第二种和第三种退休方案比采用第一种退休方案劳动力市场转折时间窗口会延长5年左右；东部地区的北京、中部地区的山西、江西、河南，西部地区的西藏、青海，以及东北地区的吉林、黑龙江等8个省份采用第三种退休方案比采用前两种退休方案的劳动力转折的时间窗口要延长5年左右。

6.3.2 镇劳动力市场

从统计的范围看,中国的镇依据行政的划分,包括行政区划的县及镇两个层级。这一层级的发展极不平衡。镇劳动力市场我们也考虑三种情形,根据三种退休方案测算的镇劳动力市场转折的时间窗口见表6-3。

表6-3 基于三种退休方案测算的镇劳动力市场转折时间窗口对比

区域	省份	方案①:女55岁,男60岁退休;方案②:男、女均60岁退休;方案③:男65岁退休,女60岁退休				
		2006~2010年	2011~2015年	2016~2020年	2021~2025年	2026~2030年
全国				①	②③	
东部地区	北京		①②	③		
	天津			①②③		
	河北			①②③		
	上海				①②③	
	江苏			①②③		
	浙江		①②	③		
	福建		①②	③		
	山东		①②	③		
	广东		①②	③		
	海南			①②③		
中部地区	山西			①②③		
	安徽			①	②③	
	江西			①②③		
	河南				①	②③
	湖北			①②③		
	湖南				①②	③
西部地区	内蒙古			①②③		
	广西			①②③		
	重庆				①②③	
	四川				①②	③

续表

区域	省份	方案①：女55岁，男60岁退休；方案②：男、女均60岁退休；方案③：男65岁退休，女60岁退休					
		2006~2010年	2011~2015年	2016~2020年	2021~2025年	2026~2030年
西部地区	贵州			①	②③	
	云南				①②③	
	西藏			①	②③	
	陕西				①	②③
	甘肃				①②	③
	青海				①②	③
	宁夏			①②	③	
	新疆				①②③	
东北地区	辽宁				①②	③
	吉林				①	②③
	黑龙江				①②③	

注：表中劳动力市场转折窗口均由中国第六次人口普查数据推出。①②③分别表示按照三种退休方案测算的劳动力市场转折时间窗口。

（1）方案①：女55岁，男60岁退出劳动力市场。该情形是我国现行的退休政策。全国来看，镇劳动力市场转折的窗口在2016~2020年；东部地区的北京、浙江、福建、山东、广东这5个省份的镇劳动力市场转折窗口要比全国的时间长口提前5年，天津、河北、江苏、海南这4个省份的时间窗口和全国的一致，上海的时间窗口要比全国的延迟5年左右；中部地区的河南和湖南的时间窗口比全国延迟5年，其他省份与全国的时间窗口是一致的；西部地区的内蒙古、广西、贵州、西藏、宁夏这5个省份和全国的时间窗口相同，其他省份的时间窗口比全国延长5年，在2021~2025年期间；转折时间窗口最晚的东北地区3个省份均出现在2021~2025年。

（2）方案②：男女均60岁退出劳动力市场。和方案①对比来看，全国的镇劳动力市场转折时间窗口出现在2021~2025年期间，会延迟5年到来。从省级层面来看，除了中部地区的安徽、河南，西部地区的贵州、西藏、陕西，东北地区的吉林这6个省份的时间窗口在方案①的基础上延长了5年左右，其余省份的劳动力转折窗口并没有发生变化。

（3）方案③：男65岁，女60岁退出劳动力市场。从全国范围来看，方案③和方案②的劳动力市场转折时间窗口均在2021~2055年；东部地区除了上海，其他省份的时间窗口均在2016~2020年；中部地区仅有安徽与全国的转时间窗口相同，河南和湖南两省比全国延迟5年，其他三个省份均比全国提前了5年到来；西部地区的内蒙古、广西2个省的时间窗口在2016~2020年，四川、陕西、甘肃、青海等4个省份的时间窗口要比全国晚5年左右，在2026~2030年期间到来；东北地区除黑龙江与全国的时间窗口一致外，其余吉林、辽宁2个省的时间窗口延迟5年左右。

三种退休方案对比来看，全国镇劳动力市场转折的时间窗口在采用方案②和方案③情况下均在2021~2025年，比采用方案①延迟了5年；东部地区的天津、河北、上海、江苏、海南，中部地区的山西、江西、湖北，西部地区的内蒙古、广西、重庆、云南、新疆，东北地区的黑龙江这14个省份采用三种方案时间窗口没有发生变化；东部地区的北京、浙江、福建、山东、广东，中部地区的湖南，西部地区的四川、甘肃、青海、宁夏等10个省份采用方案①和方案②的时间窗口是相同的，采用方案③会比前两种方案延长5年；中部地区的安徽、河南，西部地区的贵州、西藏、陕西，以及东北地区的吉林，这6个省份采用方案①比采用方案②和方案③的时间窗口要提前5年，采用方案②和方案③的时间窗口相同。

6.3.3 农村劳动力市场

乡村劳动力以农村就业和农民工的形式存在，构成了支撑我国经济增长的劳动力的主要源泉。由于我国对乡村的社会保障仍很薄弱，乡村也没有既定的劳动力退出机制。一般情况下，只要身体力行,乡村的劳动力在 70 岁参与农业劳作的仍很普遍。为了简化分析,这里仍然假设新增劳动力 20 岁首次参加就业,70 岁退出劳动力市场。根据这一假设测算的乡村劳动力市场转折的时间窗口见表 6-4。从测算的结果可以看出,全国的乡村劳动力市场转折的时间窗口为 2021~2025 年期间;东部地区的大多数省份的时间窗口为 2016~2020 年期间,福建的时间窗口与全国一致,广东和海南两省的时间窗口在 2030 年之后;中部地区的山西、安徽两省时间窗口是 2021~2025 年期间,湖北省的时间窗口要比全国提前 5 年左右,江西、河南、湖南 3 个省的时间窗口则在 2030 年以后到来;西部地区的内蒙古、重庆、四川、陕西等 4 个省的时间窗口与全国的时间窗口是一致的,其余 8 个省份的时间窗口都在 2030 年之后;东北地区的 3 个省份时间窗口均在 2016~2020 年期间,比全国的时间窗口提前 5 年到来。乡村劳动力这一级别的劳动力基本以外出就业为主,他们的流出随经济周期的波动而变化,一定程度上可以延缓城、镇两级劳动力市场供求转折的时间,但由于劳动力流入净值是一个既定的量,因此不会从根本上改变以上的测算结论。

表 6-4 乡村劳动力市场转折的时间窗口测算

区域	省份	假设:男女均 70 岁退出劳动力市场				
		2006~2010 年	2011~2015 年	2016~2020 年	2021~2025 年	2026~2030 年
全国					⊙	
东部地区	北京			⊙		
	天津			⊙		
	河北			⊙		
	上海			⊙		
	江苏			⊙		
	浙江			⊙		
	福建				⊙	

续表

区域	省份	假设：男女均70岁退出劳动力市场				
		2006~2010年	2011~2015年	2016~2020年	2021~2025年	2026~2030年
东部地区	山东			⊙		
	广东					
	海南					
中部地区	山西				⊙	
	安徽				⊙	
	江西					
	河南					
	湖北			⊙		
	湖南					
西部地区	内蒙古				⊙	
	广西					
	重庆				⊙	
	四川				⊙	
	贵州					
	云南					
	西藏					
	陕西				⊙	
	甘肃					
	青海					
	宁夏					
	新疆					
东北地区	辽宁			⊙		
	吉林			⊙		
	黑龙江			⊙		

注：表中劳动力市场转折窗口均由中国第六次人口普查数据测算得出。⊙表示按照男女均70岁退出劳动力市场的假定测算的劳动力市场转折的时间窗口。空白行表示劳动力转折的时间窗口在2030年以后。

6.4 结论性评论

测算我国劳动力市场转折的时间窗口的难点在于城乡就业形式

和退出劳动力市场的制度存在大的差异。城镇就业以非农就业为主，主要从事的是第二、第三产业，而乡村以农业和外出务工为主；城镇有法定的劳动力退出制度，而乡村劳动力是否退出劳动力市场则取决于身体健康状况。另外，随着城市化的加速，从乡村流入城镇的劳动力人数也会增加。不管城市、镇、乡村三级劳动力市场内部劳动力如何流动，由于在一定时段内劳动力市场上的劳动力流量是既定的，因此不会改变前文测算的基本结论：

第一，从全国来看，不管城市、镇、乡村的劳动力市场转折的时间窗口测算采用设定的任一种方案，均会在2025年之前到来。

第二，从地区和省的层面来看，东、中、西部地区的城市、镇、乡村劳动力市场转折时间窗口呈现多种形态，但2025年会成为转折的节点。东部地区城市劳动力市场转折的时间窗口与全国的一致性较高，均出现在2016～2020年，北京、天津和上海三个直辖市的时间窗口要比全国提前5年左右；东部地区的镇劳动力市场转折的时间窗口整体来看比全国要提前5年左右，除了上海以外，其余省份均会在2020年之前到来；东部地区的乡村劳动力市场转折的时间窗口和镇劳动力市场转折的时间窗口高度相似，只有福建省滞后一些。中部地区城市劳动力市场转折的时间窗口与全国的基本一致，在2016～2020年期间，方案③会使山西、江西、河南三省的时间窗口延长5年左右；中部地区的镇劳动力市场转折时间窗口体现出多样性，只有安徽和全国的时间窗口完全一致，河南、湖南两省要迟滞一些，山西、江西、湖北则有所提前，最乐观的转折时点应不迟于2030年；中部地区乡村的劳动力市场转折时间窗口山西、安徽两省与全国的一致，江西、河南、湖南三省的时间窗口应该在2030年之后出现。西部地区的城市劳动市场转折的时间窗口与全国的高度一致，出现在2016～2020年期间，贵州、宁夏、新疆三省滞后5年出现转折；西部地区的镇劳动力市场转折的时间窗口集中在2021～2025年期间，内蒙古、广西会提前5年左右；

西部地区的乡村劳动力市场转折的时段集中在2030年之后,内蒙古、四川、重庆和陕西的时间窗口会出现在2021～2025年。东北地区的城市、乡村劳动力市场转折的时间窗口比全国早5年,而其镇劳动力市场则比全国之后5年。总体上来看,2025年会成为劳动力市场转折的节点。

尽管中共十八届五中全会允许普遍的"二孩政策",但该政策不会对本章的结论产生大的扰动,劳动力市场出现转折是无法扭转的事实。在关注劳动力数量变化的同时,更应该关注劳动力素质的提高,这关系到中国经济产业结构转型能否成功,中国经济增长能否持续。

第 7 章

劳动力再配置效应对经济增长贡献的 MRA 分析

7.1 劳动力再配置效应对经济增长的作用

多数研究发现，中国劳动力从农业部门向非农业部门转移所引起的劳动力再配置效应是过去三十多年中国经济高速持续增长的关键因素之一，但在文献中出现的劳动力转移，也多作为中国经济增长源泉的"副产品"。从经济增长的角度看，总产出的增长不仅依赖于投入的增长，还依赖于要素的配置和使用效率。欠发达经济体经济发展的过程是工业化的过程，也是结构变化的过程，按照配第一克拉克定律，随着经济的发展，劳动力在三次产业中的分布存在着依次此消彼长的演进规律，即劳动力将首先从第一产业流向第二产业，然后从第二产业流向第三产业。劳动力的跨产业流动源于劳动边际生产率的差异，由于各个经济体资源禀赋、人口条件、制度条件、发展战略和开放程度不同，导致劳动力的再配置效率也不同。当报酬递增活动中吸收劳动力的余地耗尽时，GDP 的增长就会减慢。罗伯特·巴罗和萨拉-伊-马丁（2010）认为劳动力流动类似于资本流动，两者的差别在于，资本倾向于从收益率低的地方转移到收益率高的地方，而劳动力倾向于从工资率低的地方或其他因素不理想的地方流向工资率高或其他有利因素的地方，因此他们把劳动力迁移作为独立因素引入经济增长模型，比较详细地讨论了与人口迁移有关的成本或收益上的变化如何影响迁移与增长的动态路径。劳动力的再配置效应已得到发达国家增长事实的验证：Denison (1974) 认为美国在 1948~1969 年国民收入年增长 3.85%，而来自农村部门的劳动力再配置效应的贡献为 0.23%。世界银行 (1997) 对 1960~1993 年日本和韩国经济增长的核算表明这些国家农业部门的劳动力在该部门以外的重新配置对经济增长的贡献达到 0.3%。钱纳里 (1986) 对资源转移的经济增长效应做了很严谨的分析，测算了不同人均收入水平的国家劳动力产业转移的再配置效应，结果表明，人均收入在 560~2100 美元的国家劳动力再配置效应对全要素生产率增长的贡献最大，达到 20%，尤其在工业化阶段。不仅如此，他还比较了处于不同发展阶段的国家劳动力产业的再配置对全要素生产率增长贡献的差异。因此，从国际经验来看，经济体在工业化过程中，劳动力再配置不仅是经济增长的重要因素，而且它的配置效率的变化也反映了经济增长的后劲和可持续性。

7.2 劳动力再配置效应：文献的描述性分析

自 H. 钱纳里和 M. 塞尔昆因等 (1986) 学者强调生产要素再配置对经济增长的贡献以来。伴随着中国经济的高速增长，国内外许多学者也针对中国的劳动力再配置做了不少工作，积累了很多文献，我们在这里对中国劳动力再配置效应的相关文献进行评述[1]。

---

[1] 需要说明的是，有关劳动力再配置效应的研究并非在一个研究领域中。有的文献只是说明劳动力再配置效应很大，但是并没有报告具体的计算结果。为了进行 MRA（Meta Regression Analysis）处理的需要，这里对报告具体测算结果的文献进行了删减处理。

由表7-1归纳了中国劳动力再配置效应的相关估计结果。

表7-1 中国劳动力再配置效应文献汇总

序号	文献来源	估计结果(%)	方法	数据特征	数据年份	是否计算固定资本存量	是否计算投入要素的产出弹性
1	郭克莎(1992)	1.56	M.赛尔奎因方法(1986)	时间序列	1979~1990	否	否
2	世界银行(1996)	1.1	世界银行(1996)	时间序列	1985~1994	是	是
3	胡永泰(1998)	0.6	世界银行(1996)	时间序列	1978~1993	是	否
4	蔡昉等(1999)	1.62	世界银行(1996)	面板数据	1982~1997	是	是
5	潘文卿(1999)	1.6	M.赛尔奎因方法(1986)	时间序列	1979~1997	否	否
6	范剑勇等(2001)	0.76	世界银行(1996)	时间序列	1978~1999	是	否
7	潘文卿(2001)	1.69	M.赛尔奎因方法(1986)	时间序列	1979~1999	否	否
8	徐现祥等(2001)	11.4	M.赛尔奎因方法(1986)	时间序列	1979~1998	否	否
9	丁霄泉(2001)	1.11	世界银行(1996)	时间序列	1979~1998	是	否
10	胡兵等(2005)	1.13	世界银行(1996)	时间序列	1980~2003	是	是
11	李勋来等(2005)	1.9	M.赛尔奎因方法(1986)	时间序列	1978~2003	否	否
12	刘赣州(2007)	0.85	M.赛尔奎因方法(1986)	时间序列	1952~2003	否	否
13	陈通等(2008)	5.1	世界银行(1996)	时间序列	1979~2006	是	是

续表

序号	文献来源	估计结果（%）	方法	数据特征	数据年份	是否计算固定资本存量	是否计算投入要素的产出弹性
14	李芝倩（2008）	0.21	世界银行（1996）	时间序列	1979~2005	是	否
15	姚战琪（2009）	0.32	M.赛尔奎因方法（1986）	时间序列	1986~2007	否	否
16	温杰等（2009）	0.193	M.赛尔奎因方法（1986）	面板数据	1978~2007	是	是
17	张爱婷（2009）	0.12	世界银行（1996）	时间序列	1983~2004	是	是
18	赵慧卿等（2010）	0.785	世界银行（1996）	面板数据	1978~2007	是	是
19	张广婷等（2010）	1.99	M.赛尔奎因方法（1986）	面板数据	1997~2008	否	否
20	张平等（2011）	1.165	世界银行（1996）	时间序列	1990~2008	是	是
21	李文兵（2011）	6.73	M.赛尔奎因方法（1986）	时间序列	1979~2005	是	否
22	冯国强等（2011）	0.55	M.赛尔奎因方法（1986）	时间序列	1979~2008	是	否
23	岳龙华（2011）	2.32	世界银行（1996）	时间序列	1990~2008	是	是

注：胡永泰（1998）按照是否迁移和不同的价格指数，分了四种情况，给出了一个区间0.5~0.7，这里取中间值0.6；范剑勇等（2001）由于对劳动力产出弹性界定了两个值，因此估算1978~1999年的劳动力再配置效应为0.61~0.91，这里取中间值0.76；陈通等（2009）没有直接给出1979~2006年的平均的劳动力再配置效应的值，这里根据文章变量的逻辑关系，推算该平均值为5.1；李芝倩（2008）给出了1979~2005年每一年的劳动力再配置效应，这里直接计算其平均值为0.21；温杰等（2009）没有直接给出1978~2007的平均劳动力再配置效应的值，笔者根据劳动力再配置效应对经济增长率的贡献以及平均的增长速度，推算出平均的劳动力再配置效应为0.193；赵慧卿等（2010）依据生产要素产出弹性的特点和是否考虑流动人口，分了几种情形，这里考虑到和其他文献的可比性，取值为0.785；张平等（2011）给出了1990~2008年的每一年劳动力再配置效应的值，这里计算该年度期间的均值为1.165；李文兵（2011）对劳动力的再配置效应做了更细致的分解，依据各部分的关系，推知1979~2005年的平均劳动力再配置效应为6.73。

为了反映中国劳动力再配置实证研究的文献特点,我们依据测算方法和文献发表的时间顺序进行评述。目前这一研究领域主要采用两种方法:

第一种方法是 M. 塞尔昆因(1986)方法。这种方法是根据总增长和部门增长之间的关系,对经济增长率进行分解,以求出劳动力的再配置效应。这种方法不涉及固定资本存量的核算和投入要素产出弹性的计算,因此从涉及经济变量的数量角度看,要少一些,而且该方法不涉及计量模型的估算,完全是结构分析方法的运用。

另一种方法是世界银行(1996)方法。该方法可以把更多的经济变量纳入生产函数,然后估算投入要素的产出弹性,根据投入要素的产出弹性和不同产业间的劳动边际产出生产率的差异计算劳动力的再配置效应。这种方法由于可以加入更多的经济变量,不仅可以研究劳动力再配置效应的大小,而且可以研究劳动力再配置效应和生产要素投入对经济增长的贡献份额的大小,为政策研究提供更丰富的信息。但是该方法一般涉及物质资本存量和劳动力的产出弹性等关键变量的计算,因此难度相对大一些,而且由于对资本存量的估算没有统一的标准,因此测算结果差异也比较大。从我们收集整理的 23 篇文献看,有 11 篇采用了 M. 赛尔昆因(1986)方法,12 篇采用了世界银行(1996)方法。

(1)采用 M. 赛尔昆因(1986)方法的研究。郭克莎(1992)用 M. 赛尔昆因方法对中国 1979~1990 年的劳动力再配置效应进行了第一次测算,测算结果为该区间的平均效应为 0.20%,对总产出的平均贡献为 2.3%,并且指出中国生产要素再配置对生产率增长的作用较低,根本原因在于产业部门之间资金再配置处于失衡状态,并且与劳动再配置的关系不协调。潘文卿(1999)在文中并没有明确说明采用的是哪一种方法,但是根据我们的分析,推知他采用的方法和 M. 赛尔昆因的方法本质上是相同的,都属于结构分析法的范畴。他用历年的《中国统计年鉴》时间序列数据对 1979~

1997 年的劳动力转移对劳动生产率及经济增长的贡献进行了测算，该区间的平均劳动力再配置效应为 1.6%，对 GDP 的平均贡献为 15.9%，并且认为农业剩余劳动力转移对中国经济增长发挥了很大的推动作用，这种资源再配置效应对劳动生产率的提高具有良好的引致作用。潘文卿（2001）采用同样方法和数据对 1979~1999 年的劳动力再配置效应进行测算，结果为该年度期间的平均劳动力再配置效应为 1.69%，对 GDP 增长的平均贡献为 13.89%。徐现祥等（2001）对潘文卿（1999）方法推广到适用 N 个部门经济的情况，利用该方法测算了 1979~1998 年的三次产业和两部门间（农业部门和非农业部门）的劳动结构效应分别为 7.8% 和 11.4%，认为劳动结构效应是中国经济增长的重要源泉。李勋来等（2005）利用 M. 赛尔奎因方法对 1978~2003 年中国的东部、中部、西部，以及全国的劳动力转移效应进行了测算，分别为 2.19%，1.67%，1.52% 和 1.90%，对 GDP 增长的贡献分别为：19.30%，17.25%，15.51% 和 10.89%。刘赣州（2007）运用 M. 赛尔昆因方法对 1952~2003 年的平均劳动生产率的再配置效应测算为 0.85%，对 GDP 增长的平均贡献为 17.07%，认为中国经济增长中资源总配置效应较低下，劳动配置与资本配置关系不协调，优化资本配置，提高资本配置效率是中国经济结构优化和经济发展加速的关键。姚战琪（2009）对劳动力再配置效应的估算也是 M. 赛尔奎因方法，尽管他用跨产业部门的面板数据计算了经济总体和工业部门的全要素生产率，但是仅就劳动力再配置效应的测算使用的仍是时间序列数据，他计算的结果是 1986~2007 年的平均劳动再配置效应为 0.32%，认为劳动再配置效应差强人意，主要原因是要素在部门之间的配置是扭曲的。温杰等（2010）认为已有文献低估了产业结构对经济增长的贡献，他用 M. 赛尔奎因方法测算了 1978~2007 年中国产业结构变迁中的资源再配置效应，论文没有直接给出劳动力再配置效应的具体值，但是笔者根据他给出的相关结果推算出 1978~

2007 年期间的平均劳动再配置效应为 0.193%，因该文献要计算资源总配置效应，故用面板数据计算了资本存量和要素的产出弹性。张广婷等（2010）尽管借鉴了 M. 赛尔奎因方法，但是重点考察了劳动力配置的阶段性和区域差异性，实证结果是 1997～2008 年期间的平均劳动再配置效应是 1.99%，劳动力转移对中部地区的劳动生产率和 GDP 提高的影响明显高于东部地区，而西部地区在劳动力转移过程中受益最小。李文兵（2011）也运用 M. 赛尔奎因方法对劳动生产率进行了更为细致的分解，突出了结构转变对资本深化和全要素生产率增长的贡献，文中没有直接给出劳动力再配置效应的具体值，但是根据文献中各变量间的逻辑关系推算出 1979～2005 年期间的平均劳动力再配置效应为 6.73%。冯国强等（2011）很显然采用的也是 M. 赛尔奎因方法，但是该文献的模型中某些参数没有清晰地说明，我们只能根据他给出的三种假设情景取中间情况，1979～2008 年期间的平均劳动再配置效应为 0.55%。

（2）采用世界银行（1996）方法的研究。和 M. 赛尔奎因方法不同的是，该方法的应用首先就是对中国问题的研究。世界银行（1996）测算的结果是 1985～1994 年期间的平均劳动力再配置效应为 1.1%。胡永泰（1998）尽管采用了世界银行（1996）方法，但是他没有计算生产要素的产出弹性，而是假设了三个可能的取值，并且分劳动力流动和不流动两种情况，这里取他报告的中间值，推算 1978～2003 年期间的平均劳动力再配置效应为 0.6%。蔡昉等（1999）扩展了世界银行（1996）方法，引入了人力资本因素，他们测算了 1982～1997 年期间的平均劳动力再配置效应为 1.62%，对 GDP 增长率的平均贡献份额为 20.23%。范剑勇等（2001）采用了与胡永泰（1998）类似的处理方法，对劳动产出弹性进行假设，这里取其估计的中间值，即 1978～1999 年期间的平均劳动再配置效应为 0.76%。丁霄泉（2001）也采用了与胡永泰（1998）类似的处理方式，为了和前面文献考察标准的一致性，这里取 1979～1998 年期间的平均劳动力再配置效应为 1.11%。胡兵等（2005）利用估算的物质资本存量，运用柯布－道格拉斯生产函数法计算了劳动的产出弹性，最后得出 1980～2003 年期间的平均劳动再配置效应为 1.13%。陈通等（2008）尽管采取了希克斯中性的生产函数，但是计算方法和世界银行（1996）并无二致，首先测算固定资本存量，然后通过生产函数计算劳动的产出弹性，根据文中计算结果可以推算出 1979～2006 年期间的平均劳动力再配置效应为 5.1%。李芝倩（2008）尽管采用了世界银行（1996）方法，但是并没有计算劳动产出弹性的值，而是用已有文献中测算的数据取代，因此这里取给定值的平均值，推知 1979～2005 年期间的平均劳动再配置效应为 0.21%。张爱婷（2009），赵慧卿等（2010），张平等（2011）和岳龙华（2011）都采用了世界银行（1996）方法，但是由于在生产函数的设定，物质资本存量的计算，以及研究时间区间不同，因此最后的结果也有很大不同（见表 7－1）。

从以上的文献综述并结合表 7－1，我们可以大致归纳出劳动力再配置效应估算的几个特征：第一，几乎所有的估算数据都来源于历年的《中国统计年鉴》，而且大部分采用的是时间序列数据；第二，几乎所有的估算都是采用 M. 赛尔奎因（1986）方法或者世界银行（1996）方法，尽管某些文献对以上方法有改进，但是没有实质的改变；第三，是否计算投入要素的产出弹性和物质资本的存量对估算结果的影响较大；第四，估算年份区间的差异也是导致结果不同的主要因素之一。

然而，我们的上述判断显得主观和武断，可能并不一定准确。为了从已有的研究文献中分离出可靠的信息，我们在下面章节采用 Meta Regression Analysis（MRA）方法对相关文献进行统计分析。

7.3 劳动力再配置效应：文献的 MRA 方法分析

MRA（Meta Regression Analysis）是由 T. D. Stanley 和 Stephen B. Jarrell（1989）首先提出的经济学中实证文献的分析方法。文献综述是经济学知识积累的必要元素，可以告知理论家他们理论预测的合理性，引导启发实证研究者，帮助政策制定者评估政策选择的可能结果。但是传统的文献综述方法带有较强的主观性，所以研究者可能对结论有一些质疑。为了解决这个问题，将定量研究方法引入到综述分析过程中就成为理性的选择。在过去的二十多年里，经济学领域里已经有不少成功的 MRA 分析的案例，例如，李嘉图等价（T. D. Stanley，1998）的研究，最低工资效应研究（Card & Kruger，1995），以及性别工资差距研究（Stanley & Jarrell，1998），等等，这些 MRA 分析澄清了经济学中一些极具争议性的问题。MRA 分析方法在国内经济学界的应用还非常少，我们认为主要原因在于中国国内学术界的实证研究还缺乏规范性，收集研究样本还比较困难。随着国内研究的规范性提高，为 MRA 分析方法的运用提供了机会，我们愿意在这里做一下尝试。

前文述及，对中国劳动力再配置效应计算的影响因素有很多，包括估计方法的选择、数据区间的跨度等等都会对估计结果产生影响。表 7–1 在本质上是描述性的，仅凭表 7–1 对文献的概述还无法对中国劳动力再配置效应的测算有一个客观的评价。从前面的文献部分和表 7–1 可以看出，对中国劳动力再配置的计算利用的数据大都是官方公布的历年的《中国统计年鉴》数据，区别在于有的使用了省级的面板数据有的使用了国家层面的时间序列数据。在估算方法上要么基于 M. 赛尔奎因方法（1986），要么是基于世界银行（1996）方法，这两种方法最大的区别在于是否需要计算投入要素的产出弹性，以及是否需要计算物质资本的存量。另外一个最大的影响因素就是时间跨度的差异。基于以上分析，我们难以区分造成中国劳动力再配置效应差异究竟是什么原因引起的，是数据的原因还是研究方法的问题。因此我们使用 MRA 方法对中国劳动力再配置效应的有关文献进行回归分析，以分离出是否计算要素产出弹性、是否计算物质资本存量和年份跨度对中国劳动力再配置的影响。如果 MRA 分析结果显示，物质资本存量的计算和投入要素产出弹性的计算对劳动力再配置效应的计算结果影响很大，我们就需要在以后的计算中，改进物质资本存量的计算方法和投入要素产出弹性的计算准确性，而且还可以通过估算结果比较 M. 赛尔奎因方法（1986）和世界银行（1996）方法估计结果的系统差异性。

按照 Stanley（2001）列出的进行 MRA 分析的步骤，前面已经完成了文献的搜集整理工作。为了做 MRA 分析，这里选择劳动力再配置效应的估计值为因变量，而将估算年份跨度、数据特征量、是否计算投入要素的产出弹性，以及是否计算物质资本存量作为自变量放入方程进行回归分析。表 7-2 列出了劳动力再配置效应的 MRA 估计结果。从表中可以看到，采用世界银行（1996）方法来计算劳动力再配置效应比 M. 赛尔奎因方法要小一些，但是在统计学意义上不显著。是否计算投入要素的产出弹性和计算的时间跨度对结果的影响也不大，尤其是时间跨度，不论是经济学意义上还是统计学意义上都不显著。是否计算物质资本存量对结果的影响是比较大的，原因是对于物质资本存量的计算，涉及的中间变量没有统一的标准，大多是根据计算者的个人经验主观设定。例如折旧率的设定。除此之外，是否采用面板数据对结果的影响也比较显著。

表7-2 劳动力再配置效应的MRA估计结果

因变量：劳动力再配置效应		
	系数估计值	p值
是否计算投入要素的产出弹性（1=计算，0=不计算）	0.03916	0.486
是否计算物质资本存量（1=计算，0=不计算）	-0.4632	0.003
是否面板数据（1=面板数据；0=时间序列数据）	0.07134	0.063
计算的时间跨度	-0.000056	0.977
采用方法（1=世界银行（1996）；0=M.赛尔奎因方法）	-0.05591	0.319
常数项	0.04378	0.281
观测值	23	
R^2	0.9881	

通过以上的分析，我们可以看到 M. 赛尔奎因方法（1986）和世界银行（1996）在计算劳动力再配置效应上没有系统的差异。就像 M. 赛尔奎因（1986）所指出的 M. 赛尔奎因方法（1986）"忽视了劳动以外的其他要素，并且只是根据平均数而不是根据边际产品来计算就业变化的得失，因此这种测量是不完全的"。因此为了观察到所有投入要素在经济增长的促进作用，在本研究中，我们将采用世界银行（1996）方法来计算和观察欠发达经济体在到达短缺点之后的劳动力再配置效应的变化趋势。为了降低物质资本存量计算和数据特征对计算结果的影响，我们将采用面板数据和相对科学的方法来计算物质资本存量。在后面的章节中，我们详细说明对以上缺陷的改进。

第 8 章

劳动力再配置效应对经济增长的贡献研究

8.1 引 言

长期以来,中国都一直是农业大国,劳动力主要集中在农村地区和农业部门,再加上劳动生产率比较低下,因而导致农业部门一直存在严重的劳动力过剩问题。从 20 世纪 60 年代一直到 70 年代,为了更好地推行"重工业优先发展战略",中国计划部门基本上停止了人口从农村往城市的流动。20 世纪 80 年代以来,政府对旨在限制劳动力流动的若干制度进行了不同程度的改革。家庭联产承包责任制的全面推行,农产品市场的逐渐放开,生产要素市场的发育,以及乡镇企业的快速崛起,推动了劳动和资本在农业和非农产业间的流动。随着经济改革步伐的加快,20 世纪 90 年代以来,中国农村到城市的人口流动增加变得非常迅速,形成了所谓的"民工潮"。

图 8-1 的劳动力就业结构的变化可以从一个侧面反映出劳动力产业间转移的状况。劳动力的产业配置对经济增长产生了强大的促进作用,主要表现在农村剩余劳动力从边际生产率低下的农业部门转移到劳动边际生产率较高的非农业部门,一方面,促进了经济增长,另一方面,优化了劳动力资源的配置。从 2009 年的就业结

构看，农业部门的就业人口仍然占到38.1%，按照 D. 盖尔·约翰逊（2000）的说法"如果让农民分享到经济增长和快速的人均收入的好处，在未来的30年里农业劳动力的队伍就必须减少大约2/3。到2030年的劳动力应该只有10%从事农业生产"①，显然当前的劳动力转移仍然是不充分的，但与1990年以前的情况比较，中国的劳动力就业结构已经发生了根本性的变化。由于分割劳动力市场的户籍制度没有彻底的改革，再加上城市物价水平的高涨，阻滞了劳动力产业间的配置效率和速度。

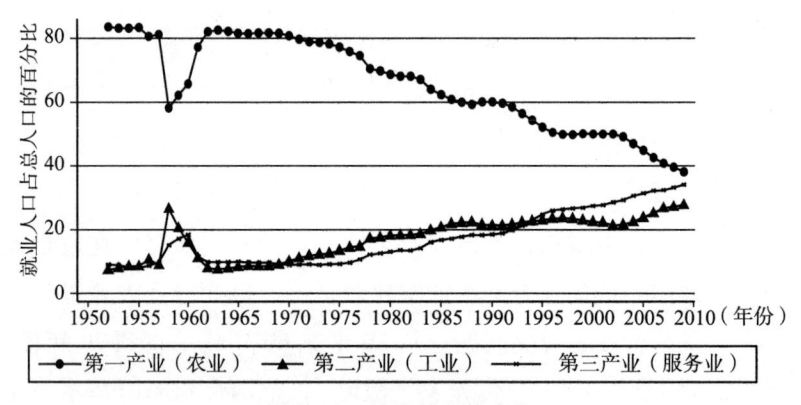

图 8-1 就业的结构变化

自 M. 赛尔奎因（1986）等学者研究生产要素再配置对经济增长的贡献以来，国内外一些学者从理论和实证两个方面来研究经济结构的变动与经济增长之间的关系。Dowrick 和 Gemmell（1991）研究了"富裕"国家和"中等收入"国家两个群组1960~1973年和1973~1988年两个时间段，结果表明部门间的劳动力再配置对 GDP 增长有很大的贡献。Poirson（2000）在一个二元经济模型架构下详细说明了发展中国家部门结构变化和二元化程度（即分配无效

---

① 盖尔·约翰逊著，D. 经济发展中的农业、农村、农民问题 [M]. 北京：商务印书馆，2004：Ⅷ.

率)的影响和决定因素，考察了发展中国家受益于部门间要素转移的程度，认为劳动力再配置效应在投资率高的国家特别重要，二元化程度越高，劳动力再配置效应也越大。

已有的关于劳动力的结构变动与经济增长关系的研究均显示劳动力产业转移有利于 GDP 增长，对处于劳动力市场转折中的中国来说，劳动力产业再配置在促进经济增长方面发挥多大的作用呢？在中国经济到达刘易斯转折点以后，劳动力产业再配置效应会发生怎样的变化？本章通过对 1990～2009 年三次产业劳动边际产品价值的分解，计算了每一年中国劳动力产业迁移对 GDP 增长的贡献，尤其从第一产业向第二产业和第三产业转移所产生的 GDP 增长效应的变化趋势。因此，在本章中，笔者要回答的问题是：1990 年以来，每一年中国劳动力转移的再配置效应对 GDP 增长的贡献到底有多大？呈现出什么样的变动趋势？

8.2 劳动力再配置效应的两种计算方法

关于劳动力再配置效应对经济增长的贡献，理论基础是配第-克拉克定律，较多的研究集中于研究劳动力的产业间再配置对经济增长的促进作用。国内学术界对劳动力再配置效应的研究大多基于经济增长理论和生产函数理论，很多学者利用不同的方法进行了分析和计算。但总体上采用的计算方法可以归为两类：

（1）世界银行（1996）方法。该方法先对各部门的生产函数进行估算，计算每个部门的劳动产出弹性，然后计算劳动的边际产出，根据各部门劳动边际产出的差值测算劳动力的产业配置对经济增长的贡献。如蔡昉和王德文（1999）就劳动力资源对中国经济增长贡献的估计。有的文献尽管采用的方法和该方法类同，但是计算劳动力再配置效用采用了全要素生产率（TFP）分解法。如胡永泰（1998）采用此方法对中国 1978~1993 年的 TFP 和农业部门劳动力再配置对经济增长作用进行测算估计。姚战琪（2009）对 1985~2007 年中国经济总体和工业部门的生产率增长和要素再配置进行研究。

（2）M. 赛尔奎因（1986）方法。该计算方法从总增长和部门增长之间的关系入手，推算出劳动力产业配置效应为总劳动生产率与各部门劳动和各部门劳动生产率加权和的差额。如潘文卿（1999）对中国剩余劳动力转移效益的测度。张广婷等（2010）利用该方法对中国劳动力转移的经济增长效应的测算。

以上两种方法，各有其优缺点。第一种方法是从劳动边际产出差的角度计算劳动力转移对经济增长的贡献。这种方法需要计算劳动的边际产出。由于对劳动力转移效应的计算涉及分部门的诸多变量，步骤烦琐，文献比较少，所以近年来采用得不多。通过 TFP 的分解来计算劳动力再配置效应尽管考虑了资本对经济增长的贡献，但是在做实证研究时面临两个难题：其一，资本存量的估算；其二，柯布—道格拉斯生产函数中指数的设定问题，不同的人设定差异较大，随意性太强。只能根据经验来估算劳动力迁移效应的近似区间。第二种方法，不明确考虑资本对经济增长的贡献，计算公式比较简单，且使用的数据来自统计年鉴。潘文卿（1999）的模型只考虑两个部门，后来徐现祥和舒元（2002）对该模型进行了拓展，由两部门拓展到多个部门。把经济增长分解为三项：劳动增长率、劳动生产率增长率和劳动结构变动率的加权平均数。在测算劳动结构的配置效应时，用劳动增长率减去劳动生产率增长率加权平均数来计算。这种方法完全是数学公式的推算，没有使用计量经济学的相关工具。该分析方法虽然具有推导简单、数据易得等优点，但该方法没有考虑资本积累在经济增长中的作用，因此对经济的分析缺乏全面性。综合比较以上两种方法，第一种方法的起点是生产函数，充分考虑了不同生产要素对产出的贡献，在理论上比第二种方法精致，另外，可以选取超越对数生产函数等，比较灵活，但由于数据的获取不易，在实证上难度较大。第二种方法本质上是结构分解法，涉及的变量较少，容易忽视重要的因素，计算过于粗糙。

由于采用的方法不同，估算结果也有很大的差异。例如，世界银行（1996）的计算结果是在1985~1989年劳动力再配置对GDP增长贡献为17.3%，而1990~1994年的贡献为6.9%，在1985~1994年的平均贡献为10.7%。潘文卿（1999）的结果和世界银行（1996）比较接近，他估计1979~1997年农业剩余劳动力转移对GDP增长的贡献为15.9%。胡永泰（1998）估计1978年以来劳动力转移效应占TFP增长的37%~54%。蔡昉和王德文（1999）的研究结果是，劳动力转移对GDP增长的贡献份额为20.2%。李勋来等（2005）的研究结果是，1978~2003年劳动力转移对GDP增长的贡献为17.9%。丁霄泉（2001）的研究结果是在1979~1998年劳动力再配置效应占TFP增长的32%~45%，而在1985~1992年劳动力的再配置效应占到TFP增长的38%~44%。陈言和韦倩（2007）只是运用1978~2005年的宏观经济数据构建了一个VAR模型，实证结论证实了劳动力流动对于我国的经济增长有至关重要的作用，但是农村劳动力的转移对GDP的增长效应究竟为多少，没有明确告知。姚战琪（2009）采用跨产业的面板数据，对1995~2007年的中国经济总体和工业部门的生产率增长和要素再配置进行了比较、分析和评估，估算出1985~2007年，经济总体劳动生产率年均增长率达到8.9%，工业部门为9.85%，然而经济总体的劳动再配置效应为0.3%，工业部门的劳动再配置效应为负值，达到-0.01%。张广婷等（2010）发现1997~2008年中国农业剩余劳动力转移对劳动生产率提高和GDP增长的贡献分别为16.33%和1.72%。总体来说，农村劳动力转移对经济增长的贡献显著。以上研究都没有分解出劳动力从第一产业向第二产业转移和第一产业向第三产业转移的所产生的结构效应，观察不到三次产业的劳动边际产品价值的差异性，更没有观察到这种变化的长期趋势和变动规律。

随着中国经济的发展，官方提供的数据越来越完善，因此给采用第一种方法提供了更好的机会。另外，第一种方法也便于对面板数据进行分析。基于以上的理由，本章对劳动力再配置效应的测算，采用世界银行（1996）方法。

8.3 数据来源和数据序列的构造

本章使用1990~2009年全国及各省、直辖市的面板数据进行实证研究，由于西藏数据严重缺失，以及重庆单列为直辖市是1996年，缺乏相关数据，故本章的实证研究舍弃这两个样本数据，选取29个省、直辖市统计数据。经济总体包括1990~2009年的三大产业部门：第一产业（"农林牧渔业"）、第二产业（工业）、第三产业（服务业）。

产出数据指标。三大产业的GDP取自历年的《中国统计年鉴》，实际值用GDP缩减指数得到，全部缩减为1990年的价格水平。

劳动数据指标。使用就业人员数作为三大产业劳动投入的代理变量，数据来自历年《中国统计年鉴》、历年《中国劳动统计年鉴》以及《建国60年统计资料汇编》。《建国60年统计资料汇编》提供了1990~2008年的全部就业人员数，2009年的就业人员数根据2010年《中国统计年鉴》补充。

资本数据指标。本章涉及的资本存量是指物质资本存量，其计算方法采用学术界普遍采用的固定资本永续盘存法。由于这一指标的测算涉及折旧率、固定资产投资指数等相关中间指标，因此在下面章节详细讨论该指标的计算。

8.4 中国各地区三大部门物质资本存量的估算：1990~2009 年

8.4.1 物质资本存量估算的文献回顾

利用世界银行（1996）提供的方法来测算劳动力再配置效应对中国 GDP 增长的贡献以及这种效应的变化趋势，涉及一个关键的变量即中国各地区三大产业部门物质资本存量的估算。对中国物质资本存量的估算一直以来都是研究的热点，张军扩（1991）、贺菊煌（1992）和 Chow（1993）较早研究了中国的物质资本投资与经济增长问题。张军扩（1991）和贺菊煌（1992）是国内学者中研究这一问题的代表人物，他们对物质资本存量的估算是基于物质产品平衡表体系（MPS）中积累的数据。因为中国在 1993 年正式放弃 MPS，对积累的数据不再公布，因此采用他们的方法进行时间上的拓展是比较困难的。Chow（1993）对中国 1952~1985 年五大部门（即农业、工业、建筑业、运输业、商业）的物质资本存量进行了估算，在此基础上对中国长期经济发展问题进行了分析。Chow 的研究是基于国民收入、固定资产积累、流动资金等数据，这篇文献的亮点在于，他把估算的结果和其他人的研究进行对比，做了敏感性分析，而且对所得结果进行了非常详细的解释。但遗憾的是该文采用的方法似乎并没有应用永续盘存法估计资本存量，对本研究借鉴作用有限。而且这些研究都是在国家的层面上进行计算的。对各地区分产业的物质资本存量研究在学界还比较少，许现祥等（2007）采用永续盘存法较系统估计了我国 1978~2002 年各省区三次产业的物质资本存量，并讨论了所使用的假设与必要的数据及其可能带来的估计误差，但是该研究基于特定的数据资料，不易进行拓展。Wu（2009）运用永续盘存法对中国 1978～2006 年各地区三大部门资本存量进行了估算，但是由于论文对估算过程中数据来源没有明确告知，进行拓展的难度极大。有鉴于此，我们很有必要重新审视已有的研究文献，进而在现有数据资料的基础上，仍采用永续盘存法构建中国各省区三大产业部门物质资本投资存量序列，为后续的研究创造条件。

8.4.2 方法

本章旨在用永续盘存法测算各省区三大产业的物质资本存量。一般地，在离散时间条件下，各省区三大产业物质资本存量的永续盘存法可以表示为：

$$K_{ij,t} = (1-\sigma_{ij})K_{ij,t-1} + I_{ij,t} \tag{8.1}$$

其中，$K_{ij,t}$是第 j 省第 i 产业第 t 年的物质资本存量；σ_{ij}是第 j 省第 i 产业的物质资本折旧率；$I_{ij,t}$是第 j 省第 i 产业第 t 年的投资额。给定初始的资本存量 $K_{ij,0}$，式（8.1）可以转化为：

$$K_{ij,t} = \sum_{k=0}^{t-1}(1-\sigma_{ij})^k I_{ij,t-k} + K_{ij,0}(1-\sigma_{ij})^t \tag{8.2}$$

从式（8.2）知道，如果有了 $I_{ij,t}$ 序列数据，σ_{ij} 和 $K_{ij,0}$，历年的物质资本存量都可以推算出来。

按照经济合作与发展组织编写的《资本测算手册》，用永续盘存法估算资本存量总额的基本要求是：资本存量初始基准数据的估算；得到回溯到基准年份的固定资本形成总额的统计数据，如果无法获得基准数据，回溯到的年份要长于具有最长使用年限的资产的使用年限；资产的价格指数；不同资产的平均使用年限资料；有关资产在平均使用年限附近如何退役的信息（死亡函数）。

8.4.3 数据来源和指标选取

8.4.3.1 数据来源

目前关于资本存量的估算通常采用多个数据来源，大都是由于官方公布的数据不连续不得已而为。除了一些细致的研究，如Chow（1993）、黄勇峰等（2002）、Young（2002）、张军等（2004），大部分研究并没有明确交代数据的来源，这一方面影响估计的准确性，另一方面也给其他学者进行时间序列扩展造成大的困难。当然，笔者的研究也面临同样的问题。由于数据的局限性，1990～2002年的数据来源于《中国国内生产总值核算历史资料：1952～1995》和《中国国内生产总值核算历史资料：1996～2002》，这两本数据汇编可以提供估算各省区三次产业1990～2002年的固定资本存量所需的数据；2003～2009年的数据来源于历年的《中国固定资本投资年鉴》。这两个数据来源会给估算结果带来一定的影响，笔者会在后面加以说明。

8.4.3.2 当年投资额 $I_{ij,t}$ 的选择

从已有的对物质资本存量的估算文献来看，对当年投资的选取主要有三种处理方法：第一种，采用"积累"的概念以及相应的统计口径。如张军扩（1991）、Chow（1993）、贺菊煌（1992）、张军（1992）、张军和章元（2003）。第二种采用全社会固定资本投资，如王小鲁等（2000）。第三种采用资本形成总额或固定资本形成总额，如张军等（2004）、徐现祥等（2007）。本章研究中1990～2002年历年各省区分产业的投资额采用固定资本形成额，2003～2009年的历年各省区分产业的投资额采用全社会固定资本投资数据。固定资本形成总额是按支出法计算的国内生产总值的组

成部分。包括有形资产，如建筑工程、安装工程、设备器具购置和无形资产（如矿藏勘探的支出、生产的计算机软件）之和。固定资产投资额又称固定资产投资完成额，它是指以货币表现的在一定时期内建造和购置固定资产的工作量以及与此有关的费用的总称。两者间的区别有以下几个方面：一是固定资产投资额中不包括5万元以下的固定资产投资，固定资本形成总额则包括相应统计的投资；二是固定资本形成总额中包括部分无形固定资产的净增加额，固定资产投资额不包括相应部分；三是固定资本形成总额中扣除由于出售、易货交易和实物资本转移而转出的旧固定资产价值，而固定资产投资额不扣除相应的价值。

8.4.3.3 折旧率 σ_{ij} 的确定

现有文献对折旧的处理主要有三种方法：一是直接利用官方公布的折旧额，如徐现祥等（2007）；二是直接采用净投资指标来回避折旧问题，如 Chow（1993）、张军和章元（2003）采用资本积累衡量当年投资额；三是估计或假定一个折旧率来确定折旧额。这种方法主观性比较强，对折旧率的选取缺乏一致性。例如，黄勇峰等（2002）假定折旧率为17%，王小鲁等（2000）采用5%的折旧率，而宋海岩（2003）把在官方公布的名义折旧率3.6%的基础上加上平均经济增长率作为实际折旧率。

官方由于在2003年以后没有公布三次产业折旧额数据，因此这里无法采用第一种方法；另外由于1993年以后，我国采用了新的经济核算体系，不再公布积累数据，因此第二种方法也不可行。鉴于以上原因，本章采用第三种方法。尽管 Wu（2009）采用的是第三种方法，但是他考虑了地域和产业的差异性，因此，相对而言还是比较科学的。因此这里直接采用 Wu（2009）模拟方法得到的折旧率数据（见表8-1）。

表8-1　　　　　各地区分产业固定资产折旧率　　　　单位：%

地区	第一产业	第二产业	第三产业
北京	1.4	5.7	3.2
天津	1.0	5.7	3.1
河北	1.6	6.1	3.5
山西	1.2	6.1	3.6
内蒙古	1.6	5.0	6.1
辽宁	1.6	7.0	6.3
吉林	1.6	7.0	6.3
黑龙江	1.6	7.0	6.3
上海	0.6	4.8	2.7
江苏	2.3	4.2	5.5
浙江	2.3	5.3	3.5
安徽	1.6	6.1	3.5
福建	1.6	6.4	3.5
江西	1.6	6.1	3.5
山东	2.7	7.0	4.1
河南	1.6	6.1	3.5
湖北	1.6	4.7	5.2
湖南	1.6	5.8	5.2
广东	2.3	7.0	5.5
广西	2.5	3.7	3.5
海南	1.6	2.3	3.5
重庆	1.5	7.0	3.5
四川	1.5	7.0	3.5
贵州	1.3	4.6	3.5
云南	0.8	3.5	3.5
西藏	0.6	2.6	3.5
陕西	1.8	3.7	3.5
甘肃	1.8	3.8	3.2
青海	0.6	2.6	3.5
宁夏	1.8	3.2	3.2
新疆	1.9	3.0	2.7
全国	1.6	5.2	4.0

资料来源：Wu Y. China's Capital Stock Series by Region and Sector [R]. University of Western Australia Discussion Paper, 2009 (0902).

8.4.3.4 投资缩减指数的构造

尽管《中国国内生产总值核算历史资料》提供了全国27个省、直辖市1978～2002年以不变价格计算的物质资本形成总额指数，但是没有提供分产业的物质资本形成总额指数。考虑到时间的连续性和数据的一致性。这里借鉴 Wu（2009）提供的方法来计算分地区分产业的固定资本投资缩减指数：

$$P_{ijt}^{con} = \frac{Y_{ijt}^{cur}}{Y_{ijt}^{con}} \qquad (8.3)$$

其中，P_{ijt}^{con}，Y_{ijt}^{cur}，Y_{ijt}^{con} 分别表示第 j 省第 i 产业 t 年的不变价价格指数，当前价收入，不变价收入。Y_{ijt}^{con} 定义如下：

$$Y_{ijt}^{con} = Y_{ij0}^{cur} \prod_{0}^{t} (1 + r_{ijk}) \qquad (8.4)$$

其中，r_{ijk}，Y_{ij0}^{cur} 分别表示第 j 省第 i 产业的真实收入的增长率和当前价计算的初始收入。

计算过程中所需数据均可从官方公布的统计资料得到。用该方法计算得到的价格指数可以作为资本投资缩减指数估算固定资本存量。结果，GDP 和资本存量数据都可以平减为1990年的价格水平。在测算物质资本存量的研究中研究者采用了不同的方法，例如，徐现祥等（2007）、张军（2008）采用的方法，均依赖于特定的数据，无法进行时间上的拓展。

8.4.3.5 基期资本存量的估算

由于要运用永续盘存法，一般来说，基期选择的越早对后续年份的影响就越小。我国现有文献大多把基期选为1952年或者1978年。由于要计算各地区三次产业的基期资本存量（见表8-2），受要求数据的限制，这里把1990年作为基期。由于假设不同，使用的数据不同，对基期资本存量估算的结果也有较大差异，究竟哪种方法更好尚无定论,需要根据研究目的做出取舍。

表 8-2　　1991~2009 年中国各省区三次产业产出平均增长速度

地区	代码	GDP 增速	第一产业增速	第二产业增速	第三产业增速
北京	11	0.114	0.018	0.103	0.131
天津	12	0.131	0.047	0.141	0.128
河北	13	0.122	0.053	0.140	0.132
山西	14	0.109	0.030	0.118	0.117
内蒙古	15	0.140	0.077	0.172	0.149
辽宁	21	0.108	0.060	0.122	0.104
吉林	22	0.112	0.055	0.140	0.125
黑龙江	23	0.096	0.050	0.106	0.105
上海	31	0.119	0.011	0.116	0.131
江苏	32	0.137	0.043	0.155	0.148
浙江	33	0.139	0.040	0.158	0.146
安徽	34	0.115	0.044	0.143	0.135
福建	35	0.136	0.060	0.176	0.128
江西	36	0.110	0.048	0.150	0.114
山东	37	0.134	0.053	0.160	0.138
河南	41	0.118	0.057	0.153	0.112
湖北	42	0.113	0.043	0.137	0.128
湖南	43	0.108	0.046	0.139	0.119
广东	44	0.141	0.040	0.174	0.133
广西	45	0.120	0.066	0.165	0.118
海南	46	0.120	0.089	0.153	0.136
重庆	50	0.118	0.036	0.146	0.132
四川	51	0.111	0.050	0.140	0.120
贵州	52	0.097	0.040	0.118	0.117
云南	53	0.099	0.046	0.113	0.122
西藏	54	0.120	0.037	0.183	0.156
陕西	61	0.113	0.046	0.138	0.112
甘肃	62	0.103	0.048	0.111	0.125
青海	63	0.100	0.029	0.126	0.104
宁夏	64	0.101	0.048	0.125	0.104
新疆	65	0.100	0.060	0.109	0.121
全国	10	0.105	0.04	0.125	0.107

第一种方法是假定在稳定状态下，产出增长率与资本存量增长率相等，如 Hall 和 Jones（1999）。基期的资本存量计算公式为：

$$K_0 = \frac{I_0}{(\sigma_0 + g_0)} \tag{8.5}$$

其中，K_0 为基期的资本存量，I_0 为期初投资额，σ_0 为基期折旧率，g_0 为经济增长速度的均值。

第二种方法是假定目标地区（或部门）基期资本存量与其他已知产值或资本存量之间存在一定的比例关系，根据这种比例关系进行推算。如宋海岩（2003）假定基年各省的资本存量相等，再把全国资本存量平均分配。

本章采用第一种方法，分别测算基期 1990 年三次产业的固定资本存量。即：

$$K_{ij,0} = \frac{I_{ij,0}}{(\sigma_{ij} + g_{ij})} \tag{8.6}$$

其中，$K_{ij,0}$ 为第 j 省第 i 产业的 1990 年的资本存量，$I_{ij,0}$ 为第 j 省第 i 产业 1990 年新增固定资本投资额。σ_{ij} 是第 j 省第 i 产业的物质资本折旧率，g_{ij} 是第 j 省第 i 产业总产出平均增长速度。

按照这种方法计算的 1990 年全国各省区三次产业的物质资本存量如表 8-3 所示。

表 8-3　　基期 1990 年中国各省区三次产业物质资本投资存量

地区	代码	第一产业物质资本存量	第二产业物质资本存量	第三产业物质资本存量
北京	11	123.08	463.00	923.32
天津	12	45.38	336.05	182.05
河北	13	155.91	549.89	496.77
山西	14	234.83	402.63	231.36
内蒙古	15	44.40	215.89	88.67
辽宁	21	68.68	709.84	722.04
吉林	22	12.38	345.64	109.51

续表

地区	代码	第一产业物质资本存量	第二产业物质资本存量	第三产业物质资本存量
黑龙江	23	222.86	552.39	340.76
上海	31	196.68	951.40	562.16
江苏	32	180.32	709.40	1095.93
浙江	33	98.04	314.16	631.01
安徽	34	279.86	457.50	165.70
福建	35	108.77	185.42	340.44
江西	36	17.60	155.02	88.88
山东	37	337.52	811.51	1112.62
河南	41	11.74	794.95	371.91
湖北	42	96.96	482.11	293.36
湖南	43	55.32	398.82	238.07
广东	44	90.94	558.00	690.78
广西	45	31.02	211.18	177.34
海南	46	30.67	64.92	219.54
重庆	50	25.72	191.52	159.42
四川	51	325.59	519.01	677.74
贵州	52	246.36	221.32	98.58
云南	53	702.97	237.68	102.25
西藏	54	—	—	—
陕西	61	208.47	444.12	202.58
甘肃	62	105.82	269.99	127.72
青海	63	76.06	74.17	47.24
宁夏	64	23.26	71.62	93.82
新疆	65	92.04	416.95	177.21
全国	10	4891.5	14049.73	11013.59

注：由于缺失1990年西藏投资的相关数据，无法计算。

8.4.4 计算结果及其比较

为了便于比较，我们选取北京市的三次产业物质资本存量的计算结果与徐现祥等（2007）[①] 和 Wu（2009）的计算结果进行了对

---

① 笔者感谢徐现祥教授慷慨提供计算的每个省三次产业物质资本存量数据。

比，如图 8-2、图 8-3、图 8-4 所示。可以看出，本书研究对第一产业物质资本存量估计有点偏高，第二产业和第三产业的估计和徐现祥等（2007）和 Wu（2009）的估算比较接近。考虑到基期选取的差异，本书的第二产业和第三产业的物质资本存量有可能被低估。但是我们目前还不能由这些数据的绝对高低来判断数据质量，需要借助于其他方法检验。这里采用张军等（2003）提出的资本产出比率法（K/Y）来对数据进行检验。

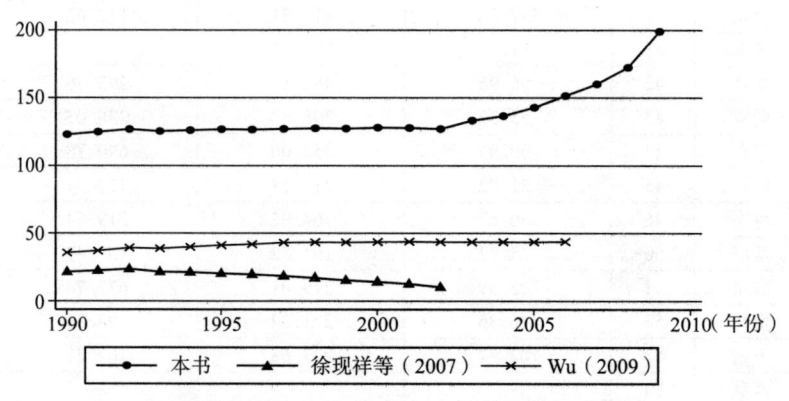

图 8-2 第一产业物质资本存量比较（北京）

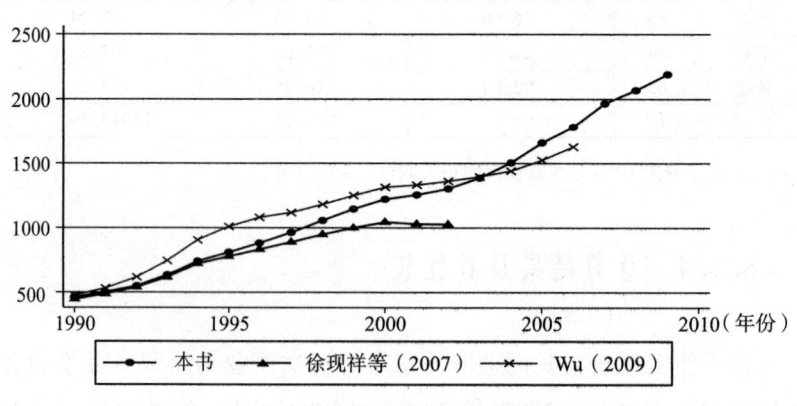

图 8-3 第二产业物质资本存量比较（北京）

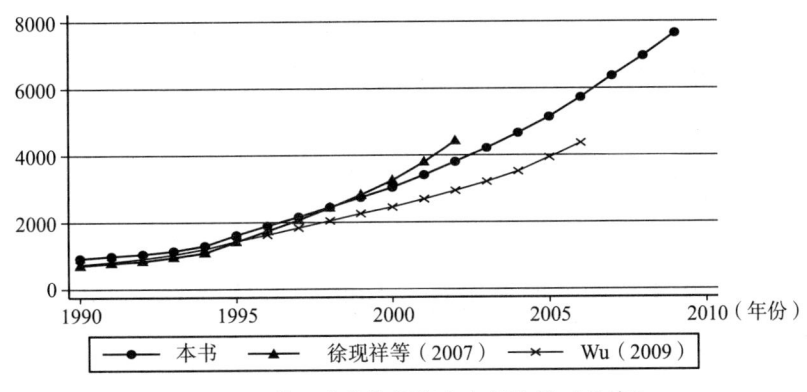

图 8-4 第三产业物质资本存量比较（北京）

从图 8-5 可以看出，对北京的三次产业的资本产出比来看，波动的趋势并不完全一致。可以归为以下几个原因：第一，基期的选取和基期资本存量计算方法不同；第二，对当年资本投资额的选取指标不同；第三，由于统计口径的变化，不同的研究者在计算时采用了不同的口径。基于以上三点，本书和 Wu（2009）计算存在差异也属正常。由于 Wu（2009）提供的计算过程信息不是很详细，这里只能揣测存在差异的内在原因。由于对所有的省份采用的

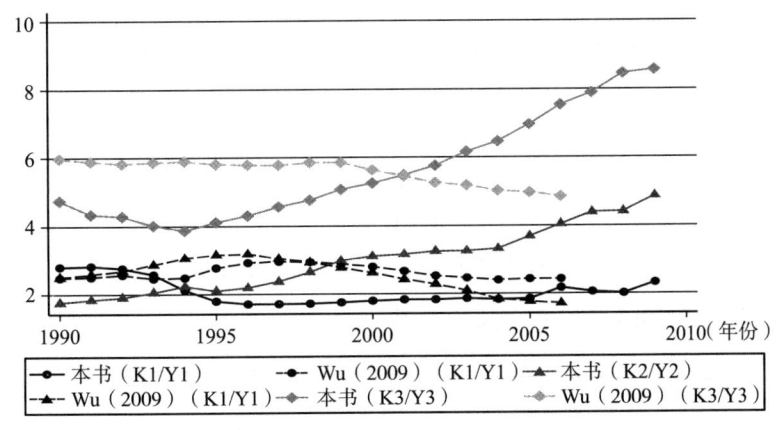

图 8-5 根据测算数据计算的三次产业的资本产出比例（北京）

是一致的计算方法,因此估算的差异也应该有一致性。从前面的比较可以看出,对第二产业和第三产业的物质资本存量估算有可能过低,这可能造成劳动力配置效应对 GDP 增长贡献的高估。由于篇章的关系,这里不罗列计算的详细结果。

8.5 基于世界银行(1996)方法的测算

8.5.1 理论框架

我们考虑两部门的二元经济:一个是包括第二产业和第三产业的现代部门,另一个是涵盖第一产业的传统部门。我们假设这两个部门的生产投入包括劳动和资本两种生产要素,而且劳动和资本可以在两个部门之间完全流动。

8.5.1.1 经济增长的源泉

总体经济的增长是部门增长的概括。因此从总增长和部门增长之间的关系可以得到总产出 Y 和劳动生产率 y 的如下关系:

$$Y = \sum_{i=1}^{n} Y_i \tag{8.7}$$

和

$$y = \sum_{i=1}^{n} \frac{Y_i}{L_i} \frac{L_i}{L} = \sum_{i=1}^{n} y_i \gamma_i \tag{8.8}$$

式中 γ_i 是 i 部门中的就业比重。关于时间的微分可以得到总产出增长率和部门增长率之间的关系:

$$g_Y = \sum_{i=1}^{n} \rho_i g_{Y_i} \tag{8.9}$$

和

$$g_y = \sum_{i=1}^{n} \rho_i g_{y_i} + \sum_{i=1}^{n} \rho_i g_{\gamma_i} \tag{8.10}$$

这里 $\rho_i = Y_i/Y$ 是部门 i 在总产出（GDP）中的比重。

总产出增长率 g_Y 等于以部门产出为权数的部门产出增长率的加权和。总劳动生产率增长率 g_y 由两项组成：第一项是人均产出的部门增长率的平均数；第二项是拥有不同劳动边际生产率的部门之间的就业变化对总劳动生产率增长贡献的测量。这里用 A(y) 来表示第二项，称为"总配置效应"：

$$A(y) = \sum_{i=1}^{n} \rho_i g_{y_i} = \frac{1}{Y} \sum_{i=1}^{n} \dot{L}_i (y_i - y) \quad (8.11)$$

这里 $\dot{L}_i$ 是 i 部门劳动在最后一期的变化量。显然 A(y) 依赖于每个劳动力的平均产值在各个部门之间的差异。用边际产值代替平均产值，可以得到生产要素的总配置效应 TRE 为：

$$\text{TRE} = \frac{1}{Y} \sum_{i=1}^{n} \dot{L}_i (ML_i - ML) + \frac{1}{Y} \sum_{i=1}^{n} \dot{K}_i (MK_i - MK) \quad (8.12)$$

这里 ML 为劳动的边际产出，MK 为资本的边际产出。第一项为劳动力再配置效应，第二项为资本再配置效应。

要素再配置对经济增长贡献不为零的一个必要条件是要素在跨部门流动中的边际生产率之差不等于零。跨部门的边际生产率的非零流动可能有以下几个原因：

第一，不同部门的生产要素结构不同。有的部门是劳动密集型行业，有的部门是资本密集型行业。

第二，生产的外部性。一个企业的投资可能对整个部门（或整个行业）产生正的外部效应，一个企业的成功或者失败的经验可以成为部门其他企业学习的样本。

第三，非市场因素的作用。政府的政策（如最低工资制和劳动合同法）会导致工资水平高于完全竞争的工资水平。

第四，劳动力市场的一体化程度。即使在完全竞争的条件下，也会存在不同程度的劳动力市场分割。企业为了获取竞争优势，可能按照效率工资支付报酬。

8.5.1.2 模型的设定

基于上面的增长核算方程的理论框架，这里借鉴世界银行（1996）的方法，以柯布－道格拉斯生产函数为基础，放松对规模报酬不变的假定：

$$Y = \sum_i P_i Y_i = \sum_i P_i A_i L_i^{\alpha_i} K_i^{\beta_i} \qquad (8.13)$$

其中，Y 代表国内生产总值（GDP）；i 代表三个产业部门；Y_i 代表第 i 产业增加值；P_i 代表第 i 产业增加值的相对价格；$P_i Y_i$ 代表第 i 产业 GDP 的分量；A_i 代表第 i 产业全要素生产率（TFP）的水平；K_i 代表第 i 产业的资本存量；L_i 代表第 i 产业的就业数量。

对式（8.13）两边取对数变形求导为：

$$g_Y = \alpha g_L + \beta g_K + \sum_i \alpha_i y_i g_{l_i} + \sum_i \beta_i y_i g_{k_i} + \sum_i y_i g_{A_i} \qquad (8.14)$$

式中：g_X 代表变量 X 的增长率；$\alpha = \sum_i y_i \alpha_i$ 代表加权平均的劳动份额；$\beta = \sum_i y_i \beta_i$ 代表加权平均的资本份额；$l_i = L_i / L$ 代表 i 部门的就业份额；$k_i = K_i / K$ 代表 i 部门的资本份额；$y_i = P_i \cdot Y_i / Y$ 代表第 i 产业的 GDP 份额。

式（8.14）前两项是投入要素对经济增长的贡献；后面三项就是"索罗剩余"，可以看作是全部效率增长的贡献，也即 GDP 增长中无法用生产投入解释的部分。第三项是劳动力数量不变的情况下，劳动力在各部门之间的配置效应，称为"劳动力配置效应"；第四项是物质资本存量不变的情况下，资本在各部门之间配置效应，称为"资本配置效应"。

为了分析劳动力从第一产业到第二产业和第三产业转移的配置效应，这里把第一产业部门作为参照基准，就可以分计算出从第一产业配置到第二产业和第三产业对 GDP 增长的贡献，这里称为"劳动力再配置效应"。劳动力再配置对 GDP 的贡献为：

$$LRE = \sum_{i=2,3} L/Y \{MPL_i - MPL_1\} g_{l_i} l_i =$$

$$\sum_{i=2,3} L/Y \left\{ \frac{\alpha_i \times P_i Y_i}{L_i} - \frac{\alpha_1 \times P_1 Y_1}{L_1} \right\} g_{l_i} l_i \quad (8.15)$$

其中，MPL_1 代表第一产业的劳动边际产品价值；MPL_i 代表第 i 产业的劳动边际产品价值；$P_i Y_i$ 代表第 i 产业的 GDP 数量。

由于考察的时间区间比较长，涉及参数的稳定性。因此我们不应该忽视本模型设定的缺陷。首先我们没有考虑每一个产业内部细分行业生产率水平的差异性，一定程度上我们受限于数据的可得性。其次，我们没有考虑自然或者经济的外部冲击，甚至是经济周期的影响。资本和劳动利用率的变化，那些遗漏因素不应该对我们观察劳动的产业配置效应变化趋势产生明显的偏误。我们也没有检验由于知识和专业化的边际报酬递增（Romer，1986，1987，1990）而产生的技术变化的内生性问题，一定程度上技术变化体现在投资中，这种效应应该在对投资回报的估计中观察到。最后，注意到我们也遗漏了人力资本这一重要的变量。尽管 Zvi Griliches（1963）特别强调了在生产函数的设定中人力资本这一要素的特定作用，但由于对分产业的人力资本核算到目前为止并没有很好的办法[1]，主要是缺乏相关的数据，因此本研究也没有考虑人力资本的因素。

8.5.2 主要变量及其定义

按照常规的描述方式，我们以小写字母来表示均量或者份额。

y_i：各产业的增加值占总的 GDP 的份额，以扣除通货膨胀因素后的 1990 年的不变价格计算。这是本节计算过程中唯一的因变量，其余为解释变量。

l_i：各产业的从业人员占总的从业人员的比例。该指标可以表

---

[1] 虽然中央财经大学中国人力资本与劳动经济研究中心对全国的人力资本做了比较系统的研究，但是对产业和行业的人力资本的计算并没有提供有效的方法和途径。

明劳动力在产业间的配置结构差异。在计算过程中对劳动生产要素投入的衡量,没有考虑劳动力的素质差异,是用劳动力从业人数来衡量的。当然,如果有分行业的劳动力教育程度等数据,增加劳动力质量的指标也许更为恰当。但是目前来看,在目前情况下很难获得分产业的人口教育状况数据。

k_i:各产业的物质资本存量占当年总的物质资本存量的份额。注意该指标不是各产业当年投资占总投资的比例,而是用永续盘存法计算的物质资本存量的比例。

g_Y:即GDP的增长率,测量经济增长的指标。经济增长率也称为经济增长速度,反映一个国家一定时期的经济发展水平。采用1990年为固定基期价格计算出来的全部最终产品的市场价值,可以较真实地反映经济发展的状况。

g_L:总的从业人员数的增长率变化,这一指标反映的是从业人数绝对数量的变动速度。

g_K:该指标是总的物质资本存量的增长率,反映物质资本存量绝对值的变动速度。

g_{l_i}:各产业从业人员百分比的增长率,可以反映劳动力市场结构的动态变化。

g_{k_i}:各产业物质资本存量占总的物质资本存量百分比的增长率,该指标可以反映固定资产投资的动态变化。

g_{A_i}:该指标表示全要素生产率的增长速度,反映技术进步的状况。这里为了计算的方便假定技术水平不变。因此g_{A_i}就是一个常数。

8.5.3 计量策略

为了观察劳动力产业转移的配置效应对经济增长的贡献,下面分别就全国、区域(东部、中部、西部),以及各省(包括直辖市)分别进行研究。

在对面板数据做回归分析时，涉及模型的选择问题。这里先对数据进行固定效应模型回归，然后观察 F 检验的值，初步判断究竟是采用混合回归还是固定效应模型。这里得到的 F 检验的 p 值为 0.0332，在 1% 的显著性水平下，显然不能拒绝原假设。由于原假设为 "H_0: all $\mu_i = 0$"，因此混合回归是可以接受的。由于未使用聚类稳健的标准差故这个 F 检验并不有效，为了较准确地选择模型，我们采用 Breusch 和 Pagan（1980）提供的 LM 检验，得到 p 值等于 1，因此不能拒绝 "不存在个体随机效应" 的原假设。另外进一步通过 LSDV 法来考察，发现大多数虚拟变量都很显著（p 值为 0.000），故可以拒绝 "所有个体虚拟变量都为 0" 的原假设。基于以上的检验结果，我们认为不应使用混合回归。

尽管以上结果基本上确认了个体效应的存在，但是个体效应仍可能以随机效应的形式存在。因此，又面临着究竟是用固定效应还是随机效应模型的问题。这里采用豪斯曼检验，由于 p 值为 0.0000，故强烈拒绝原假设 "H_0: μ_i 与 x_{it}, z_i 不相关"，认为应使用固定效应模型，而非随机效应模型。

8.5.4 估算结果

根据固定效应模型回归的结果如表 8-4 所示，从表中估计的结果可以看出，三次产业的劳动产出弹性在 95% 的置信水平上都是显著的，数值也比较合理。第一产业的资本产出弹性在统计上不显著，而且数值偏低，劳动产出弹性和资本产出弹性相加不超过 0.35，根据以往的文献可以发现这一结果也比较合理。日本学者 Minami 曾和笔者交流过这一问题，主要涉及农业生产函数中土地这一重要投入要素，根据林毅夫（2008）的测算[1]，土地的产出弹性

---

[1] 林毅夫. 制度、技术与中国农业发展 [M]. 上海：上海人民出版社，2008：78.

为 0.65~0.67。第二产业和第三产业的资本产出弹性数值比较合理,而且在 99% 的置信区间也是很显著的。

表 8-4　　　　　　　　劳动和资本的产出弹性估算

参数(劳动和资本的产出弹性)	值	p 值
α_1	0.2407397 ** (0.1100872)	0.037
α_2	0.4677153 *** (0.4677153)	0.000
α_3	0.2583179 ** (0.1017472)	0.017
β_1	0.0631351 (0.138397)	0.652
β_2	0.6250513 *** (0.1016596)	0.000
β_3	0.6333613 *** (0.1476359)	0.000
_cons	-0.0355382 *** (0.0094514)	0.001

注:α_i 和 β_i 分别为三次产业的劳动和资本产出弹性。( )内为稳健标准误(VCE),*代表参数系数在 90% 的置信水平上是显著的,**代表参数系数在 95% 的置信水平上是显著的,***代表参数系数在 99% 的置信水平上是显著的。

8.5.4.1　全国农业劳动力再配置效应

自 1990 年以来,随着农业劳动生产率的提高,农村的剩余劳动力被释放出来,加速了劳动力跨产业的转移和劳动力资源的配置。表 8-5 列出了全国 1991~2009 年经济增长核算的结果。可以看出,总体上,以 1990 年不变价格计算的国内生产总值年均增长速度为 5.63%,劳动力从第一产业转移到第二产业的平均转移效应为 0.18%,从第一产业转移到第三产业的平均转移效应为 0.20%。劳动力再配置效应对国内生产总值增长率的平均贡献份额为 6.57%。分阶段看,1996~2000 年由于东南亚爆发金融危机,中国宏观环境较差，受其影响，全国GDP年均增速仅为1.56%，劳动力再配置效应对GDP增长的贡献仅为0.07%，对GDP增长率的贡献份额为4.8%。从"八五"到"九五"再到"十五"可以看到，国内生产总值的增长速度是加速的，然而劳动力的增长速度在降低，从年均0.37%变为0.23%；劳动力从第一产业转移到第二产业的再配置效应在增加，由-0.05%变为0.43%。另外，从表8-5还可以看出，在中国经济增长的诸要素中物质资本的贡献是最大的，这可以折射出中国经济增长的特点，就是依靠投资拉动。如1997年的东亚金融危机和2007年底全球金融风暴，中国政府都增加了投资的力度，这也是我们从表中观察到物质资本的增长率远远超过国内生产总值增长率的主要原因之一。

表8-5　　　　　1991~2009年中国经济增长核算分解　　　　单位：%

项目	对GDP的贡献占比				
	1991~1995年	1996~2000年	2001~2005年	2006~2009年	1991~2009年
国内生产总值	12.91	1.56	3.22	4.64	5.63
物质资本	7.07	6.70	6.69	8.13	7.09
劳动力	0.33	0.37	0.32	0.23	0.32
未被解释部分	5.51	-5.51	-3.79	-3.71	-1.78
资本配置	0.66	0.20	0.01	-0.12	0.20
技术进步	4.22	-5.78	-4.11	-4.11	-2.36
劳动力配置	0.63	0.074	0.308	0.523	0.377
农业劳动力再配置效应	0.62	0.07	0.306	0.523	0.372
A→I	0.23	-0.05	0.15	0.43	0.177
A→S	0.39	0.12	0.16	0.09	0.196

注：A→I指劳动力从第一产业转移到第二产业的再配置效应；A→S指劳动力从第一产业转移到第三产业的再配置效应。

图8-6刻画了劳动力的再配置对经济增长贡献的趋势变动情况。从图上可以看出，这种配置效应表现出了较强的周期性。总的配置效应变动曲线和第一产业向第二产业转移的配置效应变动趋势

是趋同的，劳动力从第一产业向第三产业的转移配置效应变动曲线比较平滑。这反映两个问题：一是农村剩余劳动力产业转移的分布状况，从统计资料显示，第二产业是农村劳动力产业转移的主要部门，尽管自主雇佣等非正规就业也是劳动力产业转移的主要途径，但是由于对非正规就业的统计数据缺失，这里并不能完全反映真正的状况，极有可能低估了劳动力从第一产业到第三产业的再配置效应；二是显示了各个产业自身的特点。第一产业和第三产业基本上都是劳动密集型行业，二者的劳动边际生产率差别也不大。但第二产业是技术、资本密集型行业，它与第一产业的劳动边际生产力差距相对要大一些。1993年之前，三条曲线都是上升的，说明产业间的再配置效应是增大的，但是从1993年开始劳动力再配置效应逐年下降，到1998年已经变为负值，2002年达到最低值，此后开始反弹，逐年上升，到2005年达到高点以后又开始下降。但是劳动力从第一产业向第三产业的转移的再配置效应自1998年以来表现相对平稳，在某些年份略有起伏。

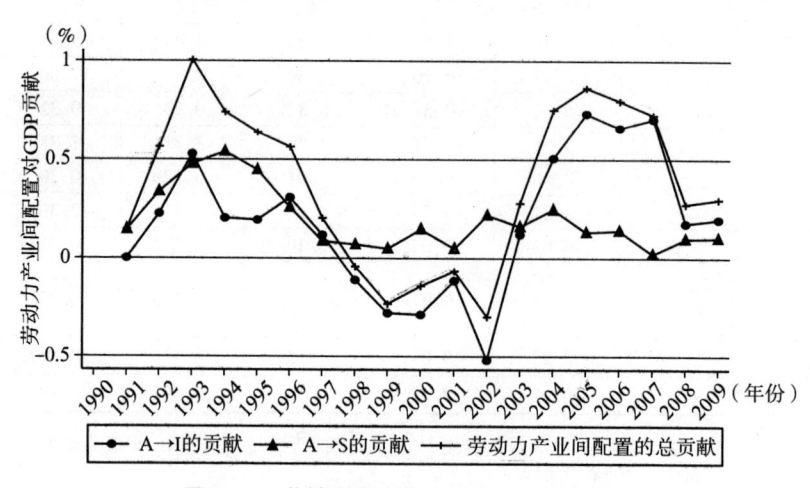

图8-6 劳动力再配置对GDP增长的贡献

图8-7刻画了劳动力在不同产业间的再配置效应对GDP增长率的贡献份额变化趋势。可以看出，除了少数年份劳动力在不同产

业间的再配置效应小于零外，大部分年份劳动力在产业间的再配置效应对 GDP 增长率的贡献均为正值。2000~2002 年的劳动力产业转移的总配置效应为负值。从劳动力配置的角度看，随着时间的推移，三大产业的劳动边际生产率会趋同，这种劳动力产业转移效应也会随着劳动力资源配置的进程出现衰减甚至消失。2004 年东南沿海出现民工荒，从图 8-6 也能观察到从 2005 年开始劳动力在不同产业间再配置效应对 GDP 的贡献份额逐年下降，这不仅是中国经济出现转折的表征，而且说明中国劳动力供给已经从无限供给阶段跨越刘易斯第一转折点（即短缺点）进入了劳动力有限供给的阶段。

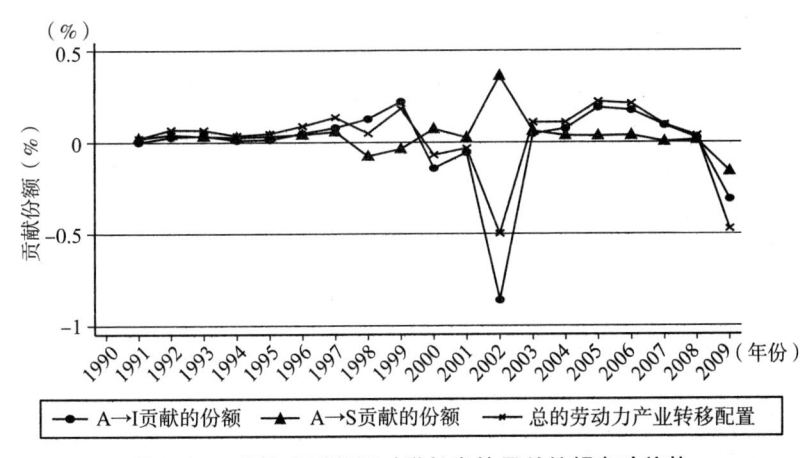

图 8-7 劳动力再配置对增长率的贡献份额变动趋势

8.5.4.2 各省农业劳动力再配置效应

由于中国经济发展的不平衡性，按照东部、中部和西部的划分①来观察地域劳动力再配置效应对经济增长贡献的变动情况。

---

① 东部、中部、西部的划分如下：东部地区包括 12 个省、直辖市、自治区，分别是辽宁、北京、天津、河北、山东、江苏、上海、浙江、福建、广东、广西、海南；中部地区包括山西、内蒙古、吉林、黑龙江、安徽、江西、河南、湖北、湖南等 9 省、自治区；西部地区指陕西、甘肃、青海、宁夏、新疆、四川、重庆、云南、贵州、西藏 10 个省、直辖市、自治区。

分地区看，1990~2009年，劳动力配置效应和劳动力再配置效应的表现在东部、中部、和西部地区表现差异较大。东部劳动力配置效应和劳动力再配置效应按照时间段是递减的，劳动力再配置效应1991~1995年是0.52%，由于1997年的亚洲金融危机，在1996~2000年，劳动力再配置效应变为负值，在2001~2005年该效应尽管有所上升，但是不到1991~1995年效应的1/2，在2006~2009年，该效应继续下降。劳动力配置效应和劳动力再配置效应的变动趋势是一致的，包括从第一产业到第二产业的配置效应和第一产业到第三产业的配置效应。从经济发展的水平来看，东部地区是中国经济发展程度最高的地区，劳动力的配置已经达到了比较高的水平，拓展的空间已经很小。但是仔细观察图8-8可以发现东部地区也表现出一定的差异性：一线发达地区，如北京、天津、上海，劳动力再配置对经济增长的贡献大多数年份为负值，这说明这类地区已经跨越二元经济的发展阶段，农业在这些地区已基本消失，三大产业的劳动边际生产率基本趋同，从劳动力产业转移获取经济增长源泉基本不可能；第二类是民营经济发展成熟的地区，如江苏、浙江、福建、广东等，这些地区的劳动力再配置效应对经济的拉动还是比较明显的，农业已经成为经济发展的附庸，在国民经济中的比重已经很小，劳动力再配置效应发挥的空间仍然较大，随着这些地区产业结构的升级，劳动力再配置效应必然会减小乃至消失；第三类是山东、广西等经济不很发达地区，这些地区农业部门在其经济结构中还有相当的比重，劳动力再配置效应在大多数年份为正数，这类地区劳动力配置效应发挥的空间仍然较大。除了上述三类以外，辽宁是老牌子工业大省，劳动力配置早已饱和，因此大多数年份劳动力再配置效应为负数。

中部地区的劳动力再配置效应变动趋势和东部地区基本一致。但是从表8-6可以看到前三个阶段，劳动力再配置效应都是东部地区高于中部地区，到了2006~2009年，中部地区的劳动力再配

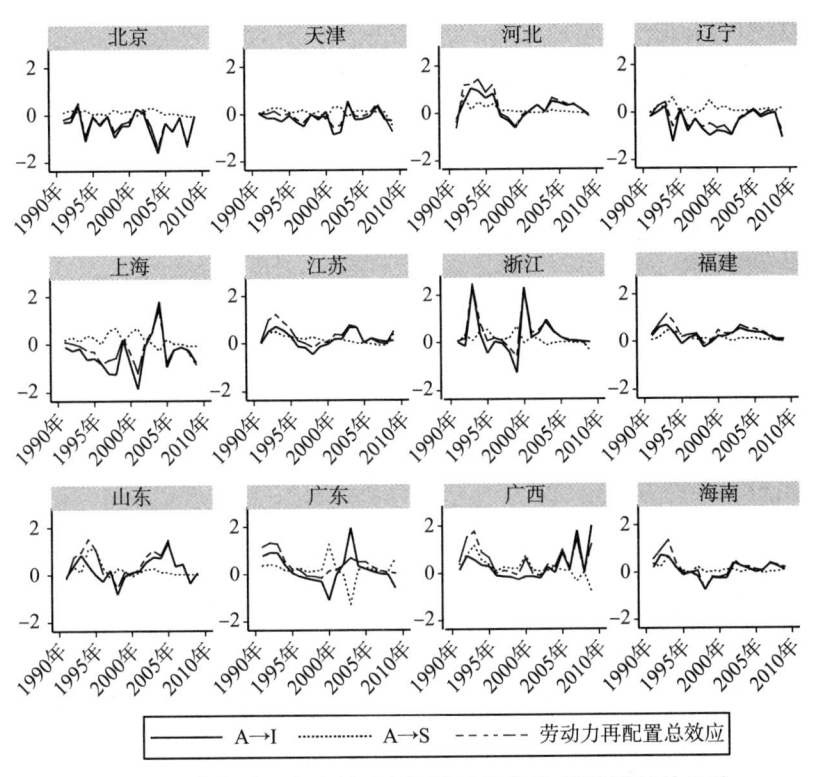

图 8-8　东部地区各省劳动力再配置效应对 GDP 增长的贡献

置效应反超东部地区。事实上，在 2004 年之前，劳动力配置的具体表现是中西部地区的劳动力跨地域转移到东部地区，但是自 2004 年民工荒开始，劳动力的跨地域配置开始转变为就地转移，这源于多重因素：第一，东部发达地区的产业结构升级，如深圳推出的"腾笼换鸟"政策，促使一些附加值低的产业开始向中西部迁移；第二，农村的税收减免和补贴政策，增大了农村劳动力跨地域务工的机会成本，在本地有工作机会的情况下，劳动力跨地域转移的愿望大大降低；第三，随着刘易斯转折点的到来而产生的通货膨胀，极大地增加了城市生活的成本，农村劳动力外出务工的所得大大降低。图 8-9 显示农村劳动力转移的大省在一般情况下，劳动力再配置效应对经济增长的贡献要大一些，而且这些省份的劳动力再配置效应也显现出下降的趋势，尽管中间有些年份受外部的冲击有一些波动。如1997年的东南亚金融危机和2007年的全球经济动荡对东部、中部、西部的影响都很大。

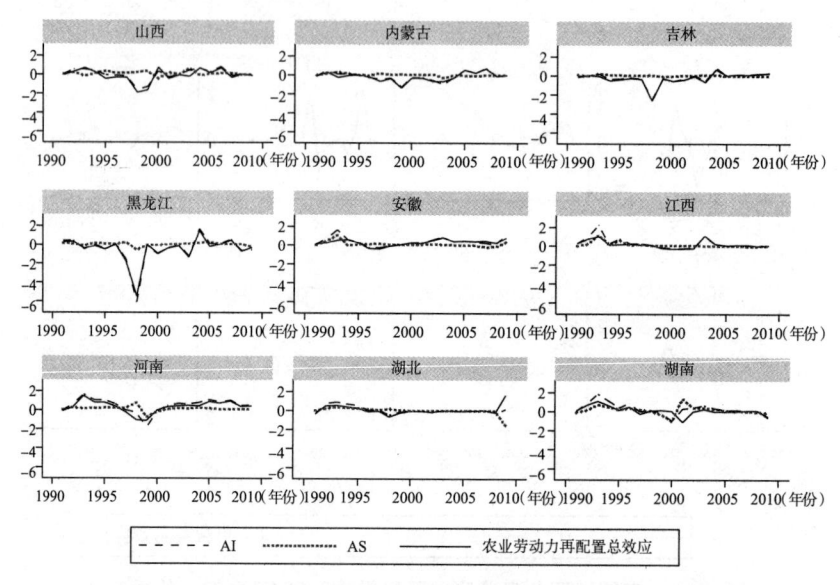

图 8-9 中部地区各省劳动再配置效应对 GDP 增长的贡献

从表8-6可以看出，西部地区的劳动力配置效应和劳动力再配置效应与东部地区和西部地区相比，对经济增长的贡献要大一些。从经济增长的核算中也可以看出，东部、中部、西部三个区域一致的情况，就是物质资本投资对经济增长的贡献在整个经济增长中占有很重要的位置。资本配置效应对经济增长的贡献中部高于东部，西部高于中部；劳动力配置效应和资本配置效应表现并不一致，资本配置效应主要表现为本地区产业间的配置优化，而劳动力配置不仅表现为产业之间的优化，而且在中国更清晰的是在2004年之前，劳动力跨地域跨行业的优化配置，2004年以后开始表现为中西部劳动力的本地跨行业优化配置。从表8-6还可以观察到2004年之前的时间区间中部和西部地区的劳动力配置效应和东部地区有更强的趋同性。2004年以后的时间区间例如2006~2009年的劳动力再配置效应西部高于中部，中部高于东部。从图8-10劳动力再配置效应对GDP的贡献趋势变动来看，西部地区劳动力再配置效应还有较大的提升空间。但是可以预见的是，随着劳动力有限供给时代的来临，劳动力配置效应作为经济增长的要素之一，必然会缩小甚至消失。

表8-6　　　　1991~2009年中国区域经济增长核算分解

区域	项目	对GDP的贡献占比				
		1991~1995	1996~2000	2001~2005	2006~2009	1991~2009
东部	国内生产总值	10.53	1.08	2.57	2.93	4.35
	物质资本	10.09	7.25	6.41	7.83	7.897
	劳动力	0.62	0.15	0.76	0.57	0.523
	未被解释部分	-0.17	-6.3	-4.60	-5.46	-4.067
	资本配置	0.57	0.03	0.02	-0.04	0.155
	技术进步	-1.29	-6.28	-4.88	-5.56	-4.450
	劳动力配置	0.55	-0.057	0.26	0.128	0.227
	劳动力再配置	0.52	-0.078	0.232	0.036	0.188
	A→I	0.21	-0.269	0.142	0.013	0.030
	A→S	0.31	0.191	0.09	0.01	0.157
中部	国内生产总值	10.661	1.10	2.787	3.905	4.651
	物质资本	8.105	6.08	6.540	9.08	7.365
	劳动力	0.638	0.20	0.346	-0.029	0.305
	未被解释部分	1.917	-5.18	-4.10	-5.14	-3.02
	资本配置	0.653	0.23	0.13	0.052	0.276
	技术进步	0.759	-5.03	-4.46	-5.50	-3.456
	劳动力配置	0.506	-0.377	0.237	0.31	0.160
	劳动力再配置	0.470	-0.430	0.212	0.198	0.108
	A→I	0.250	-0.470	0.075	0.22	0.008
	A→S	0.220	0.040	0.137	-0.022	0.10
西部	国内生产总值	10.884	1.515	3.024	5.229	5.159
	物质资本	5.917	5.600	6.363	7.093	6.198
	劳动力	0.665	0.237	0.368	0.370	0.412

续表

区域	项目	对 GDP 的贡献占比				
		1991~1995	1996~2000	2001~2005	2006~2009	1991~2009
西部	未被解释部分	4.302	-4.322	-3.707	-2.234	-1.451
	资本配置	1.292	0.507	0.208	0.171	0.564
	技术进步	2.359	-4.807	-4.213	-3.345	-2.457 资本
	劳动力配置	0.651	-0.021	0.298	0.940	0.442
	劳动力再配置	0.624	-0.445	0.244	0.744	0.373
	A→I	0.366	-0.296	0.117	0.617	0.179
	A→S	0.258	0.252	0.127	0.126	0.194

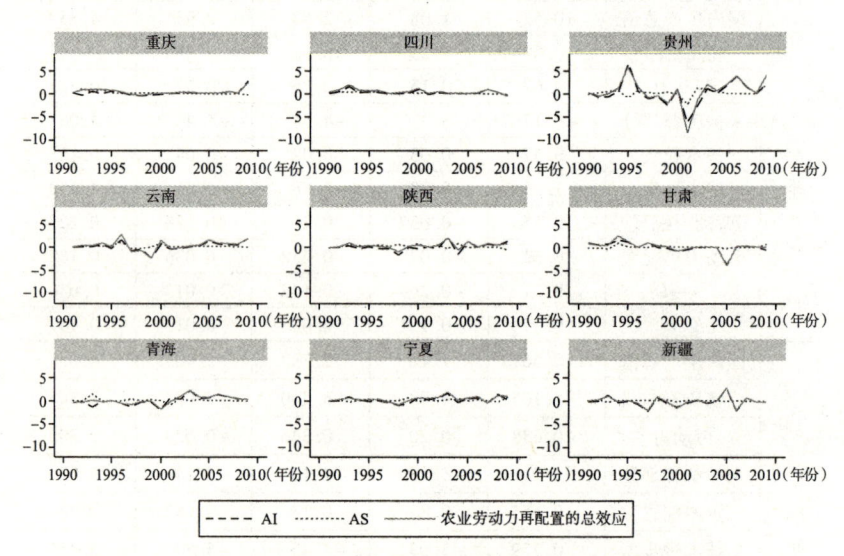

图 8-10　西部地区各省劳动力再配置效应对 GDP 增长的贡献

8.5.5　与现有文献估计结果的比较

表 8-7 列出了现有文献对劳动力产业转移对 GDP 增长率的贡献估计，本书估计明显较低，和姚战琪 (2009) 的估计结果比较接

近。之所以会出现这样的结果，笔者认为有以下原因：

表 8-7　　　　　　　　现有文献估计结果不完全汇总

文献	估计区间	劳动力产业转移对 GDP 增长率的贡献（%）	劳动力产业转移对 GDP 增长率的贡献份额（%）
世界银行（1996）	1978~1995 年	—	30
胡永泰（1998）	1985~1993 年	1.2	—
蔡昉等（1999）	1982~1997 年	1.62	20.23
王小鲁（2000）	1979~1999 年	1.33	—
潘文卿（2001）	1979~1999 年	1.69	19.92
姚战琪（2009）	1985~2007 年	0.32	—
张广婷（2010）	1997~2008 年	1.99	13.27
本书	1991~2009 年	0.372	6.607

第一，蔡昉等（1999）和王小鲁（2000）考虑了更多的解释变量，一定程度上分解了劳动力产业转移对 GDP 的贡献。例如，蔡昉等（1999）增加了人力资本的因素；王小鲁（2000）则考虑了制度变革和城市化的因素。本书由于分产业计算，鉴于技术上的可行性和数据的可得性，没有考虑以上因素。也可能造成估计结果偏大。

第二，对劳动力再配置效应的概念定义上存在偏差。以上估计数据较大的文献大部分并非考查的是农业劳动力从第一产业向第二、第三产业转移的效应，而是整个劳动力的配置效应。显然按照后者计算的结果会高于按照前者计算的结果。采用赛尔昆因（1986）方法和全要素生产率分解法的文献大多考察的是劳动力总的配置效应，也就是后者；而采用世界银行（1996）方法，计算了两个部分：一个是劳动力总配置效应，另一个是劳动力再配置效应。在蔡昉等（1999）的文献中提供的实际上是劳动力配置的总效应，并非农业劳动力的再配置效应，二者是不同的。

第三，从分时段的估算结果可以看出，劳动力再配置效应是递减的，估算的时间区间距离当前越早，均值会越大。本书考察的时段是最长的，且距离当前最近，也会导致最后的结果小一些。

第四，关于劳动力就业人数的数据，由于正规统计资料不能充分反映迅速变化的劳动力结构特征，导致估计的结果差强人意。例如，第一产业劳动的边际产品价值仍然很低的结论，本文计算结果全部小于零，高估了第一产业可转移的劳动力的数量和趋势。

第五，以上文献大部分采用的数据是经济的总体数据，岳龙华（2011）利用总体数据估算结果与以上学者估算结果比较接近。但本章采用的是全国各省、直辖市的面板数据，估算的结果应该更接近现实状况，在上文的分析以及趋势图的变动和现实情况是一致的，这足以保证本研究验证的客观性和可信度。

第六，由于估计时间区间的差异比较大，经济和社会变迁在上述时间差异很大，估计的不一致也是正常的。因为以上所有这些研究方法在用于表示经济增长的生产函数中并没有包含主要的制度因素，例如，劳动力流动约束的松动、劳动力市场一体化的改革，以及户籍制度的改革，以及宏观经济的外部冲击等。众所周知，这些政策和外部因素在20世纪90年代以来对中国劳动力市场的影响很大，极大地左右了农业劳动力的跨产业配置效应。因此，估计1991~2009的劳动力产业转移对GDP增长贡献的结果也是合理的。

尽管本书的估计有一些缺陷，但是并不影响文中做出的对中国劳动力再转移效应对经济增长贡献趋势的基本推断和相应的结论。

8.6 结论性评论

本章利用中国各省、直辖市在1990~2009年的三大产业的面板数据，运用世界银行（1996）方法对中国经济增长核算进行了分解，并分析了劳动力配置效应和劳动力再配置效应对经济增长的贡献变动趋势。结果表明：

第一，劳动力配置效应尽管是经济增长的推动因素之一，但是现有文献高估了劳动力配置效应对经济增长的拉动作用。通过对中国经济增长核算的分解，可以观察到中国经济的增长还主要依赖于资本投入的拉动，劳动力投入的拉动和劳动力再配置的拉动对经济增长的贡献相对都比较小，技术进步对经济增长几乎没有显示出什么作用，计算的结果大多数年份为负值。可以认为经济各部门内部的生产要素的不合理配置和要素在部门间的配置的扭曲造成东部地区、中部地区和西部地区的技术进步（即全要素生产率）对经济增长效应小于零。

第二，经验结果还揭示出中国经济发展的不平衡性。东部较发达地区的发展速度明显快于中部地区和西部地区，从劳动力再配置效应来看，2004年之前，东部地区和西部地区表现出很强的一致性，这折射出2004年之前农村剩余劳动力跨地域跨行业配置的特点。随着东部地区的产业结构调整和升级，一些低附加值的产业开始转移到中西部地区，这表现在2004年之后的时间区间西部地区的劳动力再配置效应对经济增长的贡献明显高于东部地区，这说明随着经济结构的变化，劳动力的配置方式也开始由跨地域跨行业配置转变为本地跨行业配置方式，这也体现了经济发展的"雁形模式"。

第三，劳动力配置效应和劳动力再配置效应均表现出递减的趋势。通过分时段的考察，我们注意到，不管是东部地区、还是中部地区和西部地区，劳动力配置效应和劳动力再配置效应均表现出递减的趋势。当然，从经济学上来看，随着生产要素的合理配置，要素的边际生产率应该趋同，这是经济发展和市场化水平提高的标志。可以预见，不远的将来劳动力配置效应和劳动力再配置效应会消失，其实东部地区已经表现出了劳动力再配置效应消失的迹象。如果产业结构调整的步伐赶不上劳动力市场结构变换的步伐，东部地区缺工的状况会更加严峻，"大学生就业难"和"民工荒"共存的现象会①长期存在。

第四，研究还发现劳动力的再配置效应（劳动力配置效应）对经济增长的贡献不显著根源在于资本投入的快速增长和劳动力投入的增长缓慢。与 Timmer 和 Szirmai（2000）的研究结果类似，他们研究发现发展中国家的工业部门的生产率的增长主要依赖于各行业内部的增长效应，生产要素在部门间的配置效应对增长的贡献很小。

由于中国正处于经济发展的转折阶段，产业结构和劳动力市场的结构都在不断地调整过程中，市场作为优化资源配置的手段也逐渐占据主导地位。劳动力再配置理应在经济增长的过程中扮演更重要的角色，但是实证研究的结果表明劳动力的再配置效应（或劳动力配置效应）对经济增长的贡献微乎其微。这表明保持中国经济的可持续增长任务艰巨，产业结构调整如何与劳动力市场结构匹配，生产要素配置的扭曲状况能否得到矫正，就成为中国经济可持续增长要重点解决的问题。

---

① 这和刘易斯转折点到来的判断并不矛盾。刘易斯转折点中考察的劳动力主要是不熟练的劳动力，针对中国的现实状况也就是农村剩余劳动力，和大学生群体是不同的。

第 9 章

刘易斯转折点的东亚经验

中国目前正处在社会经济发展的关键阶段。前面的章节已经实证研究表明中国已经越过了刘易斯第一转折点（即短缺点），不管是工资水平、劳动边际生产率、就业结构、农业劳动力的再配置效应均表现出了从二元经济结构向一元经济加速转变的特征。尽管其他学者认为劳动力再配置效应应该在经济增长中扮演更重要的角色，但是本书的实证结果表明中国经济增长仍然过度依赖于资本积累，劳动力再配置效应对经济增长的贡献微乎其微。由于资本报酬递减规律的作用，资本积累并不能无限地保持经济增长，终究要把经济增长的源泉转向依靠技术进步或生产率的提高上来。近期关于中国经济唱衰的声音不绝于耳，不可否认的是中国经济确实存在这种风险，对此我们应该给予高度关注，加速产业结构调整步伐，转变经济增长方式以实现中国经济的可持续发展。国际经验表明：单纯依靠生产要素投入实现经济增长，生产率没有实质增长的国家，虽然在一定时期可以实现高速的增长，但是这种增长不具有可持续性。日本、韩国和中国台湾地区分别于20世纪60年代初、20世纪60年代末和20世纪60年代末跨越了"刘易斯转折点"，研究这些国家和地区在经济起飞阶段面对产业结构转型和劳动力市场转型的过程中所采取的应对策略，对正处于刘易斯转折点区间内（短缺点和商业化点之间）的中国经济来说有极大的启示意义。本章通过日本、韩国和中国台湾地区的发展经验的比较分析，为中国经济的进一步发展提供有益的借鉴。

9.1 日本的经验

20世纪50年代初到70年代初是日本经济高速增长时期。此后受到石油危机的冲击，日本经济在20世纪70年代中期进入低速增长阶段。由于日本经济的起飞阶段与刘易斯模型的提出时间上的巧合，因此激起了那一时期经济学家对刘易斯模型的正确性，对日本经济的适应性，以及对日本经济刘易斯转折点的实证研究。事实上，对日本经济刘易斯转折点的争论也有很大分歧。Lewis（1958）根据20世纪50年代出生率的大幅下降预测在不到十年当中日本会迎来转折点（也就是1968年前后）。Fei 和 Ranis（1963，1964a）依据非第一产业资本劳动比率在1916~1919年之前是下降的而后是上升的，以及工业工人的实际工资从那时起开始上升等事实，认为日本经济的转折点应该是1916~1919年前后。Reubens（1964）指出了费和拉尼斯对资本存量估计精度方面存在问题，他估计的资本－劳动比率一直是上升的，并没有出现费和拉尼斯下降的趋势。Jorgensen（1966）则是从刘易斯模型对日本经济的适用性进行批判，认为古典学派的经济理论无法解释日本的经济问题，认为应该采用新古典方法。Minami（1968）系统地考察了日本的农业劳动力数量、非农业部门劳动力数量、农业部门和非农业部门的边际生产率以及农业部门的工资变化等指标，提出日本经济的刘易斯转折点应该在20世纪60年代初期，这一结果已经得到了学术界普遍认同。

9.1.1 日本经济转型状况

从产业结构的变化来看，日本的非农产业在20世纪50年代末

60年代初就已经在国民经济中占据主导地位了。表9-1列出了1879~1967年日本三次产业产值结构即各产业在国民总收入中所占份额。通过这些数据我们可以总结出日本进入现代经济增长阶段以来的产业结构变动趋势和主要特征。从19世纪70年代末到20世纪60年代末的数据看，日本产业结构变化的总体趋势是第一产业（A）在国民经济中所占份额大幅度下降，第二产业（I）和第三产业（S）所占份额的总和大幅度上升。表9-1清晰地显示1904~1913年第一产业在国内净产值的年均份额为40.6%，到1963~1967年已经降到11.9%。相反，第二产业和第三产业占国内净产值的份额则由1904~1913年的59.4%上升到1963~1967年的88.1%。如果用不变价格来计算，上述的份额变动会更大。

表9-1　日本三次产业产值结构的长期变化趋势　　　　单位：%

时段	按当年价格计算		按不变价格计算	
	A（1）	I（1）+S（1）	A（2）	I（2）+S（2）
1879~1883	62.6	37.5	65.6	34.4
1904~1913	40.6	59.4	38.6	61.4
1924~1933	22.4	77.6	23.3	76.7
1951~1954	20.2	79.8	16.1	83.9
1963~1967	11.9	88.1	—	

注：各产业国内生产净值份额，不变价格为1924~1936年的价格。
资料来源：转引自西蒙·库兹涅茨．各国的经济增长［M］．北京：商务印书馆，2009．

从劳动力在三次产业中的就业份额来看，完全符合钱纳里对就业结构变动的描述，整体呈现出和产值结构相同的变动趋势。即第一产业劳动力比重下降，1950~1970年20年间由40.3%下降到11.9%；第二产业的就业比重从27.0%上升到40.7%；第三产业的就业比重也有很大的增幅，由24.6%上升到40%。这种变化和配第-克拉克-库兹涅茨定律基本一致。如表9-2所示，农业劳动力数量在20世纪60年代初开始大幅度下降,这为证明刘易斯转折点变化提供了间接证据。

表9-2　　　　　　1950~1970年日本就业结构的变化

年份		产业细分					
		第一产业	第二产业	制造业、采掘业	建筑业	交通运输业	第三产业
就业人数（千人）	1950	17208	9622	6281	1531	1810	8758
	1955	16111	11269	7437	1783	2049	11879
	1960	14346	15167	10028	2703	2436	14168
	1965	11731	18448	12019	3376	3053	17412
	1970	10066	21165	13659	3993	3513	20795
占总就业人数的份额（%）	1950	48.3	27.0	17.6	4.3	5.1	24.6
	1955	41.0	28.7	18.9	4.5	5.2	30.3
	1960	32.8	34.7	23.0	6.2	5.6	32.4
	1965	24.6	38.8	25.3	2.1	6.4	36.6
	1970	19.3	40.7	26.3	7.7	6.8	40.0

资料来源：Minami, Ryoshin. Transformations of the Labor Market in Postwar Japan [J]. Hitotsubashi Journal of Economics, 1972, 13 (1): 68.

随着产业结构的变化,日本的就业结构也发生了相应的变化。

Minami (1968) 基于他提出的五项准则,利用统计数据对这些准则逐个进行实证分析,表明非资本主义部门劳动力的固定水平与技术进步共同导致劳动的边际生产力的提高,这种趋势在战后得以延续,尤其是1954~1961年的经济繁荣导致非农业部门对劳动力的需求显著增加,而农业部门劳动力在史无前例地减少。由于这种数量上的减少和农业的技术进步,非资本主义部门的边际生产力开始快速提升,最终转折点首次在日本出现。

9.1.2 产业政策

为了顺应刘易斯转折点的到来,日本政府通过产业政策的调整、农业政策以及发展教育和培训等措施,来推动经济增长,使日本经济顺利到达商业化点,进入第三个发展阶段。

一是重点支持重化工业的发展,扶持中小企业。从1960年开始,日本经济进入高速发展期,这一时期日本的产业结构发生急剧变化,进入重工业、化学工业化时期。根据日本经济企划厅调查科的资料,1960年时日本的重化工业在工业中的比重仅为53.7%,而到1970年时达到68.9%。利用财政投资贷款扶持中小企业的发展。在战后复兴与经济自立时期,政府资金被用于民间资本积累,而在高速增长时期财政投资贷款,则在制度上臻于完备。不仅基础产业和产业基地,包括住宅、中小企业、农业等部门在内,都进行了投资贷款活动,贷款的规模从1955年的3000亿日元以下增大到1975年的近10兆亿日元。这项贷款不仅在资金不足的情况下可以发挥"分配信用"的效应,而且长期的低息贷款会产生利息补贴的作用。

二是重视农业生产,提高农业生产率。20世纪50年代末,日本农业中的机械化程度是比较低的,而到1971年时,农业生产中所需的各种机械,则已有了较普遍的使用。与此同时,由于非农业部门的高速发展,使农业(包括林业、渔业)就业人数,从1960年的1424万降至1970年的1015万人,占就业总数的比率从32.6%下降至19.3%。农业机械化的作用主要在提高劳动生产率方面,而水利设施、化肥投入、良种的采用等则大大提高了农产品的产量。

三是重视技术的发展和引进,提高国民的教育水平。第二次世界大战后日本引进技术所耗费金额在主要资本主义国家始终占据第一位,这也是日本技术进步的原因之一。为了使劳动力市场结构满足高速发展的产业结构变化,日本政府推出了依据工业布局的需求增设工科大学的措施。而且由于技术工人的缺乏,日本政府通过职业教育的途径来满足工业高速发展的需求。1960~1970年,职业高中各学科的总人数增加30.6%，工业高中的增长幅度达到69.2%。由于高中生文化水平较高，到生产部门后，很快成长为熟练的技术工人，这是战后日本工业生产迅速发展的一个重要原因。

四是出台旨在提高农民、工人购买力的措施，拉动内需。为了提高农民收入，采用提高农产品收购价格的方式。日本农业白皮书的统计资料显示，在1966~1968年平均的大米生产者价格的国际比较，如以日本为100，则美国为37.3，意大利为44.2，即日本米价为美国的2.7倍，为意大利的2.3倍。这表明日本政府规定的大米收购价远高于国际市场。农民收入提高，对生产资料和生活资料的购买也相应地增加了。按照全国农户平均计算，每户农家的消费支出在1960年是369700日元，而到1971年则增至1361700日元，增加了约2.7倍。日本农村中的一般耐用消费品基本上在这一时期得到了普及。对工人的工资提升，日本政府出台了最低工资计划，该计划对于缩小工资差别和提高整个工资水平发挥了一定的作用。除此以外，日本政府为了拉动内需，在全国推行消费信贷计划。这些拉动内需的措施，使1960~1970年的人均消费支出（按美元计算）的年均增加率为16%，在主要资本主义国家是最高的。日本1955~1970年出现的三次市场繁荣（即所谓神武景气、岩户景气、伊弉诺景气），正是几次耐用消费品的普及高潮引起的。

9.2 韩国的经验

由于从20世纪60年代初开始韩国采取了劳动密集型、出口导向的工业化政策，因此一直到20世纪80年代中期，韩国经济都保持了很高的增长速度。在经济发展之初，韩国是一个劳动力丰裕、资本短缺的国家，有很显著的二元经济特征。尽管农业部门在国民经济中占据主导地位，但是该行业有大量的隐性失业人员，劳动生产率非常低，因此韩国陷入了低收入的经济贫困当中。但是随着劳动密集型、出口导向政策的实施，韩国的经济保持了40多年的快速增长。

9.2.1 韩国经济转型状况

韩国在经济高速增长的进程中，极大地降低了贫困和不平等状况。在1960~2002年，复合年均国内生产总值增长率（CAGR）达到7.5%。尤其是制造业，在1960~1969年，制造业的CAGR是16.5%，而在1970~1979年该经济指标达到了17.6%。农业的增加值增长则连续下降，20世纪60年代农业的CAGR是5.1%，而到1990~2002年，该指标下降到1.7%。伴随着经济的快速增长，韩国的产业结构也发生了急剧变化。农业占GDP的份额从1965年开始逐年下降，在1965年该份额高达39%，到2009年已经下降到3%。与此同时，服务业在GDP中所占份额逐年增加，而工业在GDP中所占份额在1965~1991年这一区间基本是逐年增加的，从1991年开始其所占份额开始逐年下降。从图9-1可以还看出，服务业在GDP所占份额一直高于工业在GDP中所占份额。随着产业结构的调整，韩国的劳动力市场也发生了突出的变化。大量的农村剩余劳动力迁移到城市，经济也由农业经济变成了准工业化经济。1960年在农业部门就业人数占总就业人口数的65.9%，到1979年已经降到了35.8%；与此同时，非农业部门的就业比例从7.1%上升到了27.5%。大规模的劳动力乡城转移一方面创造了现代化的劳动力市场，另一方面也出现了很多问题。除了与劳动管理相关的问题以外，熟练工人和非熟练工人全面短缺。Bai（1982）利用Minami（1968）提出的刘易斯转折点验证标准对韩国经济的转折点进行了很详细的实证分析，结果表明韩国在1975年前后已经过了转折点，农业的转折点发生在1965~1970年，劳动力市场的结构变化发生在20世纪70年代中期。

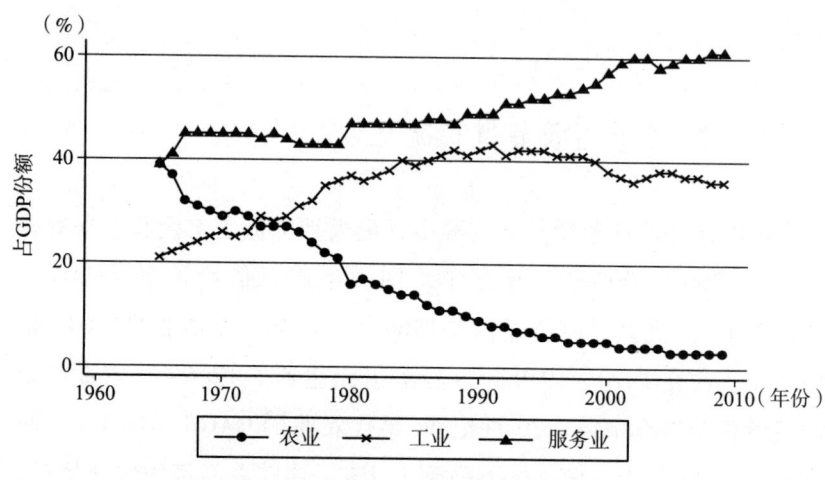

图 9-1 韩国 1960~2010 年产业结构变化

资料来源：世界银行网站数据库。

9.2.2 产业政策

韩国的产业政策总体上是以"经济开发五年计划"作为经济社会发展的总纲领，它涵盖了韩国各个时期的产业政策、经济政策和发展战略。第一个经济开发五年计划在1962年颁布，确定的总体目标是"打破贫困的恶性循环，大力发展替代进口产业"，为经济自主奠定基础。第一个五年计划的实施，使韩国经济出现了高速增长的态势，年均增长率高达8.3%，计划执行的后几年，增长率甚至达到11.9%。农业部门的劳动生产率有了很大提高，为重化工业的发展提供了大量的劳动力资源。第二个五年计划（1967~1971年）旨在全速推进工业化，进一步确定产业结构的现代化和自主经济的确立。这个时段国民生产总值年均增长高达10.0%。第三个五年计划（1972~1976年）重点是推进粮食自给、重化工业建设、社会基础设施均衡化发展及有效开发资源等方面的政策。这期间尽管遭受石油危机的冲击，但是国民生产总值年均增长率仍高达11.2%。前三个五年计划正好是韩国经济高速增长的转折时期。从韩国成功的实施五年计划的实践和过程来看，其产业政策有以下一些特点：

第一，政府合理的干预，制定的经济计划具有指导作用，而且连贯灵活。从韩国的几个五年计划来看，政府对经济全面布局，合理干预，对企业并不施加强制性的约束。由于出台了与"五年计划"相匹配的激励相容的政策措施，对企业的发展产生了激励的导向作用。例如，针对国家重点发展的行业和产业出台与之相配套的优惠的财政、税收政策，企业在决策时会趋利避害，按照国家计划的方向调整产量，以求取得最大的收益。由于国内的市场有限，韩国根据自身的资源禀赋条件，选择了"出口导向"的具有比较优势的增长战略。根据不同的发展阶段，有针对性地扶持一些产业，以带动整个经济的增长。

第二，充分发挥市场机制，市场成为资源配置的基本手段。对于发展中国家来说，不仅存在着市场的功能性障碍，而且还存在市场发育不健全、政府效率低下等不利因素。尽管韩国经济发展走的是政府主导型的道路，强调政府在经济发展中的作用。如政府为了支持重化工业的发展，解决资金短缺问题，设立"国民投资基金"，以优惠的利率将资金投入战略产业。20世纪70年代后的实际贷款利率除了1973年是2.3%和1977年是1.0%以外，其余年份甚至以负利率提供贷款给重化工业。1977年和1979年修改税制，降低重化工业法人所得税率，为重化工业的发展减轻包袱。但是随着经济的起飞、自生增长能力的提高，韩国由"政府主导型"向市场主导型过渡，市场逐渐取代计划成为资源配置的主角。

第三，大力发展教育，开发人力资本。韩国笃信教育的力量，因此一直奉行教育优先的战略，从20世纪60年代中后期到现在，用于教育的经费一直占财政支出的15%~20%，即使在金融危机严重的 1998 年，这个比例也保持在 20% 左右。人才的培养为高速经济增长阶段产业结构的转型提供了必备的高素质的人力资源，为韩国成功地由农业国转变为新兴工业化国家奠定了基础。到 20 世纪 80 年代末，韩国政府又制定了《面向 21 世纪的教育改革方案》，力争到 2005 年实现全面高中阶段义务教育，满 5 岁儿童必须接受学龄前义务教育，目前韩国已经扫除了文盲。除了正规教育外，韩国对职业教育和职业培训也很重视，颁布了相应的法律条例规范企业员工的培训，加大人力资源开发的力度。

第四，加大对农业的保护力度，实现自给自足。从 1969 年开始，韩国政府为了激发农民生产积极性，保护农民的利益，对农产品实行了补贴和采购价格保护。尽管 1997 年韩国进行了贸易自由化改革，但是对农业的保护始终如一。除此之外，20 世纪 70 年代开展的"新乡村运动"改善了农村的基础设施和生活条件，大大缩小了城乡差别，基尼系数在 1965 年保持在 0.42，1970 年为 0.35，到 1980 年后，基尼系数甚至下降到了大约 0.3。

9.3 中国台湾的经验

中国台湾在过去半个世纪里也经历了经济的高速增长，1960~1980 年，年均增长率大约 10%。和日本、韩国类似，中国台湾地区的经济增长也高度依赖于制造业的增长，得益于 20 世纪 60 年代初期的出口导向战略。70 年代的石油危机使台湾地区经济受到不小的冲击，经济由高速增长转入中速和不稳定发展时期。为了摆脱经济困境，台湾地区提出"经济转型升级"的新措施，其核心内容就是"产业升级"。即由劳动密集型产业转向资本密集型和技术密集型产业。20 世纪 80 年代中期又提出以"科技升级"带动"工业升级"，促使产业结构向更高层次转变。因此台湾地区经济起飞的过程是产业结构不断升级演化的过程。李月（2009）的研究认为，台湾地区于 20 世纪 60 年代后期迎来了刘易斯转折点[①]。

9.3.1　中国台湾经济转型状况

从产出结构来看，1952 年中国台湾地区的农业产出份额为 35.9%，1985 年降为 6.9%；相应地，第二产业产出份额从 18.0% 上升到 44.9%，第三产业产出份额从 46.1% 上升到 48.2%。劳动力的就业结构伴随着产业结构的变化，也发生了相应的变化：农业从业人员的份额从 56.1% 下降到 17.5%，第二产业从业人员份额从 16.9% 上升到 41.4%，第三产业的从业人员份额从 27.0% 上升到 41.1%。

和韩国一样，中国台湾地区对经济的干预是很明显的。20 世纪 50 年代，进口替代是其主要发展战略之一，但是到 60 年代，政策开始转向出口导向的政策。过去那些年，尤其是 20 世纪 90 年代之前，政府政策包括利用关税和非关税壁垒对进口进行限制（尤其是农产品），出台选择性的信贷政策和行业产业政策支持优先发展的产业，由政府推动出口制成品等。政府也建立了专业化的产业园区，对入园的企业提供优惠措施，另外出台了识别、转移、扩散、吸收外国新技术的政策，鼓励创新，为向高技术生产转变奠定基础。台湾地区第二次世界大战后的增长模式很大程度上是平等增长。在 20 世纪 50 年代，经济快速增长和工业化的初期，台湾地区就比其他多数发展中国家和地区收入分配均等。第二次世界大战对导致不平等和农村贫困的土地制度进行改革是收入分配均等化的原因之一。从 20 世纪 60 年代开始，收入不平等进一步下降，这源于出口驱动的劳动密集型制造业的快速增长引致的就业水平的提高。

---

① 李月. 台湾经济发展中刘易斯转折点的形成及其应对策略 [J]. 台湾研究集刊，2009（1）.

对各种类型的劳动力需求在这时候快速增加,但是对不熟练劳动力的需求增长速度更快,这导致低学历的工人的工资增长速度远高于高学历工人的增长速度,工资差距缩小,因此总体的平均工资水平快速提高。另外,因为教育的提高,具有较高学历工人供给相对较高,这降低了教育的边际回报率。然而,到20世纪80年代,技术密集型行业的发展推高了工资的不平等程度。

9.3.2 产业政策

欠发达经济体要顺利地跨越刘易斯转折点,由二元结构变为一元经济,必然带来产业结构和劳动力市场结构的变化。台湾地区的发展也不例外,然而要使经济顺利的转型,政府必须对经济进行适当的干预,出台激励相容的政策制度。

第一,适时进行产业升级。20世纪50年代,台湾地区经济发展水平十分落后,产业结构以农业为主,工业比较薄弱,服务业更不发达。与此相适应,发展经济的手段和方式也很原始落后。农业完全是粗放式经营,工业主要以民用工业和农产品初级加工为主,技术含量较低。因而这期间的经济增长方式以粗放型为特点。进入20世纪60年代,台湾地区经济在各方面都发生了较大变化。粗放式经营已不能满足经济发展的需要,配合出口导向的经济发展战略,当局开始注重发展劳动密集型产业,即利用廉价的劳动力资源,对产品进行深加工后主要用于出口,换取经济建设所需要的外汇。可以说,20世纪六七十年代台湾地区经济的调整在很大程度上得益于对劳动密集型产业的支持。这种劳动密集型产业虽仍以人力投入为主,但已包含有相当的技术成分在内,因此可以看作是一种半粗放-半集约经营。80年代中期以后,中国台湾地区与美国贸易摩擦加剧,台币大幅升值,工资成本明显增加,土地价格上涨,劳动密集型产业受到极大冲击。台湾地区的劳动密集型产业纷纷转往东南亚地区和祖国大陆，在岛内代之以发展资本与技术密集型产业。1991~1996年，资本与技术密集型产业为台湾地区的主导产业，其年增长率可达8.3%，而劳动密集型产业只有4.1%。

第二，为了解决产业结构和劳动力市场之间的矛盾，重点进行人力资源开发和技术投入。发展资本与技术密集型产业，关键的问题在于科技与人才，如果劳动力市场的结构不满足产业结构的要求，经济的转型和升级就不可能顺利进行。在这方面，台湾地区采取了一系列措施：一是增加科技投入。1986年，台湾地区的科技发展经费为6.3亿美元，1990年增加到15.7亿美元，1996年增加到大约33.3亿美元。二是鼓励科技创新活动。设立"研究开发基金""研究开发信用保证基金"等支持高新技术的应用与开发。三是创建产业园区。1990年，台湾地区借鉴美国"硅谷"经验，创建了新竹科学工业园区，通过在区内发展高科技工业及吸引海外先进技术，促使科技成果在岛内的传播。四是大力培养和开发专业人才。通过发展教育，增加投入，培养现代化建设所需的各种专业人才，同时利用优厚待遇等手段，广泛延揽海外人才。为了满足对高级专门人才的需求，台湾地区在1970年对职业学校招生规模进行调整，把普通教育与职业教育的招生比例由6:4调整为5:5，到1980年时调整为3:7，这是产业结构快速升级，调整劳动力市场结构的必然选择。

第三，加大对农村发展的投入。台湾地区在起飞阶段增长的一个显著特点是均等增长。为了缩小传统部门和现代部门的收入差距，在1969年颁布了《农业政策发展纲要》，提出降低农业生产成本，改进农业的生产技术等措施稳定农产品的供应，改善农户的收入。1973年又推出了改善农村基础设施建设的措施，对农民进行补贴，鼓励农民扩大农场的规模，改善农村的生活条件和提升农民的福利水平。随后，在20世纪70年代末又进行了第二次土地改革，鼓励土地所有权的有序转移，这些措施为土地的规模化和集约化经营奠定了基础。

9.4 结论和启示

从日本、韩国和中国台湾地区的经济增长的过程来看，欠发达经济体在从劳动力无限供给转变为劳动力有限供给的过程中，随着产业结构的变化，劳动力市场必然随之调整，否则产业结构就会和劳动力市场结构发生冲突，经济转型也会遇到大的麻烦。从产业结构和就业结构的变化来看，完全符合配第-克拉克定律，即随着工业化过程的推进，第一产业在总产值和就业构成中的份额会显著下降，第二产业和第三产业的产值份额和就业构成份额都会增加。刘易斯转折点的到来实际是欠发达经济体由二元经济向一元经济转换的重要标志。越过刘易斯转折点以后，劳动力不再无限供给，原来作为比较优势的劳动力随着经济的发展会丧失优势地位，必须基于生产要素比较优势的动态变化，从而制定相应的政策，推动经济在新的阶段持续健康的发展。

从刘易斯的相关国际经验来看，我们可以得到如下启示：

第一，在经济转型过程中，根据经济约束条件和资源的比较优势状况，引导发展相应的产业。从日本、韩国和中国台湾地区的发展经验来看，在出现刘易斯转折点以后，它们都不同程度地转向重化工业之路。这种政策取向是它们根据自己面临的经济约束条件，包括劳动力市场结构、外部环境等，发挥自己比较优势的理性选择[1]。刘易斯转折点到来后，生产要素的比较优势地位和次序会发

---

[1] 对于这个问题，王德文（2008）有不同的看法，他认为重化工业之路的选择在一定程度上偏离了这些国家的要素禀赋结构，对随后的经济增长产生了负面影响。笔者认为这些国家在随后经济发展中的问题是外向型经济增长模式本身的缺陷，该模式易受外部经济冲击的影响。但是上述三个地区都有国内市场小的特点，发展外向型经济在这一点上恰恰是理性的。

生很大的变化。要根据这种比较优势的变化适时升级产业结构和劳动力市场的结构。如上述三个地区在产业结构快速调整的过程中，为了避免劳动力市场的结构与产业结构发生矛盾，加大力度进行人力资源开发，促进职业教育和企业培训等。台湾地区的几次产业转型无不是比较优势和经济约束条件下的理性选择。

第二，重视农业在国民经济中的基础地位。从上述三个地区的经济转型过程看，都很重视农业的发展。就像费景汉和拉尼斯指出的农业部门提供劳动力和农业剩余产品，是工业扩张的前提。农业部门生产率的提高，可以释放出更多的劳动力来满足产业结构转型对劳动力的需求。在农业的发展上，不断加大生产要素的投入，同时出台包括农业补贴在内的政策，激发农民生产的积极性，确保农业产出的稳定增长，实现农业部门和非农业部门的均衡增长。如果农业发展得不到应有的重视，就会严重遏制工业化和经济结构的转型。

第三，对收入分配进行合理调节，降低城乡收入的不均等程度。上述三个地区在发展过程中，都很重视城乡的收入均等问题。如日本出台的对农民的补贴和个人的低息贷款拉动底层民众的消费水平，韩国和中国台湾在经济增长过程中也采取了有效的手段降低城乡的收入不均等问题。因为在一般意义上，收入不均等的程度如果太大，不仅会引发犯罪，甚至暴动，危害社会的稳定，最终会延缓经济起飞的速度。我们可以看到，上述三个地区在发展外向型经济的同时，对内需也很重视。拉动内需的一个前提条件是老百姓有可支配收入。中国经济增长方式要由出口拉动型转变为内需拉动型，首要任务就是增加老百姓的可支配收入，这个问题不解决，内需拉动型经济增长模式就无法实现。

第 10 章

跨越刘易斯转折点后
中国经济增长的源泉

无论是为了分析中国未来的经济增长，还是反思"东亚模式"，日本作为东亚最重要的经济体之一，都是我们应该学习和研究的对象。尽管其经济在 20 世纪 90 年代陷入了长达十年的停滞，但是在 60 年代到达刘易斯转折点后又继续保持了长达三十年的稳定增长，其经济增长的经验和教训对中国经济发展有十分重要的借鉴意义。本章的内容安排如下：首先，剖析日本在 1960~1990 年的经济增长之谜，找寻日本经济增长的真正源泉；其次，比较中日两国经济在到达刘易斯转折点前后的相似性和差异性；最后，研究刘易斯转折点后中国经济增长的潜在源泉。

10.1 日本经济增长之谜（1960~1990 年）

10.1.1 日本经济增长的事实

按照 Minami 教授的测算，日本在 1960 年左右到达刘易斯转折点，直到 20 世纪 90 年代之前，日本的实际增长率除去 1974 年由于遭受石油危机冲击增长率为－1.4%以外，其他年份都在2.5%以上。即使20世纪90年代进入萧条期后，1990~1995年平均实际经济增长率也达到了2.2%。如果观察名义GNP的增长，数据更加惊人。在1960~1970年这十年中，名义GNP增长率为年均16.0%，在下一个相继的十年该增长率达到11.6%，相应的实际GNP增长分别为10.23%和4.75%。这些记录远远高于库兹涅茨估计的发达国家自产业革命以来现代经济增长年均3%的水平。

日本经济在第二次世界大战后最显著的特点是快速的经济增长。1950~1973年以年均10%的速度增长，经济总量每七年翻一番。这个快速增长的现象被称为"日本奇迹"。图10-1和图10-2显示了日本经济高速增长的历程，曲线的斜率表示增长率。在20世纪60年代日本经济以每年超过10%的速度快速增长。这个时期的快速增长源于以下三个方面：第一，由高个人储蓄支持下的私人投资在装备制造业的快速扩张；第二，充沛供给的劳动力从第一产业大量流向第二产业；第三，采用和改进外国技术带来了生产率的提高。在1973~1974年石油危机冲击之前，日本经济都是加速增长的，由于石油危机的影响，增长速度有所放缓，增长率降为高速增长期的一半左右。1977~1986年日本经济的年均增长率为4.2%，而同期美国的增长率仅为2.7%；1986~1990年日本经济的年均增长率为5%，而美国的增长率仅为4.0%。部分学者认为20世纪50年代和60年代日本的外汇储备为其经济增长设置了上限，因为日本经济增长增加了对原材料和中间品的进口，而日本的出口是由国外的需求决定的。日本高速增长率意味着固定汇率控制下的外汇储备的恶化，当外汇储备下降时，采取了降低总需求增长率的措施。相反，20世纪70年代后约束条件对总供给发生了影响，技术进步、资本投入和劳动投入的增长设定了20世纪70年代和80年代的增长上限。这给出了第一次石油危机后日本经济增长率急剧下降的解释。

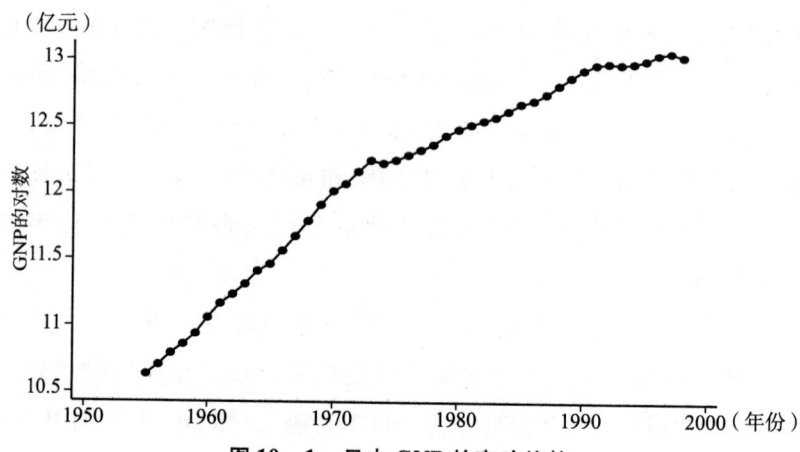

图 10-1　日本 GNP 的变动趋势

注：纵轴是 GNP（以 1990 年为基期）的对数。
资料来源：日本总务省统计局。

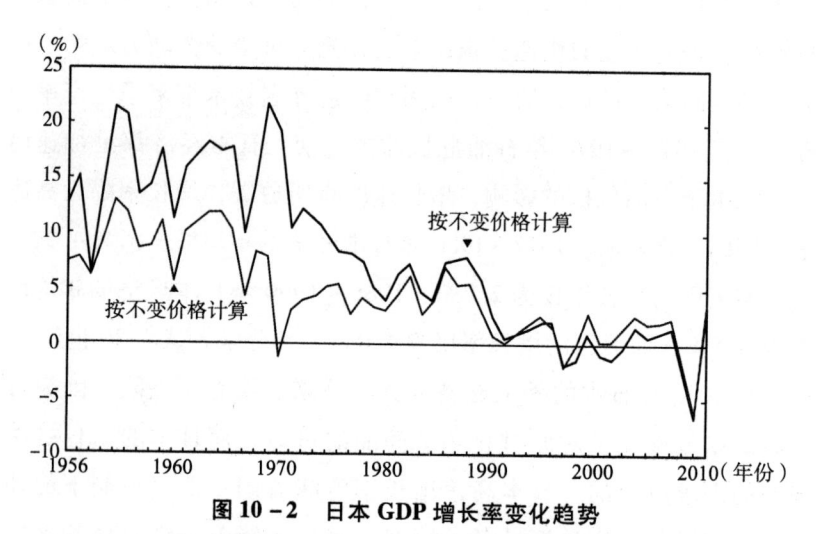

图 10-2　日本 GDP 增长率变化趋势

注：1955～1979 年的数据基于 1968 年 SNA；从 1980 年起的数据基于 1993 年 SNA。1955～1979 年的数据运用定基法计算，从 1980 到当前的数据运用环比法计算。
资料来源：http://www.stat.go.jp/english/data/handbook/c03cont.htm#cha3_4。

从经济增量上看（见表10-1），日本 GDP 在 1960~1973 年以年均 10% 的速度增长使经济总量翻了两番。1960 年日本人均 GDP 仅为美国人均 GDP 的 25.5%，到 1973 年，这一比例迅速跃升到 56.7%，到 1990 年，日本的经济总量几乎又翻了一番，人均 GDP 达到美国人均 GDP 的 78.3%。日本和美国在 1960~1990 年这一时段的人均 GDP 的差距以 3.7% 的速度迅速缩小，这归于人均相对投入 2.1% 的缩小和 TFP 差距 1.6% 的缩小速度。在 1960~1970 年，在几乎所有的产业，日本生产率增长都超过了美国。

表10-1　　　　日本实际 GNP 增长率的变化　　　　单位：%

1953~1955年	1955~1960年	1960~1965年	1965~1970年	1970~1975年	1975~1980年	1980~1985年
7.0	8.6	10.6	11.2	4.6	5.1	3.9

资料来源：Takatoshi Ito（1992）.

长达几十年的高速增长改变了日本的国际地位和社会面貌。1968 年 GDP 总量超过德国，成为仅次于美国的世界第二大经济体。高速增长时期也确立了以年功序列制、终身雇佣制、和企业工会为核心的被奉为日本企业管理"三大神器"的日本式的经营体制。

10.1.2 日本经济增长的根源

日本在遭受石油危机后，经济增长速度没有恢复到昔日 10% 左右的高速经济增长状态。在经历高速增长阶段后，以 1973 年第一次石油危机为拐点，经济进入稳定增长时代。要破解日本经济体在到达刘易斯转折点之后仍维持长时间的增长之谜，应该利用增长核算的结果观察相关增长驱动因素对经济增长贡献度的变化。本节的目的是分解日本整个经济在刘易斯转折点到来后（即 Minami 测算的 1960 年前后）到 1985 年这一时段经济增长的根源。

表 10-2 列出了 1960~1985 年日本经济增长根源的分解，表中各行每一项目表示，每一项目在考察期的年均增长率。表 10-2 整体上分为三部分：第一部分，基于迪维西总量框架的经济增长源泉的分解；第二部分，是各投入要素的贡献度的测算；第三部分是资源重新配置对经济增长贡献的状况。

表 10-2　　日本 1960~1985 年经济增长根源分布　　　　单位：%

	项目		1960~1965年	1965~1970年	1970~1975年	1975~1980年	1980~1985年	1960~1972年	1972~1985年	1960~1985年
迪维西总量	(1)	增加值	9.725	11.798	4.733	3.784	3.896	9.760	4.043	6.787
	(2)	劳动投入	2.929	2.201	-0.097	1.967	1.608	2.381	1.113	1.722
	(3)	资本投入	10.274	10.190	7.958	4.647	4.990	10.105	5.310	7.612
	(4)	劳动贡献	1.397	1.079	-0.075	1.154	0.953	1.156	0.667	0.902
	(5)	资本贡献	5.349	5.237	3.792	1.925	2.047	5.190	2.267	3.670
	(6)	部门 TFP	2.979	5.482	1.016	0.704	0.895	3.415	1.108	2.215
贡献	(13)	(劳动投入)	1.453	1.146	-0.074	1.151	0.985	1.227	0.660	0.933
	(14)	质量	0.838	-0.125	0.332	0.537	0.549	0.419	0.433	0.426
	(15)	人-时	0.616	1.272	-0.406	0.614	0.436	0.809	0.227	0.506
	(16)	(资本投入)	5.631	5.762	4.056	2.095	2.129	5.561	2.433	3.935
	(17)	质量	2.739	1.812	0.742	0.238	0.632	2.069	0.460	1.233
	(18)	资本存量	2.892	3.950	3.314	1.856	1.479	3.492	1.973	2.702
重新配置	(19)	增加值	-2.153	-0.649	0.279	0.220	2.480	-1.111	1.094	0.035
	(20)	劳动投入	-0.056	-0.067	-0.001	0.003	-0.032	-0.072	0.007	-0.031
	(21)	资本投入	-0.282	-0.525	-0.264	-0.170	-0.082	-0.371	-0.166	-0.265

资料来源：李京文，D. 乔根森等. 生产率与中美日经济增长研究 [M]. 北京：中国社会科学出版社，1993：410.

首先，我们观察表 10-2 的第一部分，即基于迪维西总量的经济增长的分解上。第一行表示净总产出的年均增长率。1960~1985 年这一时段年均增长率超过 6.7%，其中在高速增长期 1965~1970 年的年均增长率为 11.8%，由于 1973 年第一次石油危机的冲击致使 1975~1980 年的年均增长率降为 3.78%。1972~1985 年的年均净产出增长率（4.04%）降低到经济高速增长期1960～1972年年均增长率（9.76%）的一半以下。在1960～1985年，劳动和资本投入的年均增长率分别为1.72%和7.61%。劳动投入年均增长率在20世纪60年代超过2%，在1970年后衰退。尤其是1970～1975年降低为-0.097%，这归于石油危机后节约劳动费用导致削减劳动投入。与之相反，资本投入却快速增加，尤其是20世纪60年代，资本投入年均增长率超过10%，尽管石油危机后，资本投入有很大降幅，但仍然超过5%。除去1965～1970年高速增长期资本投入年均增长率低于净总产出年均增长率以外，其他时段，都是资本投入年均增长率高于净产出年均增长率，这说明在1960～1985年资本偏生产率逐渐恶化，相反劳动偏生产率明显增加。部门生产率在1960～1985年平均增长率是2.2%，其中经济高速增长的1965～1970年平均增长率高达5.48%；劳动、资本和部门TFP对净产出增长的贡献分别为14%、54%和32%。可以看出，在整个观察期内资本投入对经济增长有极大的贡献，而在高速增长期的1965～1970年，部门TFP的贡献率超过40%。

下面，我们集中于表10-2的第二部分，投入要素的数量和质量变化对经济增长的贡献。我们注意到1960～1985年劳动质量变化的贡献平均0.4%左右，这些贡献在1965～1970年变为负值，在石油危机后的1975年以后恢复到0.5%左右。另外，资本投入质量变化的贡献也逐渐下降，尤其在石油危机以后。

第三部分是投入要素的重新配置对经济增长率的贡献。重新配置偏向值表示部门增加值结构调整的数量，重新配置偏向的负（正）值表示部门增加值的重新配置有（没有）贡献于总体的经济增长。显然，投入要素的重新配置偏向的负（正）值意味着投入效率的增加（减少）。可以看出，在日本整个经济增长期内，生产要素的重新配置是日本经济的主要因素，尤其在20世纪60年代，日本劳动和资本投入在部门间配置的结构调整是很高的。

综上所述，日本经济增长源泉的分解，32%归于技术的变化、55%归于资本投入、13%归于劳动投入。日本经济的持续增长源于技术进步和创新以及资本积累，而全要素生产率的迅速增长源于资本积累和资本在各部门重新配置的变化。

表10-2和表10-3给出了日本经济增长核算比较详细的分解。

表10-3　　　　　　　日本经济增长因素分析　　　　　　单位：%

时段	1953~1971年		1960~1970年		1970~1980年	
平均增长率	8.81		10.62		4.84	
贡献分解	绝对值	相对值(8.81)	绝对值	相对值	绝对值	相对值
劳动力	1.85	(21.0)	1.59	(15.0)	1.01	(20.9)
就业人数	1.14	(12.9)	0.97	(9.1)	0.63	(13.0)
工作时间	0.21	(2.4)	-0.06	(-0.6)	-0.26	(-5.3)
性别，年龄组成	0.14	(1.6)	0.27	(2.5)	0.19	(3.9)
教育	0.34	(3.9)	0.41	(3.9)	0.45	(9.3)
未分配	0.02	(0.2)	—	—	—	—
资本	2.10	(23.8)	3.40	(32.0)	1.29	(19.8)
库存	0.73	(8.3)	0.70	(6.6)	0.28	(5.8)
设备投资	1.07	(12.1)	1.47	(13.8)	0.83	(17.1)
住宅	0.30	(3.4)	0.27	(2.5)	0.13	(2.7)
设备年限	—	—	0.96	(6.6)	0.05	(5.8)
技术进步	4.86	(55.2)	5.53	(53.0)	2.54	(52.5)
知识	1.97	(22.4)	4.78	(45.0)	2.01	(41.5)
资源再配置	0.95	(10.8)	0.85	(8.0)	0.53	(11.0)
规模经济	1.94	(22.0)	—	—	—	—
总的（舍入误差）		(100.0)		(100.0)		(100.0)

资料来源：Denison和Chung（1976）和Takatoshi Ito（1992）。

从表10-2和表10-3中可以看到日本的经济增长有如下特点：

第一，日本在从1953~1980年的各个时期，劳动力、资本和技术进步的贡献都很明显。其中就业人数、设备投资贡献很大。工作时间对经济增长的贡献下降的比较明显，在20世纪60年代之前贡献为正值，60年代后变为负值。

第二，对经济增长贡献份额最大的是技术进步、其次是资本、最后是劳动力。在技术进步这个要素中，知识积累的贡献最大，相对贡献份额一直保持在20%以上。20世纪六七十年代这一份额达到了45%以上，甚至是20世纪五六十年代的两倍。

10.1.3 日本经济增长对中国的启示

通过10.1.3节的分析，可以得到以下几点启示：

第一，资本要素对经济增长率的贡献相对比较重要，尤其是1975年以前基本维持在3%以上。尤其是设备投资。1965~1976年设备投资的年均增长率达到104%，比政府和个人消费高得多[①]。设备投资增加，意味着日本的工厂和机器的数量在持续的增加和扩大。在现代经济的增长中，没有物质资本的增加，经济增长是无法实现的。另外，投资的扩大使需求增加。投资的扩大不但使需求增加，而且还会创造出新的需求。然而1975年以后，资本的贡献明显下降。一方面，是由于能源成本的上升，导致投资收益率降低，一定程度上抑制了企业投资的积极性；另一方面，则是"后发优势"消失。到20世纪70年代初期，日本的赶超期已经结束，通过引进发达国家先进技术的空间已经很小，与引进和模仿相比，创新的成本和风险要大很多。20世纪80年代，日本在家电、汽车等领域的新技术突破尽管提高了生产率，但是研发费用要高很多。

第二，劳动因素对经济增长率的贡献度不显著。表10-2表明，1955~1968年，劳动对经济增长的贡献度为年均增长2.0%。

---

① [日]金森久雄.日本经济增长讲话[M].北京：中国社会科学出版社，1980：73.

20 世纪 70 年代以后，大多数年份下降到 1.0% 以下，有的年份甚至为负值。究其原因，有以下几点：第一，劳动人口增长率下降。15 岁以上的人口增长率趋缓，1956~1973 年平均增长率为 1.8%，而 1974~1985 年降至 1.2%。另外，大学入学率的提高，也在一定程度上导致 15 岁以上的劳动力人口中进入劳动力市场的比率下降。第二，人力资本的边际效应递减。在经济起飞的初期由于经济教育水平提高带来了劳动生产率的显著提高，到 20 世纪 70 年代就趋于相对较稳定的水平。例如，在岗从业人员中高中学历的比例 1960 年为 22.3%，1970 年上升到 30.1%，而到 20 世纪 80 年代就稳定在 50% 以上。

第三，全要素生产率对经济增长的贡献巨大。可以看到 1955~1968 年的全要素生产率对经济增长的贡献度达到 5.6%，20 世纪 70 年代以后降至 2% 以下。比资本、劳动因素下降的更加明显。从增长核算体系的角度看，全要素生产率是经济增长的根源之一，从生产者平衡理论的角度看，全要素生产率意味着技术进步的快慢。在 20 世纪 50 年代中期，第二次世界大战后日本经济从战争毁坏中恢复到战前经济水平，并开始了新经济增长的挑战。学者们一致认为日本经济高速增长的主要根源是全要素生产率的巨大上升，即快速的技术进步。日本在高速增长期对设备投资的侧重也从侧面印证了这一观点。至于技术进步对增长的贡献程度，很难通过数值本身做出估算，因为投入和产出度量的定义和概念不一样。广义地说，所有学者一致认为从 1955 年到刘易斯转折点到来之前经济增长中全要素生产率的贡献是相当大的。在此期间，全要素生产率的高速增长主要源于迅速的资本积累支持引进国外的先进技术。Hayashi 和 Prescott（2002）认为日本经济在 20 世纪 90 年代陷入长达十年的停滞其根本原因在于过低的生产率增长，1978 年的临时法案导致全要素生产率从 2.18% 降低到 0.64%。可见，全要素生产率不管是在日本经济高速增长期还是在迷失的停滞增长期都扮演着关键的角色。另一方面，也普遍认为劳动投入对经济增长的贡献小于资本投入的贡献，一般测算的结果认为20世纪50年代和60年代劳动投入对经济总量的贡献份额不超过21%，有的学者甚至认为只有13%。

第四，日本高的储蓄率为其高的投资率提供了充裕的资金。日本高储蓄可以归结为以下两个原因：日本经济的高速增长使普通民众的持久性实际收入大大增加；奖金和其他暂时性收入也有很大提高。在政策层面，日本财税体系在高储蓄方面也发挥了正向作用，各种资产类收入的优惠政策得以实施，结果日本的累进税大大降低。强大的金融制度使国内的储蓄高效的转化为投资。这些资金被投资于设备的改造、技术的引进和创新、基础设施的建设等。为了提高效率，日本政府充分利用了依靠邮政储蓄系统运行的信贷机制。

第五，广泛、普遍的技术进步。20世纪60年代之前的技术革新形式主要以引进、模仿为主，带来了持续的生产率的增长。日本的引进技术引进吸收能力很大程度上源于第二次世界大战前和战争期间的技术经验。日本技术革新进步的演进过程伴随着产业的发展，最初从钢铁和电力等基础产业起步，然后过渡到电子、机械产业，最后进入新兴装配行业例如汽车和电子产业。从产业演进的过程看，对技术的要求也越来越高，仅靠引进吸收是不行的，因此必须依靠原创的核心技术实现经济的增长。20世纪90年代，日本经济陷入长期的低迷，与技术创新的能力下降不无关系。当然，日本的一些学者认为日本90年代经济的衰落并非创新能力的下降，而是技术引进的力度降低，原创性技术的投入和风险加大了失败的概率。提高全要素生产率对经济贡献是采用技术引进还是原创的方式，关键看自己的比较优势在哪里。

除了上述主要的经济驱动因素之外，生产要素的再配置也是日本经济增长持续增长的重要驱动力。

10.2 刘易斯转折点后中日两国经济特征比较

经济增长能否持续对中国未来至关重要。尽管中日两国基于不同的历史传统、资源禀赋、市场环境和经济基础，发展的程度差异很大。但中国目前和日本在20世纪60年代到达刘易斯转折点前后的经济特征有近似的部分，可以借鉴日本经济增长的经验，破解中国经济增长的难题。

10.2.1 刘易斯转折点后中日经济的相同点

日本从1955年开始经济开始进入快车道，1960年前后迎来了刘易斯转折点，随后又维持了30年左右的经济增长，前后持续了35年。中国经济从1978年起步，高速增长也差不多30年了，但是中国在2010年前后到达刘易斯转折点后面临着诸多的经济困难，经济增长能否持续呢？中日两国在到达刘易斯转折点前后有很多共性的特征，主要有以下方面：

第一，剩余劳动力消失，出现缺工现象。中国目前的情况与1960年日本劳动力市场的现象比较类似，剩余劳动力消失，劳动力出现短缺。根据蔡昉（2008）的研究在劳动力大规模流动和转移的情况下，农村仍然存在的剩余劳动力已经与以往有了很大差异，其中50%以上是40岁以上的劳动力，这部分大多是人力资本投资较弱的群体，转移的难度很大；而日本出现的是普遍的缺工现象，不限于非熟练的工人。从数量上来看，中国农村剩余劳动力确实还很多，但是如果考虑到中国农村劳动力的年龄结构，其实中国农村可转移的劳动力就很少了。

第二，农业部门的工资高速上涨，和劳动边际生产率趋同。20

世纪90年代末以来,中国城市正规劳动力市场每年都经历着两位数的工资上涨,在城市流动的农村剩余劳动力的工资上涨更快。根据国家统计局的调查,2009年农民工的实际月平均工资为1221元,为2001年的1.9倍。此外,中国人民银行调查数据表明,2009年农民工月均工资为1783.2元,比2008年提高17.8%[①]。前面章节已经比较详细地证明了中国农业部门的工资和劳动边际生产率趋同。日本农业中的雇工工资第二次世界大战后的期间,显示出很大的跃升,尤其是在20世纪60年代,刘易斯转折点到来前后,其农业部门的工资决定也是在20世纪50年代后期到60年代早期,其工资也表现为由劳动边际生产率决定,而这恰是日本经济的刘易斯转折点时期。

第三,劳动力就业结构分布类似。自20世纪90年代以来,中国的劳动力就业结构有两次大的变化。第一次是90年代初期的"民工潮",第二次是2003年的投资推动。1991年三次产业的就业人数所占比例分别为60.1%、21.4%和18.5%,而2010年三次产业的就业人数所占比例分别变为38.1%、27.8%和34.%。劳动力的就业结构显示出从第一产业向第二、第三产业转移的格局。日本在1960年三次产业就业人数所占比例分别为32.7%、29.1%和38.2%,农业部门的就业比例继续下降,到1970年时,日本的这一比例分别为19.3%、34%和46.6%。可以看出,中日在经历刘易斯转折点的过程中,均表现出"配第-克拉克"产业结构演化模式。

第四,面临通货膨胀的压力。按照刘易斯-费-拉尼斯模型的说法,一国经济在到达短缺点以后,农产品供给不足,会产生通货膨胀。中国从1996~2003年物价是相对比较平稳的,但是自2003年开始,物价逐年连续攀升,尤其是2007年以来物价显示出加速

---

① 中国人民银行调查司,第5次农民工问题监测报告;蔡昉主编. 中国人口与劳动问题报告 No.11-后金融危机时期的劳动力市场挑战 [M]. 北京:社会科学文献出版社,2010:40.

上升的趋势。历史上的日本在到达刘易斯转折点前后也表现出这样的现象，在20世纪60年代日本CPI的平均涨幅在5%~6%，但是生产资料的平均涨速只有1%多，其主要原因不是食品价格的快速上升，而是源于巴拉萨-萨缪尔森效应。

第五，增长模式都比较粗放。从前述章节增长方程的核算来看，中国的经济增长主要依赖于政府的投资，全要素生产率和生产要素的再配置对经济的增长很小。这和扬（Young，1994）的观点是一致的，他发现在东亚的诸多工业化经济体中，全要素生产率的贡献可以忽略不计经济增长的最大贡献来自物质资本，其次是人力资本，即克鲁格曼所说的汗水变量。日本尽管在20世纪60年代，也属于粗放式的经济增长方式，也主要依赖于投资的贡献，但是他的投资主要是设备投资，属于技术的引进吸收和创新，全要素生产率对日本经济的增长也显示出很重要的作用，普雷斯科特认为20世纪90年代日本经济进入衰退期，与全要素生产率的增长降低有很大的关系。另外就是要素再配置对日本经济的贡献也很明显。

第六，储蓄率逐年攀升，长期处于高位。1999~2007年中国的总储蓄率攀升了14.4%，其中家庭储蓄贡献了2.7%（从20.2%上升到22.9%），政府储蓄贡献了5.4%（从2.7%上升到8.1%），企业储蓄贡献了6.3%（从13.7%上升到20%）。中国的家庭储蓄在过去20年里一直维持在20%上下的高位，和日本并无二致。日本在经济高速增长的20世纪60年代和70年代，储蓄率也一直在稳步上升，1960年储蓄率为17.4%，1965年为18.5%，1970年为20.3%。高储蓄率对日本经济的高速增长影响很大，家庭储蓄是银行资金来源的主渠道。高储蓄是中日两国高投资支撑经济增长的必要前提。

10.2.2 刘易斯转折点后中日经济的差异性

中日两国由于经济起飞的时间不同，在表现出经济特征的诸多相似性的同时，更多的则表现为差异性。

第一，中国是未富先老，而日本是先富后老。按照人口规律，人口老龄化是人口转变过程中必然出现的现象，也是经济发展到一定阶段的衍生物。从蔡昉（2008）的研究结果来看，老年人口比例与人均国民总收入（GUI）呈现出这样一种关系：随着人均GUI的提高，老年人的比例也在不断提高，当人均GUI提高到一定程度后，老年人比例提高的速度会越来越快。中国由于经济的超高速增长和社会发展，以及计划生育政策的推行，使中国在经济发展水平还较低的情况下，实现了人口转变过程，过早的迎来了人口老龄化。中国在2006年的人均GDP为2028美元，仅相当于日本1969年的水平，而日本产业转型的推进到1973年日本人均GDP已经超过4000美元。

第二，中国出现"民工荒"和"大学生就业难"并存现象，而日本仅仅是缺工荒。由于中国的产业结构转型赶不上劳动力市场的变化，导致对低层次的农村剩余劳动力需求旺盛，对大学生的需求疲软，近几年的"大学生就业难"和"民工荒"总缠绕在一起。从日本制造业的就业人口变动趋势看，产业转型带来就业人口从传统部门向现代部门（如电器机械、精密仪器等）的大规模转移，而且这种转移是建立在对高素质人才的需求之上的。

第三，中国经济增长最大的贡献来自于物质资本，其次是人力资本，即克鲁格曼所说的汗水变量；日本经济增长也依赖于物质资本，但是更重要的驱动因素来自全要素生产率。从前述的研究结果来看，中国经济增长的驱动主要依靠投资，特别是政府基础设施的投资拉动，消费的拉动微乎其微，按照黄亚生的说法中国GDP的高速增长得益于以大型基建和城市投资项目为中心的发展战略。相比较日本，在20世纪60年代之前，日本的经济增长方式也很粗放，但是政府在有意识的引进、改造机器设备和技术创新，尽管日本的投资对经济增长的贡献很显著，但是其投资结构和中国完全不同。另外，日本的全要素生产率对经济增长的贡献在其35年的历程中都扮演着重要的角色。

第四，中国不均等程度成为社会的焦点，而日本的不均等程度相对较小。20世纪80年代中期以来中国消费和收入的不均等程度加大，地区和城乡间的不均等程度受到更多的关注。据万广华（2006）的测算，中国的区域不均等程度在起伏中上升，在1989年、1994年和2002年分别达到最高值，总的上升趋势是非常明显的。城乡不均等程度可以解释不均等程度的70%~80%，解决农民的收入是解决中国不均等的关键。和中国比较，日本在其经济发展过程中，致力于改善国内的不均等程度，在20世纪60年代开始，日本开始实施"国民收入倍增计划"，使日本已经成为一个"均富社会"。日本现在的基尼系数是0.24，而当时日本的基尼系数已经在0.3以下，而中国现在的基尼系数是0.47，已经超过国际通行的0.4的警戒线。

第五，中国幅员辽阔，地区间差异比日本大，这将使中国经济在产业升级的同时出现多层次的结构。中国广袤的地域面积，在经济的发展上表现为地域经济发展的不平衡。从到达刘易斯转折点的时间顺序来看，东部发达地区已经达到商业化点，中部地区已经到达短缺点，西部某些欠发达地区还没有到达短缺点。从产业发展的演进来看，中国经济的发展显示出"雁型模式"，表现为产业依次从发达地区向欠发达地区转移。这种产业结构和发展水平的阶梯形格局，使中国的市场需求层次更加丰富，高中低端产业结构都会长期存在，需求结构的递次差异也使产业的生命周期相对延长。日本作为一个岛国，在地域上表现为经济发展的一致性和趋同性。

第六，中国人口老龄化阶段来临比日本提前。按照联合国的标准，把一个国家65岁及以上人口比重超过7%定义为老龄化社会。中国人口普查数据显示65岁及以上人口在总人口中所占的比例，1990年为5.57%，2000年为6.96%，2005年为7.7%，2010年为

8.87%。按照该标准，中国在 2000 年基本上已经入老龄化阶段[①]。日本经济在 1960 年前后到达刘易斯转折点，此时日本 65 岁以上人口所占比例仅为 5.7%，还没有进入老龄化社会，按照联合国的标准，日本 1970 年才进入老龄化社会。如果以 2010 年作为中国经济的刘易斯转折点，按照刘易斯转折点为比较的基准，那么中国进入老龄化社会比日本提前了大约二十年。这样的结果主要归于中国的计划生育政策推进了中国人口结构的过快转化，"低出生率、低死亡率、低增长率"的人口阶段的过快到来。

第七，中国劳动力成本优势依然明显。虽然中国经济已经到达刘易斯转折点，但国内庞大的劳动力规模仍使中国在劳动力方面具有禀赋优势。按照都阳和曲玥（2008）的估算，2006 年中国制造业工资占劳动生产率的比例仅为 7.31%，而日本在 2002 年的水平为 26.51%，美国在 2003 年的水平为 31.99%[②]。但是，不可忽视的是中国劳动力逐渐短缺所造成的工资急速上升正使中国丧失这一优势。

10.3 中国经济增长的源泉

10.3.1 转变经济增长方式的必要性

在过去 30 年里，中国在经济上取得的成就举世瞩目，被称为"中国奇迹"。自 1978 年改革开放开始，中国一直保持着高的经济增长率。2010 年，中国的 GDP 总量超过日本成为世界第二大经济

---

① 国家统计局编.2010 年第六次全国人口普查主要数据［M］.北京：中国统计出版社，2011：9.
② 都阳，曲玥.制造业劳动生产率变化及其含义［M］.//中国人口与劳动问题报告 No.9—刘易斯转折点如何与库兹涅茨转折点会合，北京：社科文献出版社，2008：140.

体。对中国经济增长保持乐观的学者甚至认为中国在未来的十年或二十年里可能超过美国，成为世界第一大经济体。然而，也有人认为中国目前的增长模式是不可持续的，更有人认为中国会得"日本病"。由于中国经济对全球经济的重要影响，中国如何维持其增长速度，对中国乃至世界都很重要。

  从前面的研究来看，中国的增长模式的显著特征是国内投资在经济增长中占据主导地位。在20世纪80年代，固定资本形成总额占名义GDP的百分比在30%上下波动，以1992年邓小平南方谈话为转折点，投资与GDP的比率逐年上升，2010年达到了46.2%（见图10-3）。另外，居民消费占GDP的百分比一直呈下降趋势，2010年为33.8%，在新兴经济体中是最低的（见表10-4）。

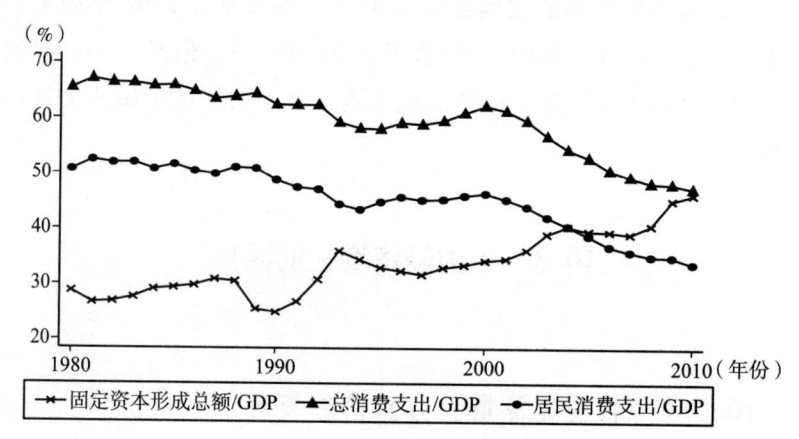

图10-3 中国的消费与投资

资料来源：2011年的《中国统计年鉴》表2-17和表2-18。

表10-4   各国家或地区的投资和消费比率

		中国	日本	美国	韩国	中国台湾	泰国	印度尼西亚	印度
1. 投资/GDP的比率	2010年	46.2	20.5	15.5	28.6	21.7	24.7	32.2	31.8
	历史最高值	46.2	36.4	23.2	38.0	30.9	41.6	32.2	35.8
	年份	2010	1973	1943	1991	1975	1991	2010	2007

续表

		中国	日本	美国	韩国	中国台湾	泰国	印度尼西亚	印度
2. 消费/GDP的比率	2010	33.8	58.6	70.6	52.5	58.0	53.7	56.7	61.9
	历史最低值	33.8	52.3	49.5	49.1	47.2	53.2	56.7	61.7
	年份	2010	1970	1944	1988	1986	1995	2010	2009

资料来源：美国经济分析局（BEA）、日本总务省统计局、中国国家统计局等。

目前这种增长模式引发的问题在宏观经济上表现为经济的内外失衡。

第一，收入差距继续扩大。李实和佐藤宏（2004）发现中国改革开放以来所付出的最大的代价就是收入差距的持续扩大。由于经济增长的主要驱动力来源于城市部门，各级政府用于支持农村生产支出所占比重20世纪90年代以来都处于逐年下降的趋势，而这一定程度上助推了城乡收入差距的扩大。在政府官员的政绩以GDP为考核中心的考核机制下，抓住城市当然是各级政府官员的理性选择。

第二，普通老百姓很少分享到经济增长的红利。从1992年开始人均收入和人均GDP之间的差距越来越大，尽管普通民众的生活水平有了一定的改善，但其并未与国内生产总值的增长保持一致。如果普通民众的可支配收入没有实质的提高，中国要转变经济增长方式就是不现实的，潜在的需求就永远是潜在的需求。

第三，经济增长理论认为资本积累对短期增长具有效果，但是对于长期增长不起作用。这是因为投资越多效率和收益率下降得越多。也就是说，在理论上仅仅依靠投资来驱动经济增长，最后的结果必然是停滞。从日本案例中我们可以看到全要素生产率（技术）的作用，技术进步没有收益率递减的局限。因此中国要实现长期的经济增长就离不开技术进步，这已经成为基本共识。

第四，投资驱动的增长模式下，为了维持经济的高增长必须投入大量的原材料和能源，对环境的破坏相当严重。据中国发展改革委员会的数据，2004年发电量占全球发电量的12.5%，煤炭消费量占全球总消费量的34.4%，表明中国能源消耗量很大。2004年的铁矿石消费占全球消费的38%，而该年中国的GDP仅占全球的5%。

基于以上缘由，中国转变经济增长方式刻不容缓。中国从2005年就有步骤的开始经济平衡的举措，例如，实行新的汇率政策降低对出口部门投资的激励，纠正资源的错误配置。另外，出台减免农业税的政策和实行农村免费义务教育等，一定程度上推动了国内的需求。鉴于目前中国经济增长再平衡的必要性，必须采取更大的力度。

10.3.2 经济增长的源泉：劳动力，资本和全要素生产率

就经济增长的直接原因来说，中国和其他国家一样，没有什么特别的地方，可以列举出资本积累、劳动力、技术进步三个方面。这里的技术，除了科学技术外，还包括管理和政策对经济的促进作用。过去三十多年的经济增长主要依赖于高投入、高储蓄，这些跟其他国家和地区的情况差不多，甚至有过之而无不及。中国所处的发展水平也就相当于日本20世纪60年代、韩国20世纪80年代的水平。

表10-5显示中国东部、中部和西部地区从1991~2009年的经济增长动力主要源于物质资本的贡献，劳动力对经济增长的贡献很小，来自于技术进步的贡献从1995年以后为负值。不论是从中国经济的核算，还是研究日本经济增长的历史，可以发现，中国未来的经济增长驱动力来源于两个方面：人力资本投资和技术进步。技术进步和人力资本投资这两个方面不仅相互关联，而且也是中国经济实现转型，产业结构升级的必然选择。如果中国经济将来要继

续增长,必须推动技术的进步。未来我们面临的是能不能推进技术进步,能不能在刘易斯转折点到来后,人口红利消失的情况下维持经济的增长。技术进步不仅仅是研发投入的问题,跟制度、市场化程度直接相关。中国经济增长方式的转型不是简单地从投资驱动向消费推动转型,关键在于是否有技术进步。日本的经济增长史已经告诉我们,没有适当的技术进步和创新方式经济增长是不可持续的。

表 10–5　1991～2009 年中国东部、中部、西部地区增长核算　　单位:%

区域	对GDP的贡献	1991～1995年	1996～2000年	2001～2005年	2006～2009年	1991～2009年
东部	国内生产总值	10.53	1.08	2.57	2.93	4.35
	物质资本	10.09	7.25	6.41	7.83	7.897
	劳动力	0.62	0.15	0.76	0.57	0.523
	未被解释部分	-0.17	-6.3	-4.60	-5.46	-4.067
	资本配置	0.57	0.03	0.02	-0.04	0.155
	技术进步	-1.29	-6.28	-4.88	-5.56	-4.450
	劳动力配置	0.55	-0.057	0.26	0.128	0.227
	劳动力再配置	0.52	-0.078	0.232	0.036	0.188
中部	国内生产总值	10.661	1.10	2.787	3.905	4.651
	物质资本	8.105	6.08	6.540	9.08	7.365
	劳动力	0.638	0.20	0.346	-0.029	0.305
	未被解释部分	1.917	-5.18	-4.10	-5.14	-3.02
	资本配置	0.653	0.23	0.13	0.052	0.276
	技术进步	0.759	-5.03	-4.46	-5.50	-3.456
	劳动力配置	0.506	-0.377	0.237	0.31	0.160
西部	国内生产总值	10.884	1.515	3.024	5.229	5.159
	物质资本	5.917	5.600	6.363	7.093	6.198
	劳动力	0.665	0.237	0.368	0.370	0.412
	未被解释部分	4.302	-4.322	-3.707	-2.234	-1.451
	资本配置	1.292	0.507	0.208	0.171	0.564
	技术进步	2.359	-4.807	-4.213	-3.345	-2.457
	劳动力配置	0.651	-0.021	0.298	0.940	0.442

续表

区域	对GDP的贡献	1991~1995年	1996~2000年	2001~2005年	2006~2009年	1991~2009年
全国	国内生产总值	12.91	1.56	3.22	4.64	5.63
	物质资本	7.07	6.70	6.69	8.13	7.09
	劳动力	0.33	0.37	0.32	0.23	0.32
	未被解释部分	5.51	-5.51	-3.79	-3.71	-1.78
	资本配置	0.66	0.20	0.01	-0.12	0.20
	技术进步	4.22	-5.78	-4.11	-4.11	-2.36
	劳动力配置	0.63	0.074	0.308	0.523	0.377

注：运算结果来源于第8章。

10.4 结论性评论

经过上述对日本经济增长历程的研究，以及中国经济在刘易斯转折点前后的比较分析，我们发现，每个欠发达经济体在经济起飞阶段的增长路径具有相似性。尽管某些增长路径依赖于资源禀赋状况，但是经济的可持续增长有其内在的规律性。在前文对中国经济增长的核算和对日本经济增长的文献研读中，发现技术进步和创新是经济持续增长的源泉；创新机制的形成要依靠其他内在机制的推动，例如，普通民众的可支配收入决定的潜在需求的诱导性机制。

（1）不同经济发展阶段依赖于不同的经济增长要素。在经济发展的初期，经济增长的方式比较粗放，主要依赖国内投资拉动；随着经济的发展，逐渐转向出口拉动；然后转向内需拉动和技术创新拉动。

（2）科学技术是经济持续增长的重要因素。科学技术贯穿一国经济增长发展的全过程，并在不同阶段采用不同的手段，并发挥不同的作用。一般情况下，经济起飞的初期，依靠引进、吸收；发展到一定阶段就需要原创性的技术创新。尤其是重大的技术创新甚至会起到决定性作用。例如，日本在20世纪50年代至80年代中期这一段时间发展速度要比美国快很多，但是到90年代，增长速度落后于美国，其实与美国站在信息技术革命的前沿有关。

（3）制度和环境在经济增长中举足轻重。虽然大家都很关注经济增长的驱动要素，但是我们认为更应该关注制约经济增长的要素是什么。技术进步是不会主动产生的，尤其是在劳动力成本还有比较优势的情况下，要发挥技术进步在经济增长中的作用，必须出台有助于技术进步和创新的激励相容的制度。

（4）产业结构升级是经济持续增长的必然选择。经济发展是动态的，劳动力市场也会随着人口结构发生变化，劳动力市场结构的变化是不可逆转的。在产业结构和劳动力市场结构发生矛盾的情况下，只有加快产业结构的升级。而且产业结构的升级还有助于改善收入分配不均衡状况。

总之，通过以上的比较研究和分析，笔者认为，中国在到达刘易斯转折点以后，经济增长面临着很多约束，而技术进步和创新是中国经济持续增长的源泉，这个源泉不会自然产生，而更需要激励相容的促发技术创新的政策和制度。

第 11 章

结论和政策建议

11.1 主要结论

改革开放以来,随着农业生产率的提高,从农业部门释放出了大量剩余劳动力,非农经济的发展和城乡间壁垒的逐步放宽为劳动力跨地域、跨产业转移提供了契机。自 1990 年以来,劳动力迁移的规模越来越大,学术界普遍认为劳动力的再配置效应在经济增长中的贡献很大。随着劳动力迁移进程的演进,2004 年在珠三角局部地区出现了"民工荒",与此同时,学术界出现了中国刘易斯转折点是否到来的争论,2010 年出现在全国的"用工荒"更加剧了中国刘易斯转折点是否到来的热议。本书从四个角度对"中国的刘易斯转折点是否到来"这一命题进行了实证,以此为基点,研究了中国劳动力再配置的 GDP 增长效应及变化趋势,探讨了中国经济增长的驱动要素在刘易斯转折点到来前后可能发生的变化。本书通过实证研究基本澄清了上述问题。

(1) 第一个问题:中国刘易斯转折点是否已经到来的研究。本书从四个视角对这一问题进行了实证研究,结论如下:

第一个视角,利用中国劳动力市场的现实概括了中国劳动力市场转折的典型化事实，为中国刘易斯转折点是否到来提供事实依据。第一，劳动力供给已经发生变化。中国长时间计划生育政策导致生育率持续下降，加速改变了人口年龄结构，即新增劳动力供给下降的效应已经在劳动力市场上显现。作为劳动力供给主要表征的劳动参与率也表现出逐年下降的趋势。除了数量和年龄结构的变化外，随着多年的大学扩招，劳动力市场的素质结构也发生了很大的变化。第二，劳动力潜在需求深受产业结构变动的影响。伴随着城市化、工业化，中国以劳动密集型产业为主的产业结构得到不断强化，这种产业结构特征带来的后果就是劳动力需求结构的分化。由于劳动密集型产业对劳动力素质的要求不高，对农村劳动力的需求相对较多。这种产业结构长期积累效应就是，"民工荒"和"大学生就业难"并存。不论供给层面还是需求层面，都为中国劳动力市场的转折提供了客观的事实依据。

第二个视角，本书运用"Minami准则"对中国的刘易斯转折点进行了实证分析。分析表明：中国经济已经越过了刘易斯第一转折点，即"短缺点"，但没有充分的理由说明中国经济接近或达到了刘易斯第二转折点，即"商业化点"。

第三个视角，从劳动力市场一体化的视角来研究中国刘易斯转折点。欠发达经济体在发展的进程中，经历的三个发展阶段应该表现出劳动力市场一体化的特征。都阳和蔡昉（2004）从制造业工资变化的角度对这一问题进行了很好的探索，但是国内从农业部门对这一问题进行深入研究的还不多。本书以刘易斯－费－拉尼斯模型的三个逻辑假说为起点，利用历年的《全国农产品成本收益资料汇编》数据，按照农作物耕作区的差异进行划分，分别就小麦、玉米、粳稻三种主要农作物对提出的三个逻辑假说逐一进行了验证。结论如下：第一，中国的数据基本支持了假说1，即"劳动力剩余的欠发达经济体在从P点向R点转变的过程中，农业部门的实际工资将逐渐由劳动的边际生产率决定，相关系数将由小变大。"总体上看，中国农业部门的工资和劳动边际生产力之间的相关关系确实有增强的趋势，但是在研究过程中也发现了地域经济发展的不平衡性特征。数据很好的显现出经济发展的递进性：东部发达地区率先进入第二阶段，并接近第三阶段，中部地区紧随其后也已经进入第二阶段，而西部的很多省份还没有进入第二阶段。第二，1990～2009年农业部门和非农业部门的工资差别经历了由扩大到平稳再到有缩小趋势三个阶段。从细分的制造业和农业部门的工资比较来看，表现各异，这与农村剩余劳动力在制造业的就业结构有密切的关系。另外，对分地区的农业部门的工资和非农业部门的工资关系的考察表明，部分区域的数据并没有对假说2，即"经济在从P点向R点转变的过程中，农业部门和非农业部门之间的工资差距趋于扩大；到R点之后，非熟练劳动力的供给变得短缺，农业部门和非农业部门的工资差别扩大的趋势就会停止并开始缩小"提供有说服力的证据，因为工资差别受经济周期和产业结构的影响很大。第三，粳稻和玉米的生产函数估算基本支持了假说3，即"经济体在从P点转向R点的过程中，各区域农业部门的劳动边际生产率趋同"。但是小麦的劳动边际率离差1993～2007年的总趋势是上升的，中间尽管有一些波动，2008年有一个大幅度的跳跃，并开始表现出下降的趋势。三个逻辑假说的实证表明中国的经济发展已经由劳动力无限供给阶段进入有限供给阶段，劳动力市场一体化程度有了很大的提高，市场成为配置劳动力资源主要手段。

第四个视角，从人口学的角度，利用第六次人口普查的数据模拟了三种劳动力退出市场的情境。研究结论如下：从全国来看，采用三种方案中的任一种方案，城市、镇、乡村的劳动力市场发生完全转折的时间窗口均会在2025年之前到来。东部地区劳动力市场转折的时间窗口提前5年，在2020年左右；中部地区、西部地区和东北地区的劳动力市场转折的时间窗口在2025年左右；城市、镇、乡村三级劳动力市场转折的时间窗口有差异。

（2）第二个问题，中国劳动力再配置效应对经济增长有多大贡献？在刘易斯转折点到来后会有怎样的变化？为了观察劳动力再配置效应的变化趋势，利用中国各省、直辖市在1990~2009年的三大产业的面板数据，运用世界银行（1996）方法对中国经济增长核算进行了分解，并分析了劳动力配置效应和劳动力再配置效应对经济增长的贡献变动趋势。结果表明：

第一，劳动力再配置效应尽管是经济增长的推动因素之一，但是现有文献高估了劳动力再配置效应对经济增长的拉动作用。通过对中国经济增长核算的分解，可以观察到中国经济的增长还主要依赖于资本投入的拉动，劳动力投入的拉动和劳动力再配置的拉动对经济增长的贡献相对都比较小，技术进步对经济增长几乎没有显示出什么作用，计算的结果大多数年份为负值。可以认为经济各部门内部的生产要素不合理配置和要素在部门间配置的扭曲造成东部地区、中部地区和西部地区的技术进步（即全要素生产率）对经济增长效应小于零。

第二，经验结果还揭示出中国经济发展的不平衡性。东部较发达地区的发展速度明显快于中部地区和西部地区，从劳动力再配置效应来看，2004年之前，东部地区和西部地区表现出很强的一致性，这折射出2004年之前农村剩余劳动力跨地域跨行业配置的特点。随着东部地区的产业结构调整和升级，一些低附加值的产业开始转移到中西部地区，这表现在2004年之后的西部地区的劳动力再配置效应对经济增长的贡献明显高于东部地区，这说明随着经济结构的变化，劳动力的配置方式也开始跨地域跨行业配置转变为本地跨行业配置方式，这也体现了经济发展的"雁形模式"。

第三，劳动力配置效应和劳动力再配置效应均表现出递减的趋势。通过分时段的考察，我们注意到，不管是东部地区、中部地区，还是西部地区，劳动力配置效应和劳动力再配置效应均表现出递减的趋势。

第四，研究还发现劳动力再配置效应（或劳动力配置效应）对经济增长的贡献不显著其根源在于资本投入的快速增长和劳动力投入的增长缓慢。与 Timmer 和 Szirmai（2000）的研究结果类似，他们研究发现发展中国家工业部门生产率的增长主要依赖于各行业内部的增长效应，生产要素在部门间的配置效应对增长的贡献很小。

由于中国正处于经济发展的转折阶段，产业结构和劳动力市场的结构都在不断地调整过程中，市场作为优化资源配置的手段也逐渐占据主导地位。劳动力再配置理应在经济增长的过程中扮演更重要的角色，但是实证研究的结果表明劳动力再配置效应（或劳动力配置效应）对经济增长的贡献微乎其微。这表明保持中国经济的可持续增长任务艰巨，产业结构调整如何与劳动力市场结构匹配，生产要素配置的扭曲状况能否得到矫正，就成为中国经济可持续增长要重点解决的问题。

11.2 政策建议

第一，加快产业结构调整，发挥政府在产业结构调整中的引导作用。随着中国可转移劳动力的减少，劳动力成本的比较优势正在丧失。当中国失去作为其以往经济增长的动力的劳动密集型产品的出口这一优势后，调整产业结构和贸易结构就成为重中之重。因为劳动力市场和产业结构的矛盾，在劳动力市场结构变化不可逆转的情况下，就只有调整产业结构。在劳动力成本还有比较优势的情况下，企业缺乏足够的动力进行技术革新与产品升级。政府应该出台激励相容的措施，促使企业进行创新和技术改造。

第二，对户籍制度进行彻底的改革，消除劳动力再配置的制度性障碍，加速城市化进程。在刘易斯转折点到来的情况下，劳动力跨地域跨行业配置明显减速。户籍制度已经成为劳动力跨地域配置的掣肘，加速城市化的前提就是对户籍制度进行彻底的改革。从前面的分析可以看到，中国的劳动力再配置效应对经济增长的贡献很小，这说明劳动力再配置的效率不高，尽管市场已经成为劳动力配置的主要手段，但是由于户籍制度的约束扭曲了劳动力资源的配置。放开户籍制度，一定程度上可以降低城市迁移劳动力的生活成本，减小劳动力迁移的摩擦。

第三，中国面临"雁形模式"产业结构演进的地域性特征，但是要处理好环境和能源的约束问题。中国地域经济发展的不平衡性造成东中西部地区经济发展呈现"雁形"特征，随着东部发达地区的产业升级，一些高污染、高能耗、低附加值的产业开始向中西部转移。中国的很多地方已经为了获取高增长付出了难以承受的生态和环境代价，空气和水资源的污染不仅严重影响民众的健康和生活，而且也造成社会的动荡，环境问题也越来越多的成为引发社会不稳定的诱因。如果不改变政府官员的激励机制，很多高污染、高能耗、低附加值的产业必然会更多地流向中西部地区。"雁形模式"尽管有利于生产要素的动态配置，发挥经济发展过程中的比较优势，但是环境和可持续发展问题也必须加以关注，否则会回到"先发展后治理"的老路子上去。

第四，增加普通民众的可支配收入，转变国内的潜在需求为有购买力的现实需求，促进内需对经济增长的拉动。中国经济增长的策略过分依赖出口和投资，连续多年的投资率超过40%，过高的投资率必然会带来过低的消费率，这二者的不平衡问题成为中国经济增长最突出的结构性问题。外需方面，中国也非常倚重。近十几年来，中国的外贸依存度一直保持在40%以上，2007年甚至高达66.8%。如果要转变经济增长的策略，变外需为内需，就必须提高普通民众的可支配收入水平。通过什么途径来增加民众收入是能否转变经济增长战略的关键环节。

第五，降低中国区域间和城乡间的收入不平等是中国转向内需拉动的重要因素。中国区域间和城乡间的收入差距远高于东南亚国家（地区）和西方发达国家。收入不平等会影响人力资本和物质资本的形成，而这两种资本对经济发展都是很重要的。根据万光华（2006）的测算，中国区域不均等的 70%~80% 源于城乡差异，中国目前的基尼系数在 0.45 左右。分配差距使得扩大消费困难：富人的普通消费已经得到满足，更高层次的消费还缺少供应；穷人的潜在消费需求很大，但是缺乏实际购买力的需求。如何扩大居民消费成为中国经济增长的重要课题。

第六，增加对农业，尤其是中西部地区农业基础设施和农业技术的投入，提高农业部门的劳动生产率。中西部地区是非农产业劳动力的主要蓄水池，随着人口结构的变化和产业结构的过渡，需要从农村释放出更多的劳动力。通过农业部门生产函数的分析，我们知道中国的农业还基本上是粗放农业，在投入的生产要素中，化肥和土地面积对产出的贡献最大。劳动力和技术创新对农业产出的贡献很小，增加诸如农业基础设施等物质资本投入和人力资本投入是提高农业部门劳动生产率的有效途径。农业部门生产率的提高不仅可以对农民增收发挥积极的作用，而且会缓解"民工荒"问题。

第七，彻底改变政府主导资源配置的局面，恢复市场在资源配置中的基础性作用。政府对资本、土地和自然资源等重要经济资源的配置权力的绝对垄断，在现有政绩考核机制的驱动下，必然会出现投资快速增长和工业结构高度重型化，造成资源配置扭曲和生产效率低下。例如，金融资源的配置严重扭曲，贷款在很大程度上受政府的牵制，较多的金融资源投入了效率不高的国有企业，而效率较高的中小企业却没有融资的渠道，催生了不合法的地下钱庄和草根银行，正如德怀特·帕金斯（2007）指出的，脆弱的金融体系对于中国来说已成为长期的威胁[1]。

---

[1] 德怀特·帕金斯. 中国经济高速增长：解释与展望 [J]. 江海学刊, 2007 (1).

11.3 存在不足以及有待解决的问题

对中国经济发展阶段的准确判断不仅可以充实刘易斯框架的内容，而且对中国经济发展具有现实意义和政策含义。当我们通过考察中国刘易斯转折点来分析中国经济增长的动力时，会发现许多分析上的难点：

第一，刘易斯的二元结构模式对中国经济的适用性。刘易斯－费－拉尼斯模式中的"资本主义部门"和"非资本主义部门"分别对应于哪些部门？本书把"资本主义部门"定位为"农村剩余劳动力可转移的非农业部门"，而把"非资本主义部门"确定为"农业部门"，没有涵盖非正规就业的部分，这种划分是否恰当，值得商榷。

第二，在运用 Minami 准则对中国的刘易斯转折点进行实证过程中涉及农业和非农业部门的实际工资计算。因为工资水平和劳动边际生产率的变化在刘易斯－费－拉尼斯模式中处于核心地位，农业部门的工资水平是没有现成的数据和研究结果可以参考的。笔者在处理这一问题时使用了机会成本的概念，用全国农产品成本收益资料汇编中的劳动日工价作为农业部门的工资水平的影子价格也未必恰当。

第三，由于统计资料的约束，在经济增长核算过程中我们没有考虑人力资本这个关键变量，采用了生产函数的简化式。这样做方便了计算，但是对研究投入要素对产出的贡献不甚完整。正如蔡昉和林毅夫（2003）指出的，虽然由于缺乏数据，大多数估计只能是粗略的，采用不同的方法会得出不尽相同的结果，但是总的结论是相对一致的[1]。从本书的研究来看，也确实体现了这一点。例如，

---

[1] 蔡昉，林毅夫. 中国经济：改革与发展 [M]. 北京：中国财政经济出版社，2003.

对增长方程的核算,尽管可能不准确,但是生产要素的贡献和其他学者估计的结果大体上是一致的,尤其是关键经济变量的变动趋势并没有因为数据不准确而发生大的变化。

第四,对于中国经济到达刘易斯转折点以后,未来的经济增长前景预测也是一个重要问题。针对这个问题已经有不少学者做过研究,由于在预测方法和数据上笔者都没有显示出比其他学者更强的比较优势,因此在本书中对这方面没有做探讨。

中国经济发展的结构性问题已经成为一个重要的研究领域。按照德怀特·帕金斯(2010)对中国经济学者提出的几点要求[1]:第一,中国本土的经济学者愿意提出和探讨中国经济的结构性问题;第二,研究者必须对制约这些结构性变化的制度有通透的理解;第三,构建基础性研究,建立比较研究的框架。依据这个标准本书只是抛砖引玉的作用,在这个方向上我们还有很漫长的路要走。

---

[1] 德怀特·帕金斯. 中国经济对中国经济学家提出的挑战 [J]. 社会科学战线, 2010 (1).

参 考 文 献

中文文献

[1] 阿瑟·刘易斯. 无限劳动力：进一步的说明 [M]. 北京：经济学院出版社，1989.

[2] 安场保吉，猪木武德. 日本经济史 [M]. 上海：三联书店，1997.

[3] 巴罗，萨拉－伊－马丁. 经济增长 [M]. 北京：中国社会科学出版社，2000.

[4] 白重恩，谢长泰. 中国的资本回报率 [J]. 比较，2007（28）.

[5] 蔡昉，王德文. 中国经济增长可持续性与劳动贡献 [J]. 经济研究，1999（10）.

[6] 蔡昉，王美艳. "未富先老"与劳动力短缺 [J]. 开放导报，2006（1）.

[7] 蔡昉. 刘易斯转折点后的农业发展政策选择 [J]. 中国农村经济，2008a（8）.

[8] 蔡昉. 破解农村剩余劳动力之谜 [J]. 中国人口科学，2007a（2）.

[9] 蔡昉. 人口转变、人口红利与经济增长可持续性——兼论充分就业如何促进经济增长 [J]. 人口研究，2004（2）.

[10] 蔡昉. 人口转变、人口红利与刘易斯转折点 [J]. 经济

研究, 2010a (4).

[11] 蔡昉. 中国发展的挑战与路径: 大国经济的刘易斯转折 [J]. 广东商学院学报, 2010b (1).

[12] 蔡昉. 中国经济面临的转折及其对发展和改革的挑战 [J]. 中国社会科学, 2007b (3).

[13] 蔡昉. 刘易斯转折点 中国经济发展新阶段 [M]. 北京: 社会科学文献出版社, 2008b.

[14] 曾先峰, 李国平. 资源再配置的增长效应: 理论脉络及最新进展 [J]. 当代经济科学, 2009 (5).

[15] 曾先峰, 李国平. 我国各地区的农业生产率与收敛: 1980~2005 [J]. 数量经济技术经济研究, 2008 (5).

[16] 曾毅. 中国人口老化、退休金缺口与农村养老保障 [J]. 经济学 (季刊), 2005 (3).

[17] 陈通, 杨向辉, 杨静. 我国劳动力要素的资源配置效应测度——基于TFP分解的实证研究 [J]. 西安电子科技大学学报 (社会科学版), 2008 (6).

[18] 陈卫, 都阳, 侯东民. 是人口红利? 还是人口问题? [J]. 人口研究, 2007 (2).

[19] 陈先运. 农村剩余劳动力测算方法研究 [J]. 统计研究, 2004 (2).

[20] 陈言, 韦倩. 中国劳动力结构转型与经济增长 (工作论文), 2007.

[21] 陈友华. 人口红利与人口负债: 数量界定、经验观察与理论思考 [J]. 人口研究, 2005 (6).

[22] 崔志鹰, 朴昌根, 蔡建国. 当代韩国经济 [M]. 上海: 同济大学出版社, 2010.

[23] D. 乔根森, 郑友敬, 黑田昌裕, 等. 生产率与中美日经济增长研究 [M]. 北京: 中国社会科学出版社, 1993.

[24] 单豪杰. 中国资本存量 K 的再估算: 1952~2006 年 [J]. 数量经济技术经济研究, 2008 (10).

[25] 单玉丽. 台湾经济 60 年 (1949~2009) [M]. 北京: 知识产权出版社, 2010.

[26] 德怀特·帕金斯. 从历史和国际的视角看中国的经济增长 [J]. 经济学 (季刊), 2005 (3).

[27] 德怀特·帕金斯. 对中国未来经济表现的预测 [J]. 中国发展观察, 2005 (4).

[28] 德怀特·帕金斯. 中国经济对中国经济学家提出的挑战 [J]. 社会科学战线, 2010 (1).

[29] 德怀特·帕金斯. 中国经济高速增长: 解释与展望 [J]. 江海学刊, 2007 (1).

[30] 丁霄泉. 农村剩余劳动力转移对我国经济增长的贡献 [J]. 中国农村观察, 2001 (2).

[31] 都阳, 蔡昉. 中国制造业工资的地区趋同性与劳动力市场一体化 [J]. 世界经济, 2004 (8).

[32] 都阳, 曲玥. 制造业劳动生产率变化及其含义 [A]. 蔡昉, 王美艳. 中国人口与劳动问题报告 No.9 – 刘易斯转折点如何与库兹涅茨转折点会合 [C]. 北京: 社会科学文献出版社, 2008.

[33] 都阳, 王美艳. 农村剩余劳动力的新估计及其含义 [J]. 广州大学学报 (社会科学版), 2010 (4).

[34] 都阳. 人口转变、劳动力市场转折与经济发展 [J]. 国际经济评论, 2010 (6).

[35] 都阳. 人口转变的经济效应及其对中国经济增长持续性的影响 [J]. 中国人口科学, 2004 (5).

[36] 都阳. 重视人口转变的劳动力市场效应 [J]. 人口与发展, 2008 (3).

[37] 范剑勇, 颜燕, 王加胜. 改革以来就业结构变动及其对

经济增长的贡献 [J]. 宏观经济研究, 2001 (9).

[38] 费景汉, 拉尼斯. 劳力剩余经济的发展 [M]. 北京: 华夏出版社, 1989.

[39] 冯国强, 赵昆, 张天阳. 中国农村劳动力区域性迁移的经济增长效应: 1978~2008 [J]. 经济论坛, 2011 (7).

[40] 盖尔. 约翰逊. 经济发展中的农业、农村、农民问题 [M]. 北京: 商务印书馆, 2004.

[41] 高帆. 劳动剩余、分工演进与经济发展 [J]. 经济科学, 2003 (5).

[42] 葛延风. 防范和化解社会风险——1999年中国就业政策选择 [R]. 国务院发展研究中心研究报告, 1999.

[43] 耿元, 林玳玳. 中国的刘易斯转折点来到了吗——质疑2007年人口与劳动问题报告 [J]. 经济问题探索, 2008 (9).

[44] 龚六堂, 谢丹阳. 我国省份之间的要素流动和边际生产率的差异分析 [J]. 经济研究, 2004 (1).

[45] 郭克莎. 我国资源总配置效应分析 [J]. 经济研究, 1992 (9).

[46] 国家统计局固定资产投资统计司. 中国固定资产投资统计数典: 1950~2000 中英文本 [M]. 北京: 中国统计出版社, 2002.

[47] 国家统计局农调总队社区处. 关于农村剩余劳动力的定量分析 [J]. 国家行政学院学报, 2002 (2).

[48] 韩俊. 农民工新趋势 [J]. 红旗文稿, 2008 (9).

[49] 韩俊. 中国经济改革30年（农村经济卷）[M]. 重庆: 重庆大学出版社, 2008.

[50] 何如海, 叶依广. 我国农村富余劳动力的存量和增量分析——基于城乡发展的综合视角 [J]. 农业经济问题, 2005 (9).

[51] 贺菊煌. 人口红利有多大 [J]. 数量经济技术经济研究, 2006 (7).

[52] 贺菊煌. 我国资产的估算 [J]. 数量经济技术经济研究, 1992 (8).

[53] 贺涛. 台湾经济发展轨迹 [M]. 北京: 中国经济出版社, 2010.

[54] 侯东民, 王德文, 白南生, 等. 从"民工荒"到"返乡潮": 中国的刘易斯拐点到来了吗? [J]. 人口研究, 2009 (2).

[55] 侯东民. 新的神话: 人口红利说 [J]. 中国图书评论, 2007 (9).

[56] 侯风云. 中国农村劳动力剩余规模估计及外流规模影响因素的实证分析 [J]. 中国农村经济, 2004 (3).

[57] 胡兵, 赖景生, 胡宝娣. 二元结构、劳动力转移与经济增长 [J]. 财经问题研究, 2005 (7).

[58] 胡永泰. 中国全要素生产率: 来自农业部门劳动力再配置的首要作用 [J]. 经济研究, 1998 (3).

[59] 黄润龙. "人口红利"质疑: 虚化了人口与经济的关系 [J]. 现代经济探讨, 2009 (8).

[60] 黄勇峰, 任若恩, 刘晓生. 中国制造业资本存量永续盘存法估计 [J]. 经济学 (季刊), 2002 (1).

[61] 金森久雄. 日本经济增长讲话 [M]. 北京: 中国社会科学出版社, 1980.

[62] 经济合作与发展组织. 资本测算手册——关于资本存量、固定资本消耗及资本服务测算 [M]. 北京: 中国统计出版社, 2004.

[63] 李国璋, 谢艳丽. 我国产业结构变迁中的生产率增长效应分析 [J]. 创新, 2010 (2).

[64] 李浩. 内生性——"民工荒"成因的非结构性特点 [J]. 经济问题探索, 2010 (4).

[65] 李文兵. 结构转变、资本深化与生产率增长 [J]. 中国科技论坛, 2011 (5).

[66] 李雄,刘山川.新时期"民工荒"问题研究[J].学术探索,2010(4).

[67] 李勋来,李国平.经济增长中的农村富余劳动力转移效应研究[J].经济科学,2005(3).

[68] 李月.台湾经济发展中刘易斯转折点的形成及其应对策略[J].台湾研究集刊,2009(1).

[69] 李芝倩.中国农村劳动力流动的要素配置效应研究[J].生产力研究,2008,(23).

[70] 李治国,唐国兴.资本形成路径与资本存量调整模型——基于中国转型时期的分析[J].经济研究,2003(2).

[71] 梁同贵.中国人口红利和人口负债的特色与应对策略[J].南京人口管理干部学院学报,2009(2).

[72] 林毅夫,蔡昉,李周.中国的奇迹:发展战略与经济改革(增订版)[M].上海:上海人民出版社,1999.

[73] 林毅夫,蔡昉.中国经济:改革与发展[M].北京:中国财政经济出版社,2003.

[74] 林毅夫.制度、技术与中国农业发展[M].上海:上海人民出版社,2008.

[75] 刘赣州.中国经济增长中资源总配置效应的实证分析[J].求是学刊,2007(1).

[76] 刘鹤,易纲,宋国青等.中国经济增长的可持续性[J].管理世界,1999(1).

[77] 刘洪银.我国劳动力资源经济效率的实证分析[J].人口与经济,2009(3).

[78] 刘洪银.从中国农业发展看"刘易斯转折点"[J].西北人口,2009(4).

[79] 刘建进.一个农户劳动力模型及有关农业剩余劳动力的实证研究[J].中国农村经济,1997(6).

[80] 刘伟. 刘易斯拐点的再认识 [J]. 理论月刊，2008（2）.

[81] 刘霞辉. 论中国经济的长期增长 [J]. 经济研究，2003（5）.

[82] 刘秀梅，田维明. 我国农村劳动力转移对经济增长的贡献分析 [J]. 管理世界，2005（1）.

[83] 刘易斯 W. A. 二元经济论 [M]. 北京：北京经济学院出版社，1989.

[84] 刘元春，孙立. "人口红利说"：四大误区 [J]. 人口研究，2009（1）.

[85] 卢艳，刘治国，刘培林. 中国区域经济增长方式比较研究：1978～2005 [J]. 数量经济技术经济研究，2008（7）.

[86] 陆学艺. 当代中国社会流动 [M]. 北京：社会科学文献出版社，2004.

[87] 骆佳磊. 劳动力流动对经济发展的贡献度研究 [J]. 经济研究导刊，2010（14）.

[88] 马晓河，马建蕾. 中国农村劳动力到底剩余多少？[J]. 中国农村经济，2007（12）.

[89] 马瀛通. 人口红利与日俱增是 21 世纪中国跨越式发展的动力 [J]. 中国人口科学，2007（1）.

[90] 穆光宗. 中国的人口红利：反思与展望 [J]. 浙江大学学报（人文社会科学版），2008（3）.

[91] 南亮进. 经济发展的转折点：日本经验 [M]. 北京：社会科学文献出版社，2008.

[92] 农业部课题组. 21 世纪初期我国农村就业及剩余劳动力利用问题研究 [J]. 中国农村经济，2000（5）.

[93] 潘文卿. 中国农业剩余劳动力转移现状及转移效益分析 [J]. 农业技术经济，2001（3）.

[94] 潘文卿. 中国农业剩余劳动力转移效益测评 [J]. 统计

研究, 1999 (4).

[95] 卿涛, 杨仕元, 岳龙华. "Minami 准则"下的刘易斯转折点研究 [J]. 中国人口科学, 2011 (2).

[96] 邱晓华, 郑京平, 万东华, 等. 中国经济增长动力及前景分析 [J]. 经济研究, 2006 (5).

[97] 任若恩, 刘晓生. 关于中国资本存量估计的一些问题 [J]. 数量经济技术经济研究, 1997 (1).

[98] 沈坤荣. 1978~1997 年中国经济增长因素的实证分析 [J]. 经济科学, 1999 (4).

[99] 舜陈. 经济转型与制度选择: 日本、韩国、台湾经济转型时期政府干预的比较 [M]. 昆明: 云南大学出版社, 1996.

[100] 宋海岩, 刘淄楠, 蒋萍等. 改革时期中国总投资决定因素的分析 [J]. 世界经济文汇, 2003 (1).

[101] 孙健. 中华人民共和国经济史稿 1949-90 年代初 [M]. 北京: 中国人民大学出版社, 1992.

[102] 孙琳琳, 任若恩. 资本投入测量综述 [J]. 经济学 (季刊), 2005 (3).

[103] 孙执中. 荣衰论 战后日本经济史 1945-2004 [M]. 北京: 人民出版社, 2006.

[104] 田岛俊雄. 刘易斯转折点前后的经济与社会——兼评王诚和蔡昉等的观点 [EB/OL]. 天则双周论坛, http://www.iss.u-tokyo.ac.jp/~tajima/lewis%27turning-point.pdf, 2008-03-14.

[105] 田雪原. "人口盈利"与"人口亏损" [J]. 市场与人口分析, 2007 (4).

[106] 托马斯·罗斯基, 罗伯特·米德. 关于中国农业劳动力数量之研究 [J]. 中国农村观察, 1997 (4).

[107] 万广华. 经济发展与收入不均等 方法和证据 [M]. 上海: 上海三联书店, 上海人民出版社, 2006.

[108] 汪进，钟笑寒. 中国的刘易斯转折点是否到来——理论辨析与国际经验 [J]. 中国社会科学，2011（5）.

[109] 王诚. 中国隐蔽失业的测算及对策研究 [J]. 财经科学，1996（4）.

[110] 王德文，蔡昉，高文书. 全球化与中国国内劳动力流动：新趋势与政策含义 [J]. 开放导报，2005（4）.

[111] 王德文，蔡昉，张学辉. 人口转变的储蓄效应和增长效应——论中国增长可持续性的人口因素 [J]. 人口研究，2004（5）.

[112] 王丰，安德鲁·梅森，沈可. 中国经济转型过程中的人口因素 [J]. 中国人口科学，2006（3）.

[113] 王丰. 人口红利真的是取之不尽、用之不竭的吗？[J]. 人口研究，2007（6）.

[114] 王桂新，陈冠春. 中国人口变动与经济增长 [J]. 人口学刊，2010（3）.

[115] 王桂新，陈冠春. 上海市物质资本存量估算：1978～2007 [J]. 上海经济研究，2009（8）.

[116] 王国霞. 我国农村剩余劳动力转移问题研究——我国农村剩余劳动力的数量估算与转移规模预测 [J]. 山西大学学报（哲学社会科学版），2007（4）.

[117] 王红玲. 关于农业剩余劳动力数量的估计方法与实证分析 [J]. 经济研究，1998（4）.

[118] 王检贵，丁守海. 中国究竟还有多少农业剩余劳动力 [J]. 中国社会科学，2005（5）.

[119] 王金田，王学真，高峰. 全国及分省份农业资本存量K的估算 [J]. 农业技术经济，2007（4）.

[120] 王金营. 人力资本与经济增长 理论与实证 [M]. 北京：中国财政经济出版社，2001.

[121] 王小鲁，樊纲．中国经济增长的可持续性　跨世纪的回顾与展望 [M]．北京：经济科学出版社，2000．

[122] 王小鲁．中国经济增长的可持续性与制度变革 [J]．经济研究，2000 (7)．

[123] 王元．国有企业发展概况 [M]，北京：中国经济年鉴社，1995．

[124] 温杰，张建华．中国产业结构变迁的资源再配置效应 [J]．中国软科学，2010 (6)．

[125] 文春玲．关于农业剩余劳动力转移的几点认识 [J]．经济与管理，2004，(10)．

[126] 武国定，方齐云，李思杰．中国农村劳动力转移的效应分析 [J]．中国农村经济，2006 (4)．

[127] 小林义雄．战后日本经济史 [M]．北京：商务印书馆，1985．

[128] 谢培秀．关于中国农村剩余劳动力数量的估计 [J]．中国人口．资源与环境，2004 (1)．

[129] 徐丽．从民工荒探讨"三农"政策的成效 [J]．现代商贸工业，2010，(15)．

[130] 徐现祥，舒元．中国经济增长中的劳动结构效应 [J]．世界经济，2001 (5)．

[131] 徐现祥，舒元．劳动结构效应的实证分析 [J]．上海经济研究，2001 (2)．

[132] 徐现祥，周吉梅，舒元．中国省区三次产业资本存量估计 [J]．统计研究，2007 (5)．

[133] 姚战琪．生产率增长与要素再配置效应：中国的经验研究 [J]．经济研究，2009，(11)．

[134] 袁志刚，解栋栋．中国劳动力错配对TFP的影响分析 [J]．经济研究，2011 (7)．

[135] 岳龙华. 中国劳动力产业转移与经济增长 [J]. 贵州财经学院学报, 2011 (5).

[136] 张爱婷. 农村劳动力流动的经济增长效应理论模型 [J]. 统计与信息论坛, 2009 (8).

[137] 张保法. 经济增长中的结构效应 [J]. 数量经济技术经济研究, 1997 (11).

[138] 张车伟. "人口红利" 与中国经济持续增长前景 [J]. 人口与计划生育, 2010 (8).

[139] 张军, 陈诗一, 张熙. 中国工业部门的生产率变化与要素配置效应: 1993~2006 [J]. 东岳论丛, 2010 (10).

[140] 张军, 吴桂英, 张吉鹏. 中国省际物质资本存量估算: 1952~2000 [J]. 经济研究, 2004 (10).

[141] 张军, 章元. 对中国资本存量K的再估计 [J]. 经济研究, 2003 (7).

[142] 张军扩. "七五" 期间经济效益的综合分析——各要素对经济增长贡献率测算 [J]. 经济研究, 1991 (4).

[143] 张平, 郭熙保. 中国经济增长中的结构转变效应——基于边际劳动生产率方法的测算 [J]. 山西财经大学学报, 2011 (4).

[144] 章铮. 民工供给量的统计分析——兼论'民工荒'[J]. 中国农村经济, 2005 (1).

[145] 章铮. 农业劳动力合理数量的估算 [J]. 中国农村经济, 1995 (10).

[146] 张宗坪. "刘易斯拐点在我国已经出现"证伪——"民工荒"假象分析 [J]. 山东经济, 2008 (2).

[147] 赵慧卿, 郝枫. 中国农业劳动力配置效应再考察——基于三次产业劳动产出弹性动态估计 [J]. 商业经济与管理, 2010 (8).

[148] 赵慧卿, 郝枫. 我国农业剩余劳动力流动效应分析 [J].

天津商业大学学报，2009（4）.

［149］赵显洲. 关于"刘易斯转折点"的几个理论问题［J］. 经济学家，2010（5）.

［150］郑晓云，徐卫彬. 关于我国农村剩余劳动力数量测算方法的研究述评［J］. 西北人口，2010（6）.

［151］钟甫宁. 对我国农村剩余劳动力数量的估计［J］. 农业经济问题，1995（9）.

［152］中国人民银行上海总部调查统计部课题组. 刘易斯转折点研究：判断、趋势及对策（二）［J］. 金融发展评论，2011（7）.

［153］钟坚. 台湾经济性特区的发展与转型研究［M］. 北京：中国经济出版社，1999.

［154］周健."刘易斯转折点"被推迟与"民工荒"［J］. 岭南学刊，2008（3）.

［155］周天勇. 中国的"刘易斯拐点"并未来临［EB/OL］. 人民日报（海外版），http：//paper.people.com.cn/rmrbhwb/html/2010 - 10/12/content_641891.htm，2010 - 10 - 12.

［156］周祝平. 人口红利、刘易斯转折点与经济增长［J］. 中国图书评论，2007（9）.

［157］曾毅，张震，顾大男，等. 人口分析方法与应用［M］. 北京：北京大学出版社，2011.

英文文献

［1］Arrow K J, Chenery H B, Minhas B S, Solow R M. Capital - Labor Substitution and Economic Efficiency［J］. The Review of Economics and Statistics, 1961, 43 (3): 225 - 250.

［2］Breusch T S, Pagan A R. The Lagrange Multiplier Test and its Applications to Model Specification in Econometrics［J］. The Review of Economic Studies, 1980, 47 (1): 239 - 253.

[3] Card D, Krueger A B. Time – Series Minimum – Wage Studies: A Meta – Analysis [J]. The American Economic Review, 1995, 85 (2): 238 – 243.

[4] Chenery H B. Patterns of Industrial Growth [J]. The American Economic Review, 1960, 50 (4): 624 – 654.

[5] Chenery H B, Strout A M. Foreign Assistance and Economic Development [J]. The American Economic Review, 1966, 56 (4): 679 – 733.

[6] Chenery H B, Taylor L. Development Patterns: Among Countries and Over Time [J]. The Review of Economics and Statistics, 1968, 50 (4): 391 – 416.

[7] Chenery H B, Watanabe T. International Comparisons of the Structure of Production [J]. Econometrica, 1958: 487 – 521.

[8] Chow G C. Capital Formation and Economic Growth in China [J]. The Quarterly Journal of Economics, 1993, 108 (3): 809.

[9] Clark C. The Conditions of Economic Progress. Macmillan London, 1940.

[10] Denison E F, Chung W K. Economic Growth and its Sources [J]. Asia's New Giant. Washington, DC: The Brookings Institution, 1976: 94 – 122.

[11] Denison E F. Institution, Brookings. Accounting for United States Economic Growth, 1929 – 1969 [M]. Washington DC: Brookings Institution, 1974.

[12] Denison E F, Chung W K. How Japan's Economy Grew so Fast: The Sources of Postwar Expansion [M]. Washington DC: Brookings Institution, 1976.

[13] Dowrick S, Gemmell N. Industrialisation, Catching Up and Economic Growth: A Comparative Study Across the World's Capitalist

Economies [J]. The Economic Journal, 1991, 101 (405): 263 – 275.

[14] Eckstein A. Quantitative Measures of China's Economic Output [M]. University of Michigan Press, 1980.

[15] Fei John C. H, Ranis Gustav. Economic Development in Historical Perspective [J]. The American Economic Review, 1969, 59 (2): 386 – 400.

[16] Fei John C. H, Ranis Gustav. Factor Proportions and Choice of Technology: The Japanese Experience: Comment [J]. Economic Development and Cultural Change, 1981, 29 (4): 841 – 844.

[17] On the Empirical Relevancy of the Ranis – Fei Model of Economic Development: Reply [J]. The American Economic Review, 1971, 61 (4): 704 – 708.

[18] Fisher A G B. Production, Primary, Secondary and Tertiary [J]. Economic Record, 1939, 15 (1): 24 – 38.

[19] Flath, D. The Japanese Economy. Oxford University Press, USA, 2005.

[20] Griliches Z. Estimates of the Aggregate Agricultural Production Function From Cross – Sectional Data [J]. Journal of Farm Economics, 1963, 45 (2): 419 – 428.

[21] Griliches Z. Research Expenditures, Education, and the Aggregate Agricultural Production Function [J]. The American Economic Review, 1964, 54 (6): 961 – 974.

[22] Hall R, Jones C. I. Why Do some Countries Produce so Much More Output Per Worker than Others? The Quarterly Journal of Economics, 1999, 114 (1): 83 – 116.

[23] Harris John R, Todaro Michael P. Migration, Unemployment and Development: A Two – Sector Analysis [J]. The American Economic Review, 1970, 60 (1): 126 – 142.

[24] Hayashi F, Prescott E. Japan in the 1990S: A Lost Decade [J]. Review of Economic Dynamics, 2002, 5 (1): 206-235.

[25] Holz C A. Deconstructing China's GDP Statistics [J]. China Economic Review, 2004, 15 (2): 164-202.

[26] Huang Y, Jiang T. What Does the Lewis Turning Point Mean for China? A Computable General Equilibrium Analysis [J]. China Economic Journal, 2010, 3 (2): 191-207.

[27] Kaldor Nicholas, Mirrlees James A. A New Model of Economic Growth [J]. The Review of Economic Studies, 1962, 29 (3): 174-192.

[28] Kaldor, Nicholas. A Model of Economic Growth [J]. The Economic Journal, 1957, 67 (268): 591-624.

[29] Kuan C, Hongchang W, Yuxin Z, Jefferson G H, Rawski T G. Productivity Change in Chinese Industry: 1953-1985 [J]. Journal of Comparative Economics, 1988, 12 (4): 570-591.

[30] Kuznets S. Modern Economic Growth. New Haven, CT: Yale University Press, 1966.

[31] Kuznets S. Modern Economic Growth: Rate, Structure and Spread [M]. New Haven and London: Yale University Press, 1966.

[32] Lewis W A. Economic Development with Unlimited Supplies of Labour [J]. The manchester school, 1954, 22 (2): 139-191.

[33] Lewis W A. The Dual Economy Revisited [J]. The Manchester School, 1979, 47 (3): 211-229.

[34] Lewis W A. Unlimited Labour: Further Notes [J]. The Manchester School, 1958, 26 (1): 1-32.

[35] Lewis W A, Gersovitz M. Selected Economic Writings of W. Arthur Lewis. New York UP, 1983.

[36] Meiyan W. The Rise of Labor Cost and the Fall of Labor In-

put: Has China Reached Lewis Turning Point? China Economic Journal, 2010, 3 (2): 137 – 153.

[37] Minami R. Further Considerations On the Turning Point in the Japanese Economy (I) [J]. Hitotsubashi Journal of Economics, 1970, 10 (2): 18 – 60.

[38] Minami R. The Turning Point in the Japanese Economy [J]. The Quarterly Journal of Economics, 1968, 82 (3): 380.

[39] Minami R. Transformations of the Labor Market in Postwar Japan [J]. Hitotsubashi Journal of Economics, 1972, 13 (1): 57 – 72.

[40] Minami R, Ma X. The Lewis Turning Point of Chinese Economy: Comparison with Japanese Experience [J]. China Economic Journal, 2010, 3 (2): 163 – 179.

[41] Minami Ryoshin, Ono Akira. Behavior of Income Shares in a Labor Surplus Economy: Japan's Experience [J]. Economic Development and Cultural Change, 1981, 29 (2): 309 – 324.

[42] Nehru V. The Chinese Economy: Fighting Inflation, Deepening Reforms. World Bank Publications, 1996.

[43] Peng X. China's Demographic History and Future Challenges [J]. Science, 2011, 333 (6042): 581.

[44] Poirson H. Factor Reallocation and Growth in Developing Countries [J]. IMF Working Papers, 2000.

[45] Ranis Gustav, Fei J C H. The Ranis – Fei Model of Economic Development: Reply [J]. The American Economic Review, 1963, 53 (3): 452 – 454.

[46] Ranis Gustav, Fei J C H. A Theory of Economic Development [J]. The American Economic Review, 1961, 51 (4): 533 – 565.

[47] Ranis Gustav. Factor Proportions in Japanese Economic Development [J]. The American Economic Review, 1957, 47 (5): 594 –

607.

[48] Ranis Gustav. Industrial Sector Labor Absorption [J]. Economic Development and Cultural Change, 1973, 21 (3): 387-408.

[49] Ranis Gustav. Industrial Sector Labor Absorption: Reply [J]. Economic Development and Cultural Change, 1976, 24 (2): 411-412.

[50] Rawski T G. What is Happening to China's Gdp Statistics? China Economic Review, 2001, 12 (4): 347-354.

[51] Rawski T G, Xiao W. Roundtable On Chinese Economic Statistics Introduction [J]. China Economic Review, 2001, 12 (4): 298-302.

[52] Resa Corporation. "Gini Coefficient", in Statistics Resources - Econometrics - Forecasting, 2002. http://www.xycoon.com/gini_coefficient_1.htm.

[53] Romer P M. Are Nonconvexities Important for Understanding Growth? [J]. The American Economic Review, 1990, 80 (2): 97-103.

[54] Romer P M. Crazy Explanations for the Productivity Slowdown [J]. NBER Macroeconomics Annual, 1987: 163-202.

[55] Romer P M. Increasing Returns and Long-Run Growth [J]. The Journal of Political Economy, 1986: 1002-1037.

[56] Rostow W. The Stages of Economic Growth: A Non-Communist Manifesto [M]. United Kingdom: Cambridge University Press, 2002.

[57] Schultz Theodore W. Transforming Traditional Agriculture. Yale University PressTHE UNIVERSITY OF CHICAGO PRESS, 1965.

[58] Solow Robert M. Note On Uzawa's Two-Sector Model of Economic Growth [J]. The Review of Economic Studies, 1961, 29 (1): 48-50.

[59] Stanley T D. Wheat From Chaff: Meta - Analysis as Quantitative Literature Review [J]. The Journal of Economic Perspectives, 2001, 15 (3): 131 - 150.

[60] Stanley T D, Jarrell S B. Gender Wage Discrimination Bias? A Meta - Regression Analysis [J]. Journal of Human Resources, 1998: 947 - 973.

[61] Stanley T D, Jarrell S B. Meta - Regression Analysis: A Quantitative Method of Literature Surveys [J]. Journal of Economic Surveys, 1989, 3 (2): 161 - 170.

[62] Stiglitz J E. A Two - Sector Two Class Model of Economic Growth [J]. The Review of Economic Studies, 1967, 34 (2): 227 - 238.

[63] Syrquin M. Productivity Growth and Factor Reallocation [M]. in Industrialization and Growth, ed. by H. B. Chenery, Oxford: Oxford University Press, 1986.

[64] Timmer M P, Szirmai A. Productivity Growth in Asian Manufacturing: The Structural Bonus Hypothesis Examined [J]. Structural Change and Economic Dynamics, 2000, 11 (4): 371 - 392.

[65] Taylor J R. Rural Employment Trends and the Legacy of Surplus Labor, 1978 - 1989, in Kueh Y Y, R F Ash (eds.) Economic Trends in Chinese Agriculture: The Impact of Post - Mao Reforms, New York: Oxford University Press, 1993.

[66] Todaro Michael P. A Model of Labor Migration and Urban Unemployment in Less Developed Countries [J]. The American Economic Review, 1969, 59 (1): 138 - 148.

[67] Uzawa H. On a Two - Sector Model of Economic Growth Ii [J]. The Review of Economic Studies, 1963, 30 (2): 105 - 118.

[68] Uzawa H. On a Two - Sector Model of Economic Growth [J]. The Review of Economic Studies, 1961, 29 (1): 40 - 47.

[69] World Bank. The Chinese Economy: Fighting Inflation, Deepening Reforms Vol. II, Report No. 15288 - CAN, 1996: 28 -31.

[70] World Bank. The Chinese Economy: Fighting Inflation, Deepening Reforms Vol. II, Report No. 15288 - CAN, 1996.

[71] Wu Y. China's Capital Stock Series by Region and Sector [J]. University of Western Australia Discussion Paper, 2009 (902).

[72] Yao Y, Zhang K. Has China Passed the Lewis Turning Point? A Structural Estimation Based On Provincial Data [J]. China Economic Journal, 2010, 3 (2): 155 -162.

[73] Young A. The Razor's Edge: Distortions and Incremental Reform in the People's Republic of China * [J]. Quarterly Journal of Economics, 2000, 115 (4): 1091 -1135.

[74] Zhang J. Estimation of China's Provincial Capital Stock (1952 - 2004) with Applications [J]. Journal of Chinese Economic and Business Studies, 2008, 6 (2): 177 - 196.

[75] Zhang X, Yang J, Wang S. China Has Reached the Lewis Turning Point [J]. China Economic Review, 2011.